U0863452

官场小说

黄祥明◎著

下派上调

XIAPAI
SHANGDIAO

中国检察出版社

图书在版编目（CIP）数据

下派上调/黄祥明著．—北京：中国检察出版社，2011.12
ISBN 978－7－5102－0576－7

Ⅰ.①下…　Ⅱ.①黄…　Ⅲ.①领导心理学　Ⅳ.①C933

中国版本图书馆 CIP 数据核字（2011）第 227076 号

下派上调

黄祥明　著

出版发行：中国检察出版社
社　　址：北京市石景山区鲁谷西路 5 号（100040）
网　　址：中国检察出版社（www.zgjccbs.com）
电　　话：（010）68639243（编辑）　68650015（发行）　68636518（门市）
经　　销：新华书店
印　　刷：北京佳明伟业印务有限公司
开　　本：710mm×1020mm　16 开
印　　张：18.5 印张
字　　数：282 千字
版　　次：2012年1月第一版　2012年1月第一次印刷
书　　号：ISBN 978－7－5102－0576－7
定　　价：32.00 元

检察版图书，版权所有，侵权必究

如遇图书印装质量问题本社负责调换

序

黄祥明（笔名都粱草）是边城武冈籍作家，他关心文学发展，关注社会进步，凭着对生活的激情满怀和强烈的创作热情，自1989年开始文学创作，先后发表中短篇小说30余篇，近几年他又专攻长篇创作，继第一部长篇小说《机关风云》之后，又创作出第二部长篇小说《风云再起》，第三部长篇力作《下派上调》又与读者见面了。

黄祥明的长篇小说《机关风云》和《风云再起》出版后，有人评论说：他把官场灵魂掀开给人看。《下派上调》在把官场灵魂继续掀开给人看之时，也把边城的光辉历史、灿烂文化、自然风光、风景名胜、人文世故、民俗风情、神话传说、古今故事等同时翻开给人看，读来令人耳目一新，是一部很有思想深度而又有较高文化底蕴的作品。

首先，作者以自己在官场的亲身经历、感受和敏锐的洞察力，生动地描绘刻画出为官为僚者的内心世界和行为准则，为人们展现了领导干部在调整升迁中的公心与智慧。从小说主人公杨向荣给省长当了八年秘书的敬业精神，到给县府当了多年秘书而得不到提拔的西国安的勤政为僚，一举一动、一招一式、一言一行，尽显风范，真是出口成文章、入木三分，可谓一部不可多得的官场行为学指南。

再说作者对人物形象的塑造，也比较客观真实，善于心理描写，强于能说善辩的对话，寥寥几笔，就淋漓尽致地勾勒出一个个性格鲜明的人物。特别是面对同一个问题时，各种人物站在不同角度观察，因观念的不同或理解上的差异，产生不同见地的心理。作者就像一个总览全局的导演，很自然地就把各种人物的心态和观点客观展现出来，在活动中真实展示各自的个性。有人评论说：作者有对话语言大师的气质，形成独特的语言表现霸气，大有一语惊人的感受。

杨向荣是《下派上调》小说中的主人公，是作者肯定赞美的人物。但作者并没有将他理想化和神化，而是客观真实地表现他的性格。在主要展现杨向荣勤政为民、开拓进取的显著本色时，也展示出他人性化的自然基本。在女色情感面前，他首先是人，是男人，是性情中的男人，不是天上的神仙。然而他又是理智之人，注重自己的现实身份和影响，用理智力克情欲，理智和情欲之间总是有矛盾的。作者刻画描绘了杨向荣在理智和性情中的矛盾心态，贴近生活，真实感人。

通过对以杨向荣、顾武生为代表的衙门中各种人物的性格表现，灵魂的展露，看得出作者试图探索研究官场人文灵魂的发展演变，探求官员流动升迁中的奥秘，力图翻开官魂给人瞧个究竟。同时，作者对苦难中贫民百姓的淳朴善良性格，也刻画得真实动人，催人泪下。

作者对材料的拥有，来自于他对生活的积累，就好像指挥千军万马的统帅，胸中自有百万雄兵，需要时信手拈来，合情又合理。他将古今故事融会贯通，来龙去脉一点即通。边城几易名称的由来和名人与边城的史记，自古只有有限的从史人员才能在县志、史书上看到，他却通过小说中人物的活动，自然生动地展现给读者，特别是对历史尚未考证的传说故事，也作了较为合理的解说。比如对“屈原为什么拜渔夫为渔父”这一历史疑问，就连研究屈原和楚辞的专家教授们，除了将渔父解释为一个人物外，目前尚未作出合理的解释，他却在民间传说故事中找到了可信的答案。对美人西施隐居之谜，秦人卢生、侯生隐居之谜，他也在边城都梁山和云山等传说故事中找到了有参考价值的答案线索，并作了整理和客观描绘。不过，也有人对作者讲述的“屈原、西施、桃花源”的历史谜团提出了质疑。对此，鄙人不敢枉加推断，但有一点可以确定，这些历史谜团的解释，不是作者的凭空想象，更不是作者第一次别出心裁提出的有争议的观点，而是引用历史人物的诗词辞赋为证，至少可以说，多了一条解读历史的思路，增添了求正解谜的多样性答案。因此，《下派上调》既像一部地方史志，又像一部故事书，还像一部趣味词典、一部边城通手册，当然，它最终还是一部好看的长篇官场小说，令人读来深受启发，受益匪浅。无论哪种说法、何种观察角度，都说明小说的可读性较强，会是一部深受读者喜爱的作品。

小说解读合卷后，意犹未尽，本人在思考另一个问题：任何时代的发展、盛世经济的飞跃，科学文化是向导。所谓文化遗产，是时代发展的历史印记，也是文明的见证，为什么几千年的文化遗产，历经多少朝代，饱经风雨沧桑千百年，保留至今，却毁灭在当下？被毁灭文化遗产的仅仅是一个边城吗？历史将怎样评判？历史将怎样惩罚？历史将怎样续写？那么，当代要给历史留下点什么，让后人去继承什么……

周飞跃*

* 湖南省武冈市作家协会主席，著名歌词作家。

引　子

俗话说为官一方，造福一方百姓，当官不为民做主，不如回家卖红薯。百姓把为民做主办事的好官称为父母官，至于父母官的称呼从什么朝代开始盛行，人们尚未有确切的考证，然而在湘西南边城百姓口碑中，就认准从晋代陶侃为边城武冈县令时开始。陶侃在任上有“朝夕运甓”（后发展到“日运千甓”练兵），勤于吏治，为人父母官的故事，在百姓中广为流传。

那是陶侃就任边城县令时，官轿行至距边城衙门还有二十里的济州渡官道驿站，济水河正在发洪水，陶县令为了不耽误上任日期，冒着洪水危险上了舟济输官之船。当船行至河心之时，陶县令突然听到有人喊救命，抬头向济水河上游望去，发现一个小孩抱着一根木头在洪水中挣扎，他急切地对随行人员说：“快救人，救人要紧。”说时迟，那时快，洪峰卷着木头猛冲过来。陶县令操起一个铁钩锚，砸向木头前端，不偏不倚恰好钩住木头，再顺势往身前一拉，木头重重地横靠在舟船边，陶县令将那个十岁左右的小孩救上了船。陶县令抱起小孩问道：“你是怎么落水的？”

小孩哭着说：“家乡发大水，房屋被冲毁，爹妈要我抱着木头漂流求生，他们掉进旋涡被洪水冲走了，我已经没有爹妈、没有家了……”

陶县令将小孩带到县衙，像父母一样关心爱护这个没有父母的孤儿。从此，边城百姓就称陶侃为父母官。

然而，边城也有草菅人命、欺压百姓的风流贪官。明王朝在边城封朱元璋的第十八子朱楩为岷王，统治这一地区。历代岷王荒淫无度，霸占民女，民女结婚，岷王要霸占第一晚，强占初夜权。百姓为了避开岷王的蹂躏，只好在夜间结婚，边城就这样形成了夜间婚礼的习俗。十世岷王朱企烽（注：应为金字旁的丰，朱元璋的后代都用金、木、水、火、土为偏旁取名，十世岷王辈分为金）还有个喂养蚂蟥取乐的嗜好，有一天兴起，觉得用鸡鸭鹅活物喂养蚂蟥不过瘾，狠心地将一个十岁的男孩推下蚂蟥池塘喂了蚂蟥，激起民愤，因此边城爆发了小孩母亲马寡妇领导的农民起义，攻下岷王府，杀岷王朱企炸，为民除害。

边城在史无前例的“文革”时期，也有过因所谓的破“四旧”而毁灭光辉灿烂历史文化遗产的糊涂县官。被称为世界第一斜塔的“武冈花塔”和美人“西施隐居院”都是闻名遐迩的历史文化遗产，却无情地毁灭在糊涂县官的指挥棒下，倒塌在炸药的爆炸声中，边城最文明的历史文化遗产，毁灭在最不文明的县官手里。边城人无不痛心疾首，大骂糊涂黑手，千古罪人。

杨向荣从省城来到边城上任，是边城当今的父母官，面对边城破坏惨重的历史文化遗产，面对边城贫穷落后的现实，面对改革开放、飞速发展的新时代，他将怎样为官？是要做贪官、昏官、糊涂官，还是要做清官、文明官、父母官？他将怎样把这个贫穷落后的世外桃源，接轨改革开放的大千世界？边城人民拭目以待，歌中唱得好：天地之间有杆秤，那秤砣是老百姓……

1

杨向荣给省长刘长远整整当了八年秘书，今天突然接到组织部的通知，请他到组织部长文宏盛的办公室谈话。杨向荣心里为之一振，凭他在省长身边干了八年秘书的政治敏感力，他已敏锐地嗅到了组织部门要给他安排新的岗位。可他心中没有底，不知是个什么岗位。因为历来官运场上的职务升迁都是少数几个人的“暗箱操作”，从来就不公开，名曰“保密”。事前没有任何人给他杨向荣透露过半点消息，就是省长刘长远也从未提及过，不知组织部的葫芦里装的是什么神仙药。他心里说不出是紧张还是兴奋，盼这一时刻而又怕这一时刻。盼这一时刻，在心里可有好些日子了，在官运场上的人谁都想着升迁的荣光，尤其是他杨向荣，在省长身边磨炼了八年。八年啦，放在整个人生工作年限里看，可不是一个小数目，人生工作又有几个八年呢？正因为如此，八年的幕僚生涯，对于官运岁月来说，又是一个艰苦而又漫长的经历，就像当年“八年抗战”那样苦苦难熬啊。今天总算是锅边上的粥——熬出来了，他即将结束幕僚岁月，开始步入官豪生涯。但是杨向荣又怕这一时刻的到来，因为他心中毕竟没有底，不知道部长要给他物色一个什么样的岗位，要他扮演一个什么样的角色。杨向荣越想心里越乱，越想越想不出头绪，想也没有用，反正官运场上提你用你没商量，不能以个人的意志为转移。自古以来就是一文诏书，一纸调令，封个什么官就是什么官，放到什么地方就去什么地方，容不得个人去选择，反正到了什么官位说什么话，去了哪座山再唱哪支山歌。杨向荣一边想一边向组织部文部长办公室走去。

杨向荣走到文宏盛的办公室门前，举手敲了敲门。文部长听到敲门声很自然地喊了一声：“请进。”

杨向荣轻轻地推门进去，笑着说：“文部长，您找我？”

文部长正在低头看文件，听到杨向荣的话声，抬起头来顺手合起文件夹，热情地打招呼："啊，是小杨哦，请坐，我给你沏茶。"

"不不，您请坐，沏茶的事是我们秘书做的，还是我自己来吧。"

文部长也不客气，他与杨向荣虽不是直接的上下级关系，但也因为工作关系常打交道，自然很熟悉，彼此也不讲那么多的客气。杨向荣自己走到饮水机旁，取了一个一次性的纸杯，打开茶叶盒，用小勺打了一勺茶叶，倒入纸杯，打开饮水机上的红色出水龙头，接了大半杯，走到文部长办公桌对面，轻轻地坐下。文部长看了看杨向荣杯中的茶水，笑了笑说："茶要半，酒要满，给自己沏茶也那么标准，你小子秘书没白当。"

文部长最后一句"你小子秘书没白当"的话，其实是一语双关，官运场中上级要提拔下级时，说的第一句话就是你在某某职位上没白干，预示着你很快就要升职了。文宏盛表面上说的是杨向荣的茶倒得很标准，秘书的基本技能掌握得好，说他秘书没有白当，其实也是对杨向荣在秘书岗位上干了八年成绩的肯定，强调有了这八年杨向荣才有今天升职挑重担的机会。杨向荣自然也明白文部长的双关语，不好直接作答，只好"嘿嘿"一笑，说了一句客套话："领导过奖了。"

文宏盛抬手看了看手表，收起了笑容，严肃认真地说："小杨啊，咱们往下说正事。"

杨向荣更是一本正经，毕恭毕敬，立起耳朵聆听部长大人的教诲。文宏盛干咳了两声，清了清嗓子，然后一板一眼地说："小杨啊，你在省政府当了八年的秘书，得到了锻炼，政治水平、工作能力等各方面都比较成熟了。组织上经过研究决定，调你到边城任代理县长，你也知道，政府行政长官要召开同级人大会，才能最后办好手续。你先上任，大胆地开展工作，争取更大进步。刘省长与我商量过了，有些具体要求他亲自找你谈，我就不细讲了，你抓紧时间去，他在等你。"

杨向荣起身接过新的调令，握手告别文宏盛部长，转身直奔省长刘长远办公室。这里他太熟悉了，八年了，这套办公室的每一个角落，他都熟悉得如自己的手指，什么文件放在什么位置，什么材料放在什么地方，什么用品摆在什么台位，他闭着眼也能找到。省长的性格、为人、习惯他也一清二楚，甚至省长心里想什么，他也能猜个八九不离十，连省长刘长远都夸他是个小机灵鬼。然而今天走进这套办公室，他却有不同平常的感受，仿佛突然间有点陌生了，一种莫名其妙的新鲜感油然而生。贴近省长的心似乎在瞬息之间产生了距离，好像突然之间对熟悉的省长产生了新的认识。杨向荣也不知道自己怎么产生了这些说不清缘由的想法，更不知道那些自觉不自觉的想法究竟是对还是错。杨向荣此时此刻的心情，说不清是喜是忧，是激情冲动还是想入非非，是即将离别时的留恋还是对新岗位的憧憬向往。平常他能基本准确地猜到省长刘长远心里在想什么，此时此刻他反倒想不到刘省长究竟要跟他讲些什么。

杨向荣一进门，刘省长就笑盈盈地招呼杨向荣坐下，还未等杨向荣坐好，刘省长就快言快语地说："小杨啊，刚才组织部的文部长都跟你说清楚啦?"

"嗯，说了。"杨向荣回答得很干脆。

"好，他说清楚了，我就不重复了，我要说的内容是文部长没有讲的。今天我已跟办公厅主任和保卫人员讲好了，我停办半天公，专找你好好聊聊。你跟了我八年，平时因工作繁忙，没有时间谈及你个人前途方面的问题，说句心里话，你跟了我八年，我舍不得让你走，可是不能啊，越是舍不得越要舍得，总不能叫你当一辈子秘书，单就八年时间上说就够委屈你的了，希望你能够谅解。"刘省长放下官架子和善亲切地说。

"不，那是我的荣幸，哪能谈得上'委屈'二字呢。"这时杨向荣显得有些激动，因为八年来没有哪一位领导像刘省长今天这样，跟他这样的小秘书平等说话。刘省长平时也是严肃得像父亲，今天这样屈尊地跟他平等说话，也是开天辟地第一回，这是杨向荣万万想不到的，更是绝对猜不着的。

"小杨啊，八年了，你不辞劳苦，没日没夜地照顾我，我放在心里，未能跟你说声'谢谢'，今天我要说一声：谢谢你。"刘省长的"谢谢"二字绝不是漂亮话，多少透着真心实意。因为当大官的心也是肉长的，上下级虽然是工作关系的需要，但人格上是平等的，从这个意义上说，他认为说一声"谢谢"完全应该。

"不，谈不上谢谢，那是工作需要，是我应尽的职责。只是我照顾不周，请您批评，请您原谅才对。"杨向荣这几句也说得情真意切。

“好了，谢也好，原谅也罢，都是过去的事了，你心里有底，我胸中有数，就不言而喻了。下面，我们换个话题谈谈你县太爷新岗位上的事怎么样？”刘省长开始进入正题。

这时杨向荣显得无言以答，因为他自己还来不及思考这个问题，一时不知从何谈起，只好被动地聆听省长的教诲，笑了笑说：“那就请省长多多指教。”

“那你先说说，对县长这个岗位有何感想？”刘省长开门见山地问。

杨向荣两眼望着刘省长，欲言又止。刘省长看在眼里，笑了笑说：“怎么，在我面前还有什么话不好意思说吗？”

“不不，职位的安排是组织上考虑的事，个人就是有想法，也不好直说。”杨向荣开始搪塞。

“你这个小机灵鬼，好吧，你不说，我先说。其实你不说，我也知道你心里在想什么，县长这个职位对你来说是平调，也许这就是你想不通的地方。按常规，省政府下去的干部要提一级，省级领导的秘书就更是提职下去挂职锻炼，这是多年来一条不成文的规定。”刘省长切入正题说。

“是啊，我也是这样想的，为什么刘省长的秘书下去就不能提职？就算不升职，也得让我干县委书记‘一把手’啊，怎么让我去干‘二把手’？我不理解组织上的用意。”杨向荣在刘省长的启发下终于说出了自己的想法。

“说得好，我想到你一定会提这个问题。说实话，这个位置是我定的，组织部门的建议是去宝都市任副市长，在常委会上讨论的时候，我建议改为边城县长，许多领导和组织部门的人还不理解。我在会上说，要重用人不一定要给他高职务，相反，给他一个小职务更能展现他的才华，更能锻炼能力。可以说在国家政府机构中，县长是最不好当的。干事情也是这样，越具体越不好做。在政府官员中，县长的工作最具体，能当好县长就能当好市长，能当好市长就能当好省长。后来常委们接受了我的意见，让你下去当县长。小杨啊，为什么不让你干县委书记‘一把手’，却让你干‘二把手’的县长呢？把你放到县官的位置上，自有我的道理。自古‘一把手’好当，‘二把手’难干呀。要充分发挥领导才能，展现聪明智慧，就得从‘二把手’干起。你要懂得温室里的花朵经不起风浪的道理。要在艰难的环境中立稳脚跟，开拓新局面；要在错综复杂的矛盾中，排除万难，力挽狂澜；要在一穷二白的地方撒下兴旺发达的种子，赶超先进水平。为了锻炼你的能力，有利于你的成长，我才决定让你从‘二把手’干起，去当全省最穷、最落后、矛盾最多、情况最复杂的穷县的县长。你能理解我吗？”省长刘长远说出了自己的心里话。

“省长，你真是用心良苦啊。”

“说实话，平级调动你去当县长，客观上讲，是有点委屈你了，可是谁要你是我刘长远的秘书呢？你能理解我就好，我就担心你不理解啊。”

“那哪能呢，我杨向荣的性格您是最了解不过的了。”

“本来组织安排上的用意，我不应该跟你说得这么透彻。可惜啊，省长也犯纪律错误啊。”说完，刘长远自己先嘿嘿笑起来。

杨向荣也跟着嘿嘿地笑了。

刘长远收起笑容，又认真地说：“本来还想听听你对当好县长的打算，但时间太仓促，我估计你还没来得及考虑，所以今天暂不谈这个问题，留着以后再说。这样吧，今天下午你清理一下自己的东西，明天再与新来的秘书交接一下，就可以去边城上任了。什么时间走，告诉我一声，我去送送你。”

“谢谢省长，我就按您的吩咐去做。”

“你这个小鬼。”刘省长说了句没头没尾的话，顺手在杨向荣的肩膀上不重不轻地拍了两下。杨向荣心里自然明白省长拍肩的意思和分量，既包含着热情又包含着关心，既有期望又有嘱托，既有信任又有肯定。

第二天一大早，杨向荣还像往常一样，比上班的时间提前十分钟到达，手脚麻利地做好了一切准备工作，等待刘省长的到来，履行他最后一天秘书岗位的职责。

省长刘长远也像平常一样，来到办公室一看，一切井井有条照旧，也不说什么，坐下来低头批阅文件。

不一会，办公厅主任李湘东带着新任秘书武文韬来到刘省长的秘书办公室。李湘东一进门就说：“小杨啊，我来介绍介绍，这位就是来接替你的新任秘书武文韬，是刘省长亲自从宝都市政府办公室秘书中挑选上来的，精通世家武艺，又写得一手好文章，就像他的名字那样文韬武略。”

“好好好，久闻大名，欢迎欢迎。”杨向荣急忙伸出右手，与武文韬的右手紧紧相握。武文韬也客气地说着：“谢谢。”

李湘东接着说：“小杨啊，我们一起带武秘书去见刘省长。”

“对，先去见省长。”三人一起来到省长办公室。省长刘长远见他们三人进来，放下文件夹，站起来与武文韬握手，高兴地说：“小武啊，欢迎你，请坐，都请坐。”

“谢谢刘省长。”武文韬红着脸说。

“谢什么，以后你就在这里工作了。不过，省政府与市政府有很多不同的地方，不要急，慢慢适应。有问题多向李主任请示、请教。啊，对了，我九点钟还有个重要会议，我先走了，你们慢慢交接吧。”刘省长说完，与他们道了一声别就走了。

三人起身送走了刘省长，李湘东转身对杨向荣和武文韬说：“小杨啊，你就与小武慢慢交接，交接完了到我办公室来一下。”

“好吧，李主任，您去忙吧，小武就交给我了，放心吧。”杨向荣与武文韬送走了李湘东，转身回到办公室，杨向荣握了握武文韬的手，温和地说：“小武啊，我要走了，这里的担子就交给你了，说实话，这里的工作既简单又复杂。简单是指你每天的工作几乎都是一样的，天天为领导服务不变调，可复杂起来就复杂得要命，你就是有八个脑袋也想不过来啊，不过也不要怕，遇事尽量多动点脑筋就是了。”

武文韬认真听，不时地点着头，他虽然没有像杨向荣那样感受深刻，但也在官场上混了几年，多少领教了一些。

杨向荣接着说：“你的办公室在外间，省长办公室在里间，也就是说到省长办公室去必须先经过你这一关，这一关有很高的学问，全在于你细心观察。不是什么人都可以进省长办公室的，什么人可以去，什么人不可以去？要挡驾得当。该挡的没挡住，不该挡的挡住了，那你就有麻烦了。也不是什么时间都可以进省长办公室的，什么时间去得，什么时间去不得？要把握火候。要学会看苍天知阴雨，看脸谱晓心曲，千万不要在雷雨时送火把，在艳阳天送雨伞。这两点难度最大，要靠你平时留心观察多动脑筋，熟悉掌握更多的情况才能把握好尺度。”

武文韬点了点头，心领神会，虽然还不能完全把握深浅，但可想象到难度之大。也不好要杨向荣细说，这类事情是不能说得太具体的，只好点头示意杨向荣继续说下去。

杨向荣明白其意，继续说道：“秘书办公室要成为半个资料库，省长需要哪方面资料时，要随时拿得出来，这就要靠你平时分类归档整理了。你想想看，一个省就像是一个小国家，党政工团纪，工农兵学商，农林牧副渔，水文地理，风土人情，历史沿革等，应有尽有，那么多的资料你不分类整理，需要时你上哪儿去找？这一排排柜子里都是我归类整理好的资料，有时间你查看一下，以后你可以把资料归类后直接往里面放。要你写讲话稿、写文章、起草文件什么的，你翻开资料挑选综合集中就可以了，这叫天下文人是一家，你抄我来我抄他。”

武文韬笑了笑说：“杨秘书，不，杨县长，你还蛮风趣幽默的嘛。”

“幽默风趣谈不上，我不过是实话实说而已，叫你见笑了吧。”杨向荣半开玩笑地说。

“不敢，不敢，我哪敢笑你啊，我高兴都还来不及呢。”武文韬正色道。

“下面我再给你介绍介绍刘省长的个人习惯和注意事项。刘省长年纪不大，五十出头，可他阅历深厚，从小跟着父亲闯南走北，饱尝过人生酸甜苦辣，又历经过风风火火的岁月。他父亲是中央赫赫有名的老革命，正因为如此，社会上的人称他为太子党。可他这个太子党与众不同，他不是那种‘绝子绝孙绝题目，什么之乎者也，去他妈那个蛋’的庸人，也不是那种只坐享先辈荣光，不思进取，‘此间乐不思蜀’的阿斗，更不是那种只唱高调不办实事，今朝有酒今朝醉，明日无酒再刮民的昏官。他敢说敢干，思路清晰，勇于突破禁锢，开拓创新。这几年单就省城的变化，就足够证明他的功绩。全省人民都看到了，省城以前是街道窄小，车辆拥挤，非法乱搭乱建，菜担子满城摆，就连省政府大门口都摆着菜担子，是全国有名的脏、乱、差城市，甚至被人戏称为‘菜市场’。可就是这三四年工夫，全城违章建筑全部拆除，划分为一块块小区建设管理，每个小区都建有超市，再也看不到满街的菜担子了。坚决拆除高楼大厦、扩大街道，现在省城主要街道都是六车道，甚至八车道，车辆畅通无阻。更值得一提的是美化环境和保护环境，是走在各省前面的，省城被称为花园式城市，成为学习的榜样，不少市民喊刘省长万岁。哎哟，我是向你介绍刘省长的个人习惯，怎么变成介绍他的功劳了，跑题跑题，其实他的功绩不需我说，世人自有公论。我言归正传，介绍他的个人习惯。”

杨向荣把武文韬拖到刘省长的办公桌旁，指着茶杯和文具筒说：“茶杯和文具筒要放在左上方，不要随便移动。因为‘文革’中，刘省长父亲被打成黑帮，他成了黑狗子，被造反派打伤了右手，治疗不力留下了后遗症。因此他从小就习惯于用左手做事，茶杯与文具筒放在左边顺手。转椅要调得高些，每天都要保持现在这个高度，因为刘省长用左手写字，没有常人用右手写字那么方便，座椅要高一点，左手写字才顺手。座椅前的脚垫是我特制的，你千万不要把它移开，搞完卫生要放回原位，因为座椅升高了便于左手写字，可脚就吊起来了，脚垫就是解决这个问题的。桌上这三个文件夹摆放的顺序不能变，急件摆在左边，常规件摆在中间，材料夹摆在右边，刘省长进办公室先处理急件，再处理日常工作，最后再看看材料。最里面的那间房是他的休息室，门上贴了‘免进’两个字，不论遇到什么情况，你都不要进那间房子，你也进不去，我在这里当了八年秘书，都未进去一次。还有，你跟他出门时，上楼梯要走在他的右后侧，下楼梯要走在他的右前方。上汽车时，只要把车门打开就可以了，他不喜欢有人把手放在他的头顶上。他习惯坐汽车后排右座，你要坐司机边上的前右座，帮助司机瞭望道路前方，提醒司机注意突发情况。最后就是秘书纪律，说不得的不说，看不得的不看，听不得的不听，传不得的不传，接不得的不接，送不得的不送，这些都是基本常识，我就不再多啰嗦了。你看还有什么问题，尽管问。”

“没想到你这么细心，介绍得这么详细，我们在市政府可没有这么多的讲究，看来我还得好好学习，随时向你请教。”武文韬认真地说。

“哪里，请教谈不上，不过以后多多联系，说不定我还有事请你帮忙呢。”杨向荣客气地说。

武文韬挠了挠后脑勺，一时想不起该说什么好。杨向荣看了看他，马上打圆场说：“那好吧，今天我就说到这里，没事的话我们就去见李主任？”

武文韬点头，跟着杨向荣向李湘东办公室走去。李湘东见他们进来，主动先打着招呼：“二位都交接好了？”

“算是吧，看主任还有什么吩咐？”杨向荣回答说。

“那好，武秘书从今天起就算正式到位。杨秘书，不，杨县长，你就准备去边城上任。哪天走，告诉我一声，我和武秘书去送你。”李湘东说得很亲切。

杨向荣从李湘东办公室出来，走近自己曾在这里没日没夜工作过的办公室门前，驻足看了又看，望了又望，想起这八年的幕僚岁月，是辛苦还是甜蜜，是酸辣还是荣幸，是付出还是收获，是获取还是进步？此时的杨向荣心里好像什么都有，又什么都没有。他把门钥匙一交，就意味着这里的一切都不属于他了，八年的辛勤耕耘使他对这里的一切产生了深厚的感情，他天天盼着离开这间办公室高升，可当他最后离开这间办公室的时候，却又留恋这里的一切，他想再进去坐一坐，走到门口，抬起右脚，然而他还是轻轻地放下了脚，眼睛湿润润地走开了。

回到家里，疲惫的身体就好像散了架似的，只想足足睡上七天七夜。可是当他躺下来的时候，却怎么也睡不着，心里翻江倒海似的，思考着他将如何去当那个县官。可千头万绪，却又不知从何开头。索性干脆不去想太多，他腾的一下从床上坐起来，决定去找省长刘长远，他要向省长请示，要求省长批一大笔钱给他，他要携带巨款去边城上任，去改造那里的落后面貌，去带领那里在贫困线下徘徊的人民冲出贫困线，解决温饱，奔小康。杨向荣又返回他多年工作过的省府办公楼，满怀信心地敲开了省长刘长远办公室的门。省长刘长远一见杨向荣就问：“怎么？要向我辞行啊，我说了我要去送你的，想好了定在什么时间，告诉我。”

“不，我不是来辞行的，我是来要钱的，我想请您批一大笔钱，我带着它去边城，也算是给边城人民一个见面礼吧。”杨向荣开门见山地说出了自己的想法。

刘长远沉吟了一下，可也是，八年了，多少县长、市长在他省长这里批过无数资金，都是交给他杨向荣去办的，他很懂行啊，这回轮到他要批资金了，也在情理中。刘长远笑了笑说：“小杨啊，你的想法很好，说明你是个动脑筋的县官。不过我要告诉你，我要让你失望了，我不能在你一上任就批钱给你。你想想看，全省几百号县长、市长都看着你呢，如果我批一大笔资金给你，你把那个地方搞好了，人家说那是省里关照的结果，不是你杨向荣的功劳。如果搞不好，人家更有话说，你看，杨县长拿着省府的钱都不晓得用，有钱都搞不好，没用啊，这是其一。其二，我批给你一大笔资金，不利于你开动脑筋想办法，调动各方面的积极性，不利于你的成长，要在困难和复杂的环境中崛起，才是好样的。请你记住，不到万不得已不要找我批钱，理解我的意思吗？”

“好，我理解省长的一片苦心。对了，我明天就去边城报到吧，还是早点去好。”杨向荣也不多说了，干脆把去边城上任的日子当面告诉了省长。

第二天，和煦的阳光唤醒省城的时候，省长刘长远派专车与省政府办公厅主任李湘东、省长新任秘书武文韬一起为杨向荣送行。小车还未出省府大门，突然一辆小轿车刹然停在杨向荣的车前，还未等杨向荣反应过来，车上跳下来两个人，上前打开车门，其中一个人急切地说：“对不起，对不起，我们差点来晚了，我先自我介绍一下，我是边城县委办公室主任邓明宽，这位是县委书记顾武生，我们听组织部讲你要到我们边城来工作，我们特地赶来接你。”

“我代表边城县委、县政府欢迎你，欢迎啊。”顾武生还未等邓明宽说完，就主动伸出右手，一边拉住杨向荣的右手，一边说着。杨向荣这才反应过来，原来是县委书记顾武生亲自到省城接他来了，这是他杨向荣没有想到的。

正在杨向荣与顾武生说话的当儿，刘长远从小轿车里出来了，还是顾武生眼尖，一眼就看到省长下了车，急忙走上去，握着刘长远的手说：“刘省长好，听说你把秘书杨向荣派到我们县当县长，太好了，这不，我们迎接来了，以后还请省长多关照我们穷县小地方啊，不过，有你的秘书来当我们的家，我们就放心了。”

“好好好，你们好好合作，把你们那一亩三分地搞好了，我就放心了。”刘长远笑着说。

顾武生停顿了一下，看了看刘省长的轿车，笑着说：“看样子省长要亲自送杨县长上任？”

“小杨在省府干了八年，送送也应该啊，这样吧，小杨上你的车，我和办公厅李主任、武秘书送你们出省城，好不好？”刘长远吩咐着说。

顾武生这才意识到省长后面还站着省办公厅李主任和武秘书，主动上前握手，嘴里说着："李大主任、武秘书好，失敬失敬。"

迎送车辆按省长的吩咐，向西南方向驶出省城，在城郊的结合部，车队停了下来，大家纷纷下车，相互握手告别，嘴里说着再见。杨向荣挥动着右手，动情地说："省长，我走了，你多保重，李主任、武秘书你们都回去吧。"

"不，你们路途遥远，还是你们先上车，我们目送你们走。"刘长远吩咐着说。

杨向荣慢慢地向迎接他的小车走去，最后一个走到车门口，准备钻进去时，他回头看见刘省长一行人，还站在那里目送他，忍不住热血沸腾，激情涌上心头，满眼热泪，使劲地挥动着右手。等他缓缓地钻进车里后，汽车响了一声喇叭，就启动了，车尾吐出一缕白烟。

省长刘长远、省办公厅主任李湘东、省长秘书武文韬仍站在那里挥动着手，等杨向荣的车走远了，他们才各自钻进小车里，开回省政府。杨向荣激动过后不久又恢复了平静，坐着迎接他的小车，走在上任的路上，心里拨动着走马上任的算盘……

大概是他这几年太劳累了，在小车的晃动下，他却踏踏实实地睡着了，做起了新官上任的美梦……

前面两排武士，手持杀威棒，嘴里高叫着："威武……"中间绣着"县衙"黑字的大旗，在春风中舞动。"肃静"、"回避"牌树立在两边，后面一些摇扇子的、举小旗的摇摇摆摆跨着海步。他杨县太爷坐着八抬大轿在中间悠忽荡哉，真可谓八面威风，边城百姓夹道迎接，前呼后拥地簇拥着他杨县太爷的官轿，威风凛凛地向县衙门奔去。突然，一队人马在通往县衙大门的路上，挡住了杨县太爷的去路。手持杀威棒的衙役将杀威棒交叉地横挡在杨县太爷的官轿前，高喊着"威武……"

一个县尉上前喝道："大胆刁民，竟敢挡住当今县太爷的去路，还不快滚开，滚开！"

一个白发老太太上前说话："你先别嚷嚷，请县太爷下轿说话，难道当今的县太爷还怕我这个手无寸铁的老太婆不成？"

杨县太爷听到吵闹声下得轿来，只见他头戴乌纱帽，身着长袍官服，手执笏板，大有袍笏登场的风光，打着官腔说："是何人，敢在本老爷大轿前喧哗！"

"我乃边城百姓，惊闻杨县太爷到本县上任，我等黎民呈上三碗酒水。你若想当清官，就请喝了左边的这碗清水；你若想当昏官，就请喝了中间的这碗浊汤水；你若想当贪官，就请喝了右边的这碗黄酒杜康。"

杨县太爷循声抬眼望去，只见三个白发老太头顶着清、浊、黄三色酒水，身后拉起一大横幅，上面写着"当官不为民做主，不如回家卖红薯"十四个大字。一个白发老太嘴里说着："县太爷，请吧。"

白发老太"请"字刚出口，跟随白发老太的人以及道路两旁的人都哗啦地跪下了，齐声说："请吧，县太爷！"

杨县太爷摆了摆手，示意移开杀威棒，让开大路。然后甩了甩长袖，迈步向前跪在白发老太太面前，看了看三个碗。端起清水碗，端详了一下又放下，又端起浊汤水碗，望了望又放下，再端起黄酒碗，瞧了又瞧，放近鼻子边闻了又闻，好香啊，好酒好酒。然而，杨县太爷把黄酒杜康轻轻地放下了，猛然端起清水碗，一仰脖子，咕噜咕噜地喝了个精光，把空碗高高地举起，然后从地上站起来，激动地说："边城的父老乡亲们，我杨老爷把清水喝了，快快请起吧。"

跪下的百姓，刷拉拉从跪着的地上站了起来。杨县太爷动情地说："乡亲们，如果我杨县太爷在边城不为民做主，你们就把我赶出边城。"

乡亲们也不多说话，让开大路，让杨县太爷向县衙门走去。县衙文武官员、衙役夫差等早站立在大堂两旁，大堂上端"明镜高悬"四个大字闪着金光。杨县太爷大步流星袍笏登场，笏板往大堂上一甩。"升堂……"

"威武……"

恰在这时，小轿车进入边城地界那段不平整的坎坷小道，几下颠簸，把杨向荣从梦中颠醒了。杨向荣睁开眼睛，看了看坐在自己身边的顾武生，又向窗外望了望蜿蜒向前的公路和使劲向后甩的乡村田园，确认刚才的那一幕实属梦幻，他觉得自己好笑，怎么做了一个这样的傻梦，真是想什么就梦什么。杨向荣心里在想，如果真是要他选择那三碗的话，他将如何选择呢……

2

杨向荣上任边城县长的第一天，县委书记顾武生当然懂得官场游戏规则，通知县府政界各路官员召开欢迎大会，也是新任县长杨向荣与边城政界官员的见面会，说得更准确一点就是新任县长杨向荣的就职演说会。

县委书记顾武生很想听听从省城下来的杨向荣如何开锣唱戏。因为顾武生在边城为官多年，深知老少边穷地区的父母官不好当，不少雄才大略的官员，在边城信誓旦旦地燃烧过新官上任的三把火，有的甚至还想把边城烧化，变成大都市。杨向荣的前任县长解遵意从京都来到边城上任时，发表了长达三个半小时的就职演说，高呼不改变边城历史誓不为官，大有变边城为都市的激情豪迈。还在自己的办公桌上写上了座右铭：

出京门进衙门通天无门，离京都建二都立地有道。

此座右铭立意不新，气势却不凡。除了通天办不到外，立地要办的事情他都有门道，大有建立第二个京都的雄心壮志。连他的名字都叫遵意，乃遵吾之意愿。结果是壮志未酬先辞衙门，黄鹤随风飘去，一去不复返。边城还是边城，闭塞、落后、贫穷的桂冠依旧扣在边城民众的头上。顾武生在想，从京都来的京官尚且无道，难道省城来的府官就有道乎？恐怕也不比他土生土长的顾武生高明多少。也许他顾武生还就是这边城最有能力的衙门不倒翁。在他面前走过去一位又一位的县官过客，还就是他顾武生在这边城立稳了脚跟，坚持了下来。顾武生虽然不能断定杨向荣能在边城坚持多久，但是开场戏还是要唱的，顾武生最喜欢的就是观看启幕锣、开场戏，只是官场上不叫开场戏，而叫就职演说。

杨向荣对就职演说并不十分放在心上，他认为包子有肉不在褶上，如何实现任期目标，功夫不在嘴上。但是这毕竟是他第一次以官豪的面孔出现在官场上，虽然身在官场多年，却都是以幕僚的身份奔忙在台前幕后。

这第一次嘛，总还是要有个官僚样，更何况官场游戏规则要求必定有一场就职演说的开篇戏，就是装模作样，哪怕是假戏也要唱一番的。但是这唱词怎么编？杨向荣在认真地思考着。是信誓旦旦夸一通海口，还是实实在在抖落一番任期目标？是海誓山盟地表一通决心，还是激情豪迈地侃一通奋斗精神？杨向荣想来想去，这些都不行，都不符合他杨向荣的性格。但是总不能不说呀，就是违心也要硬着头皮说。最后，杨向荣想到了一个两全其美的办法，既符合官场游戏规则应付了场面，又适应了他的性格而又不失雅观，叫人怎么理解都行，让他们思考去吧。这个两全其美的办法就是“说梦”。

杨向荣在县委书记顾武生为他主持的就职演说会上诙谐地说：“边城的百万人民，边城的各级官员们，你们好，今天是我杨向荣就任边城县长的第一天，这第一个见面礼，请接受我深深的一鞠躬……”

杨向荣一边说，一边行了一个九十度的鞠躬礼，礼罢接着说：“我知道，大家都想听听我杨县长的就职演说，我总不能叫各位失望而散吧。说什么好呢？我给大家说一个梦吧。在从省城到边城上任的路上，汽车一路颠簸，我睡着了，做了一个梦。梦见我坐着官轿，威风凛凛地向边城衙门上任去。就在我快进县衙的路上，被边城一大群百姓挡住了去路，我下官轿一看，三个老太头顶三个大碗，一个碗里是清水，一个碗里是浊水，还有一个碗里是黄酒杜康。你们说我喝了哪一碗？当然，我这一问确实有点为难各位，你们怎么能知道我在梦中喝了哪一碗呢？就是神仙也不好猜啊，还是我来告诉大家吧……”

杨向荣便把他在上任路上做的那个梦，一字一句地说给边城官员们听。杨向荣把梦说完后，也不作更多的解释，最后甩了一句作了总结：“这就是我杨县长的就职演说。”

在座的边城官员们听新来的县长说了一个梦，就算是就职演说，虽然梦中的内容也是上任路上发生的事，借梦说现实倒也不算离谱，却有点离奇。特别是县委书记顾武生觉得有点新鲜，他所见过的县官上任，没有一个是说梦代替就职演说的。既听不出新任县长的豪情壮志，也听不出其大展宏图的呐喊，不冷不热地说了一个梦，叫人难以理解。只有那碗清水叫他杨县长喝了，人们才听出来他杨县长要像梦中那样，喝清水做清官。

杨向荣就职演说后，独自一人坐在县太爷的那把转椅上，他想这把转椅坐上去容易，坐好了难。历来的为官者均有座右铭，表达为官者的意志。他的前任不还写过“出京门进衙门通天无门，离京都建二都立地有道”吗？当然，他杨县长不会像他的前任那样口出狂言，大有通天之势。但他也不会搬出“当官不为民做主，不如回家卖红薯”的通俗古训。他想，自己的座右铭既不能不可一世，狂妄到极点，也不可太俗，低级到下流。要恰到好处地表达他的意思，可一时却难以找到合适的词句。正在这时，秘书西国安送上第一份批阅文件，西国安把文件夹往杨县长办公桌上一放，轻声地说了句：“请杨县长批阅。”说完转身就走。

杨向荣立刻叫住了他：“你等会儿，我有话问你，请先坐下。”杨向荣知道，他是在省长身边做了八年秘书工作的人，今天是他第一次以官豪身份坐在衙门大堂上，也是第一次自己身边也有秘书伴随。只是有点不同的是：省府领导干部的秘书是专职的，一对一的配置，甚至一对多的配备。而县衙的幕僚们自古就是综合型的，不固定哪位秘书专跟哪位领导，杨向荣坐在县衙的位置上也不例外。不过近几年有点变化，县委县政府领导干部虽然没有专职的秘书，不是一对一的配备，但也相对固定。哪位领导喜欢带哪位秘书办事，也成了相对固定的不成文规定，特别是县委、县政府的主要领导，也基本上是一对一的配备。

西国安在边城县政府做秘书工作可有些年头了。可他一直受排斥，论他的能力水平，当不上县委县政府领导，也早该当上县政府办公室主任了。可他一直在秘书岗位上熬阳寿，多少人从他身边一步步升上去，可就他原地不动，原因有三。一是他不跑不送，当然也就原地不动。二是他文笔功夫过硬，边城的官道民情，心中有一本细账，写文章写讲话稿又快又好，非他莫属，这叫会做事的做事，不会做事的当官。三是自古能人多傲慢，那些无能无德之人指手画脚，他还有点看不习惯。而那些指手画脚的人都害怕西国安上去了，会对他们不利。因此，在西国安身边的人都使着手段叫他原地爬行。就这样，西国安便成了一个编造材料文件的工具。西国安也习惯了，只低头做事，工作干好了就行。西国安身边的人看到新县长到任，个个都往前挤，套近乎，大献殷勤，表达忠心。而西国安还跟往常一样，不卑不亢，不远不近。杨向荣也察觉到他与众不同，在迎接他杨县长到任的欢迎队伍里，西国安走在最后面。晚上的欢迎宴会上，县政府机关里的人个个上前敬酒，西国安却坐在旮旯里边桌上独自品酒韵味，不到热闹的地方去。杨向荣就职演说时，他坐在会议室最边沿的一个位置上。西国安这些不起眼的举动，杨向荣都一一看在眼里。所以，今天西国安第一次呈送批阅文件时，杨向荣特意叫住了他，想跟他聊几句。杨向荣今天叫住西国安，还有一个原因属于杨向荣个人的处世观念，他认为那些时刻围着他杨向荣转的人，并不一定都是可靠之人，也许是投机取巧之辈，说不定当面奉承讨好，背后大动黑枪。反正杨向荣不喜欢这种人，他认为这种人心思放在奉承讨好上，工作必然不会很出色。他喜欢的是踏踏实实干工作的人。把心思放在工作上的人，必然不会去想那些投机取巧之事，这样的人信得过，靠得住。西国安在迎接新县长到任时的那几个不起眼的举动，反倒引起杨向荣的关注，认为他有几分可靠。因此，杨向荣今天叫住他，想了解了解他，也证实一下自己的分析判断究竟有几分正确。

杨向荣热情地对西国安说："西国安，论年岁，我和你不相上下，接近不惑。论职位我比你高，但职位高的人不见得就一定比职位低的人高明，只能说我运气比你好。比如说，在这边城县府里，我初来乍到，许多情况我不熟悉，什么事情都得从头开始。而你在边城干了十几年，比我熟悉情况，只有熟悉情况才会有正确的见解。你就当我们是兄弟，帮我用最短的时间熟悉边城的情况，尽快展开工作。"

杨向荣说到这里，发现西国安有些不自在。而西国安呢，确实感到受宠若惊。他在县府干了十几年，天天当龟孙子，连在县府搞卫生的人都未必跟他称兄道弟，更何况这县府里的大领导。他连想都没有往那方面去想过，他也不可能往那方面去想。杨县长一句兄弟说得很随便，却把西国安听得紧张起来，一时不知怎样回答才好，他慌张地站起来，手脚忙乱，嘴上尴尬地说："杨县长，您要问哪方面的情况，您就问吧，只要我知道的，我有问必答。"

"那你猜一猜，今天我最想问的情况是什么?"

话音刚落，西国安就抢着答道："杨县长，我猜想您最先想问的就是全县的基本情况，这个我可以倒背如流。全县 1550 平方公里，四周都是高山峻岭，中间是亚热带雨林盆地，典型的世外桃源结构。全县设置5镇32乡，490个自然村，百万人口……”

杨县长听得连连摆手，急忙叫停：“打住，你没有猜中，你说的这些情况，我自然要了解。但这是我第一天坐到这县衙老爷的转椅上，我今天很想知道边城设立这把县太爷转椅以来，有多少个县太爷坐过这把转椅？他们又都是怎样施展其为官之道的呢？”

西国安摸了摸后脑勺，面露难色道：“杨县长，您这下可把我考住了。这边城县衙转椅上转走过多少县太爷，我还真没有历史地统计过。不过我猜想您当县太爷，并不是单纯地想知道在您前面究竟有多少个县太爷在这里任过职的数字，您真正想知道的，应该是在这边城任过职的县太爷有什么好的为官之道，在百姓中留下过什么经典口碑之类的问题。杨县长，这下我猜对了吧？”

杨县长笑了笑说：“就算你猜对了吧。那你说几个最典型的给我听好了。”

“那好，今天我就在当今县太爷面前现丑了。边城自汉初始建制，至今历时两千二百余年。这两千多年来，边城县太爷的位置上坐过的县太爷有多少，每位县太爷的功过是非，还没有人做过统计分析，更没有人系统地评论过。有几位县太爷在边城百姓中倒是流传着不同的口碑。

“一位是晋朝的陶侃。陶公离开家乡浔阳（今江西九江）求官，求得第一个官位就是边城县令。历史记载了陶侃在任上有‘朝夕运甓’的趣闻。话说陶侃就任边城县令时，升堂的第一天，他就要边城的百姓送他100块青砖和两棵银杏树。并说：这青砖就象征着我陶县令为官清政廉明，我每天升堂时将这100块青砖搬到衙门口，退堂后我再把这100块青砖搬进衙门里。边城百姓只要看到衙门每天有100块青砖进出，就表示我陶侃还在为百姓办事。银杏树我把它栽在衙门前的文庙旁边，象征着边城人民是土，才有我这小树的成长。陶侃说到做到，不但每天坚持搬运这100块青砖，而且确实为边城百姓做了许许多多的好事，边城百姓亲切地称呼陶公为父母官。据说历史上百姓称当地为民办事的官员为父母官，就是从陶侃初为边城县令时开始的。当然这没有确切的考证，但边城百姓口中确实是这么流传的。陶侃在任上‘朝夕运甓’的故事，有两点可以肯定。一是保持为民做主的父母官本色不变。陶公出身贫苦，当官不忘劳动人民本色，‘朝夕运甓’就是时刻提醒自己不忘民众疾苦，把人民群众的事情放在心上，奠定了他做好官的基础。二是他‘朝夕运甓’锻炼了强壮的身体，以后发展到‘日运千甓’练兵。因此才使他在后来带兵南征北战，平定天下局势，治理国家中得心应手。银杏树至今还活着，成为陶侃功成名就的见证之物。明末诗人潘应星赋《双杏歌》诗赞：

……为问当时种者谁？春秋几历今为梗。
惜阴陶令分晋符，观原度宇揆圭景。
遥想先生运甓时，结庐人境心偏冷……

“我再给你讲述另一个父母官，明朝边城为州府，有位叫白素的知州，是个识才爱贤的好官。州府里有个做木工的于师傅，英年早逝，因家境贫寒，儿子于子仁年纪很小就辍学了，于是白知州就把于子仁接到家里与自己的儿子一起读书。于子仁聪明过人，能言善对。白知州常出些对子考他。有一次白知州下乡巡视，见一农夫熟练地扯起秧苗一把把捆扎好，甩抛在待插的田里，就随口吟道：‘稻草缚秧翁抱子’，要于子仁对下联。于子仁应声答道：‘竹篮载笋母携儿’。白知州听了很高兴，连说此子可教。后来白知州又鼓励他考官中举。于子仁也不辜负白知州的培养，于明洪武十八年（1385 年）中进士，出任山东昌乐县知县，后又出任登州知府。于子仁在任上以白知州的为官之道为榜样，为官秉公神明，深受百姓爱戴，在边城和山东昌乐任上流传着很多神奇故事。传说他有特异功能，学有异术。其中‘焚牒审虎’最为人称颂：一天，一个寡妇的儿子上山砍柴被老虎吃掉了，于子仁知道后，立即命士兵进山捕虎治罪。士兵们却很害怕，士兵领头哭丧着脸说：于老爷，你要是想杀我们就动刀子吧，反正我们进山喂虎也是死。于老爷听了笑着把士兵领头拉到一边，伸手交给他一道公文，并如此这般地吩咐一番。士兵们便似信非信地进山把公文点燃烧了，不一会儿，山中老虎就成群结队地来到士兵们面前，老老实实地跟士兵们走向县衙。于子仁出来对老虎们说：没有吃寡妇儿子的老虎就请回山里去吧。群虎听了，争先恐后地回山去了，只留下一只老虎伏首在地没走。于子仁说：是你吃了寡妇的儿子吧？吃人是要偿命的，如果我赦免你死罪，你可愿意代她的儿子赡养她？老虎连连点头。从此，每天清晨，那只老虎就叼着动物送到寡妇门下，还守卫在寡妇门前保卫她。这个故事是说于老爷管辖区的动物都不敢胡作非为，可见他为官一方，保一方盛世太平。这个故事还说明一个问题，白知州培养的学生都如此神明，白素本人就更是为民做主的好官了。

“再往下我要讲的可就是反面典型了。明代有一位县太爷，他天生爱吃鹅肉，吃遍天下鹅肉，认为只有他家乡石头城的铜鹅肉最好吃。后来他求得官位，朝廷派他到边城任县令，他死活不肯去，并上书朝廷要求在他的家乡做官。他向朝廷陈述的理由是：晋人张翰在他乡做官，见西风起，乃思念家乡吴中鲈鱼堪鲙，而辞官回乡享受鲈鱼美味。吾去边城上任想起家乡的铜鹅美味，岂不也要辞官回乡？请求皇上开恩，在家乡既能当官，又能享受铜鹅美味，岂不两全其美乎？当然，皇上不会乱了易地为官的王法，而成全这等好吃之徒。后来有人给他出了个主意，劝说他去边城上任时，带上两只家乡的铜鹅，叫下人精心喂养。鹅可生蛋，蛋可孵鹅。既当上了朝廷命官，又不失铜鹅美味，岂不妙哉！这位县老爷一听，有道理。于是在去边城上任的时候，从家乡石头城带上两只小铜鹅，吩咐衙役喂养。县老爷官做得顺心，铜鹅肉也吃得得意。后来这个县老爷蒙生了一个念头：如果让京城皇上也吃上质鲜味美的铜鹅肉，说不定哪天皇上一高兴，连升他三级大官，那该有多好啊。于是这位县老爷就把县衙发展起来的铜鹅，分发到边城百姓中喂养，边城也因此而得了‘铜鹅之乡’的美名。县老爷还规定，喂养铜鹅的百姓，每年必须向县衙进贡。县老爷又将百姓进贡县衙的铜鹅，再进贡给京城皇上。皇上吃了边城的铜鹅肉赞不绝口，县老爷也因进贡铜鹅有功，官升到了府台大人。官做大了，野心也就大了，有一天他也蒙生了当皇帝的念头。他听说，坐到皇帝的龙座上，要有皇帝的大福大贵才能坐得稳当，凡夫俗子坐到龙座上会全身发抖，坐不稳当的。他想试一试自己有没有当皇帝的福分，就利用进京呈折子进贡的机会，等皇上退朝后，一个人偷偷地摸进皇宫，一屁股坐在皇上的龙座上。他极力稳住自己的情绪，倒也没有发现自己有坐不稳当而全身发抖的感觉，心中大喜，断定自己将来有当皇上的福气。可是当他美梦还未醒来的时候，就被皇宫的侍卫当场拿下，打入死牢。

“杨县长，我是不是说得太多了，也不知道您喜不喜欢听。”

“说得好！我喜欢听。我杨向荣只有知道前面的县老爷做了什么，才知道我这个当今县官该做什么，不该做什么。不过，我还想问一句，我杨县长怎么迈出边城衙门第一步？”

“杨县长，您这不是为难部下嘛。当幕僚秘书们的哪能知道领导者心中的方略。不过，依小人见识嘛，理当走出衙门，求田问舍……”

“请说说你的理由。”

“理由我讲不好。不过，我听说过历史上一个《赵威后问齐使》的故事，能说明理由：齐国有一个使者前往赵国访问，赵国当时执政的威后接见齐国使者，第一句就问：你们齐国的年成丰收吗？百姓生活过得好吗？最后才问：你们齐国的国君还好吗？齐国的使者很不高兴，责怪赵威后先不开口问齐国万岁，而先问我齐国的民岁，岂不是先贱下而后尊贵乎？赵威后笑着回答说：不然，苟无年成，何以有民，苟无民众，何以有君？哪有舍本而先问末者乎？后来齐国使者明白了，原本衰落的赵国，在赵威后以年成与民众为本，而以国君为末的方略治理下，民心所向，国运昌盛。这个故事说明了一个得民心者得天下，民心所向国运昌盛的道理。”

“你的意思是说我杨县长要走出衙门，求田问舍，先得边城民心？”

“正是。卑职认为，您走出衙门有几大好处。一来可以联系民众，体察民情，了解边城百姓在想什么，想干什么，才能够因地制宜地制定出切合边城人民实际的发展方略。二来可以避开衙门机关里的矛盾旋涡，少在旋涡里转，可以做许多实际事情。边城衙门虽然庙小，风浪可大呀，往后您会领教的。”

“那好，你给我带路当向导如何？”

“杨县长，我也想到您会走这一步，我西国安带路开道理当称职。不过我想提点建议，这边城虽小，可方圆也有八百里山坡，这三十二乡几百个自然村，如果全部村寨都梳理一遍，近百万之众，一个一个的都问到的话，没有一年半载的工夫，恐怕是爬不完那八百里山道弯弯的。事实上您也不可能用一年半载的时间去访贫问苦。平时人们说走马观花不好，我认为有时走马观花还是很有必要的。我建议您分两步走。第一步，我起草一个通知，您签发，下发到每个乡镇村寨，采取问卷答题的方式，请他们告诉您这位县太爷，他们最想说的心里话，最想干的实事。然后我再收集整理归类，理出头绪来，这样也许会事半功倍。第二步，我们两人走马观花踏勘山道弯弯三十二乡，您就一路考察，我就一路介绍。我们一路走，还一路收集问卷答案，岂不一举两得事半功倍么？”

“好啊，今天你给我讲了这么多的边城故事，我听得新鲜，也深受启发，又给我提了事半功倍的建议，谢谢你大开金口，我知道该怎样做。今天就说到这里吧，你先忙工作，有事我叫你。”

“好的，我就先告辞，有事您尽管吩咐。”西国安说完，便轻轻地走出了杨县长的办公室，回到自己的办公桌边，心里久久不能平静。他在边城衙门里多少年来受压抑排斥，走路都不敢把头抬得太高。个个官比他大，没有人不在他面前耀武扬威，没有人把他当人看过，今天衙门里，总算有人把他西国安当人看了。当了这么多年的狗腿子，今天终于站起来是个人！西国安在心里想，鄙人不图升官发财，只要有人把我当人看，尊重我的人格，肯定我的勤奋劳动，就心满意足了。

西国安走后，杨向荣在心里想，这小子还真是个人才，本来没有打算要在西国安嘴里问出点什么东西来，只是一时心里空虚，初来乍到不知从何问起，随便问问身边的工作人员，能说到什么程度算什么程度。没想到西国安说到他心里去了，西国安说的正是他想知道的，没想到西国安能给他提供如此宝贵的情况。既听到了极为精彩的故事，又深受启发，还让他警省深思。没想到一句随便的问话，竟让他受益匪浅。他想，他是边城人民当今的父母官，父母官理当要爱民如子。赵威后的“民本君末”思想，显示了威后重视人心向背的政治远见。我杨向荣身为边城人民的父母官，更应当以民为本，了解民众心里在想什么是他杨县长的第一任务。陶侃就是他的榜样，他要像陶县令那样，不忘民本，牢记君末。他要在边城做出深得民心的事情，让边城人民富强起来。他要在边城人民心中留下最新、最好的口碑……

3

杨向荣的就职演说结束后，思考着怎么走出衙门府，体察民情问题。而衙门府的官员们却论起了是非，论得最凶的当属身兼两办主任的邓明宽，散会后第一个来到了县委书记顾武生的办公室，议论开了新任县长杨向荣的就职演说："顾书记，你满怀信心地召开欢迎大会，想听听省城下来的县官带来什么新招数，我看也不过如此嘛，什么也没有说，最后说了个梦，县长上任说梦话，岂不是官场笑话？"

其实顾武生心里早笑开了，听邓明宽这么一说，更是笑逐颜开，对邓明宽说："自古为官者就没有上任说梦话的，这可是史无前例啊。"

邓明宽见书记有取笑之意，便来了精神，做着鬼脸接着说："上任说梦话者是史无前例，不过说梦话者自古有之，最著名的要数唐代的南柯一梦。唐朝有一位姓卢的书生，有一天遇到道士吕翁给他一个枕头，卢生就枕着那个奇异的枕头在邯郸旅店里睡着做了一个梦，梦见自己官运亨通，中进士，升节度使，当宰相，高官厚禄，荣华富贵。可是当他梦醒时，床边不远处的黄粱还未煮熟，这就是史上有名的黄粱一梦，又叫邯郸一梦。有人说梦可以给人一种心灵上的宽慰，我看杨县长只不过是自我安慰罢了，省官、京官下来也不过如此嘛。"

顾武生听邓明宽说起南柯一梦的故事，也想起一个说梦的故事来，接着邓明宽的话茬说："还有一位说梦话的人，那就是唐朝的名叫淳于棼的人，热衷名利，可是仕途不顺，有一天到酒店买酒喝，醉倒在廊下，呼呼大睡入了梦乡。梦见国王率领文武百官欢迎他，并且把公主许配给他，还受封为南柯太守。二十年中官运亨通，呼风唤雨，夫妻恩爱，育有五男二女，享不尽的荣华富贵。后来因为兵败失官，公主妻子也死了，晚境凄凉，暴死街头，就惊醒了过来，原来竟是一场梦。唐朝诗人岑参对此写诗笑曰：枕上片时春梦中，行尽江南数千里。”

邓明宽笑了笑，用提示的口气说：“这两个做梦的故事，说明了一个同样的问题，那就是梦的开始是美好的，梦的结局是悲惨的。”

顾武生对邓明宽的观点持赞成态度，又提出更深刻的问题，卖着关子说：“还有一个更重要的问题，不知邓主任看出来了没有？”

邓明宽一时没有理解顾书记要说的意思，就问道：“请顾书记赐教。”

顾武生摆出领导者的风度，作出结论说：“那就是现实比梦境结局更残酷。”

邓明宽拍着手，大加赞赏说：“精辟，太精辟了。”

顾武生用总结的口吻说：“《红楼梦》小说里有一句对梦的结论说得好：假作真时真亦假，无为有处有还无。”

邓明宽见顾武生用诗作了结尾，也不含糊，接着说：“对对对，唐代高僧寒山大师，有一首诗对梦有十分透彻入理的定论，他说：

昨夜得一梦，梦中一团空，
朝来拟说梦，举头又见空，
为当空是梦，为复梦是空，
相计浮生里，还同一梦中。”

顾武生听出了邓明宽的话意，引诗为证，不仅仅是对梦找出定论，更重要的是寓意杨县长上任说梦不是好兆头，就挑明着说：“你小子不仅仅是给梦找到定义根据吧，说梦背后寓意着杨县长上任说梦，不会有好结局是吗？”

邓明宽心里高兴，表面上故作姿态，摸着后脑勺说：“但愿杨县长说梦不要有梦的结局。”

“但愿杨县长不是白日做梦。”顾武生又补了一句，说完两人相对哈哈一笑。

其实顾武生和邓明宽说的都是寓意，嘴上说的是但愿不是梦的结局、但愿不是白日做梦，心里要说的就是白日做梦。因为他们相信杨向荣上任说梦代替就职演说，意味着不是好兆头。

政协主席竺臻武听完杨县长的说梦就职演说，也感到意外，散会后来到人大常委会主任陶大成的办公室，陶大成还未来得及让座就对竺臻武说："竺主席可是很少进我办公室的，看得出竺主席今天有话要说？"

政协主席竺臻武也不客气，反问说："这么说陶大主任无话可说？依我对你的了解，相信你比我的话更多。"

"那你猜猜我想说什么话？"陶大成一边追问，一边用手指着沙发，示意竺臻武坐下。

"你呀，绝对不会离开梦话话题。"竺臻武蛮有信心地回答说，一屁股坐在沙发上。

陶大成见竺臻武坐下，风趣地说："竺主席不会说不说梦话吧？"

"好了好了，你我就不斗嘴皮子了，直说杨县长的梦话话题吧。"竺臻武首先摆脱猜想对方心理的话题，直接切入正题。

陶大成想了想，慢条斯理地说："那依你政协主席之见，对杨县长的就职演说以梦代替，有何感想？"

"梦好做，可不好圆，因此梦话最不好说，我也不知从何说起。不过有一点可以肯定，那就是自古以梦比拟人生苦短，寓意现实。唐代诗人白居易说：'来如春梦几多时，去似朝云无觅处。'说的就是人生苦短不多时，一朝过去无处追回，面对现实，只争朝夕。不难看出，杨县长有只争朝夕之意。不知陶主任是否有同感？"竺臻武提问说。

"以梦的短暂寓意只争朝夕立意巧妙，但杨县长最终的寓意不仅仅是只争朝夕，更重要的则是表明他要做清官，做圣贤之官，要不他不会告诉大家他在梦中喝了那碗清水。"陶大成也说出了自己的见解。

"陶主任的意思是说杨县长不直接表白他要做清官，而是通过梦中的一碗清水给大家一个信息。"竺臻武追问说。

"人做事立意总是有信息的，梦中一碗清水寓意深刻啊。宋朝词人苏东坡有诗云：'人似秋鸿来有信，事如春梦了无痕。'你可不能认为就是梦中的一碗清水啦，他这一碗清水可是菩萨仙人的一碗镇煞水，你可要小心为是哦。"陶大成故意警示竺臻武说。

竺臻武也不客气，当即回敬陶大成说："要小心的是你陶大主任吧，怎么，你心虚啦？"

"我陶大成不会心虚，不过我相信咱这衙门里肯定有人心虚。可以看得出，杨县长不喜欢夸夸其谈，就连就职演说都不喜欢豪言壮语，看样子他是务实派，通过一个梦亮出了他的底牌，不知竺主席看明白了没有?”陶大成提醒竺臻武说。

竺臻武停了停，赞同陶主任的观点：“陶主任分析得对，本人也有同感。”

陶大成笑了笑，轻轻地敲了一下桌子，表示说到这里为止：“好吧，我们就猜到这里，是虚是实，拭目以待吧。”

竺臻武一边起身，一边说：“时候不早了，我也该走了。”

两人一个起身说着“不送”，一个摆手说着“回见”离开了。

今天是西国安最高兴的一天，下班回家，一进门，爱人于兰就发现西国安满面春风，当即讽刺数落说：“看样子今天太阳从西边出来了，好几年了，第一次看到你那猪肝脸变了点光亮颜色。是不是新县长来了，给你刮来春风了？人家新县长上任春风得意，你美什么呀？拼了十几年，县长换了一个又一个，你西国安不还是个卒子，你呀，这辈子没救了。还是收起你那点光亮颜色，看着你那猪肝脸反倒自然。”

西国安与爱人于兰关系不太好有些年头了，原因不外乎有二：一是于兰嫌西国安没出息，一辈子当卒子干傻事没长进；二是于兰下岗在家，埋怨西国安没本事，连老婆的饭碗都保不住，人家在衙门里的丈夫个个把老婆安排得好好的，就数他西国安熊。因此于兰三天两头数落西国安，一开口就没好话。西国安也不理睬她，任凭她号叫。久而久之，两人的距离不远不近，关系不死不活。西国安在单位受排挤，就难得有开心的时候，回到家里还得听老婆的讽刺、挖苦，因此脸上自然总是阴云密布，看不到云开日出、春光明媚的时候，所以被于兰称为猪肝脸。平日里西国安满脸猪肝色时，于兰感到习惯正常，偶尔露出春风，于兰反倒觉得不顺眼、不自然，也就必然数落西国安一番。今天也不例外，有年头没见西国安这么高兴过，当然也就更得数落了。特别是下岗不上班后，没事干，嘴皮子功夫大有长进，更是得理不饶人，人称“快嘴二嫂”。今天西国安也有些反常，于兰一口气数落一连串的讽刺，他不但不生气，满脸春风得意不落阴，反倒接着于兰的数落说：“多年来没有人把我西国安当人看，今天新来的县长叫我小兄弟，我听着比官升三级都高兴。”

“哟，就这个也值得高兴啊？我还以为你西国安高升一级呢，你呀，在衙门里永远是小兄弟，一辈子当不了官。”

“当不当官无所谓，只要把我西国安当人看就知足了。”

“在边城衙门里你也算人？充其量算个狗腿子，狗腿子是什么你知道么？从前有个黑心财主收取过路人的买路钱，济公和尚法术高强，路见不平，发功惩治这个黑心财主，将铜钱贴在黑心财主的腿上，财主痛得死去活来，请求济公和尚锯掉坏腿换好腿，济公将出坏点子的管家大腿锯下来安接在那个财主的腿上，又将狗腿接在管家的腿上，从此这个管家出门办事，行走时狗腿迈步在前，人腿迈步在后，人们就把这个管家称做狗腿子。你西国安狗腿子一个，一个狗腿子，狗腿子也算人？说你人模狗样的倒还像句人话。”于兰一口气又数落了一长串。

“傻老婆，今天你无论怎么数落我西国安不是人，我都不会生气。因为在边城衙门里我西国安尽管连狗都不如，可我在新来的县长面前，站起来是个人。”西国安越说越开心。

“那就是新来的县老爷不办人事，不说人话，要不他怎么一上任就打喷嚏说梦话？”

“你怎么知道新来的杨县长上任说梦话？”

“我说你西国安真是个棒槌，好歹你还是县衙门一个卒子，连我这个市井小娘儿们都不如，满城都在传论杨县长的稀奇梦话，姑奶奶我都听八遍了，你还以为是稀奇新闻是吗？”

“那你可别小看杨县长的梦话，他可是有的放矢，寓意深刻啦。首先说杨县长大有梦成现实的激情豪迈，人生要有梦，没有梦幻就没有理想，就没有现实，也就是说有梦才有现实，要不怎么叫梦成现实呢。再说，好的梦想是一种憧憬、一种理想、一种抱负，更是一种愿望、一种理想的发动力。杨县长是把梦想建筑在现实的基础上的，不是凭空乱想，而是既有现实的基础，又是一种最有力的表态。相信他一定能够好梦成真，使边城有梦一样的变化。”

“边城有梦一样的变化，姑奶奶我不感兴趣，姑奶奶我一个老百姓，老百姓一个，老百姓关心的就是饭碗，什么时候让我们下岗工人重新上岗，我就相信杨县长的梦话没白说。”

“你数落了半天，就这句还像句人话。不过你放心，凭我西国安的感觉，杨县长的到来，边城一定会有翻天覆地的变化。”

“那姑奶奶我就等着这一天了。”

“不过有一点我要提醒你，无论边城将来如何变化，你都要在改革的潮流中找准自己的位置，看什么事情适合你做，不能等着天上掉馅饼，要自己寻找事情去做，自谋发展。”

“你别小看人，姑奶奶我是没在位置上，要是给姑奶奶一个平台，不比你西国安干得差，要是给我一个支点，姑奶奶能把地球撬起来。”

“你这牛皮也只在家里吹吹而已，在外面还是少耍点没用的嘴皮子，多干点实事为好。”

“好了好了，今天姑奶奶不打消你的雅兴，让你臭美去吧。”

西国安的妻子于兰，平日里不占个上风不肯收嘴，不占着便宜不肯罢休。今天倒是一个例外，还未等西国安求饶就主动先收兵，不再数落西国安，一夜无话。

西国安第二天上班进办公室不久，县长杨向荣就吩咐西国安说：“你去组织部请黎云山部长到我办公室来一下……”

还未等西国安回答，杨向荣又改口说：“算了，还是我自己去吧。”

杨向荣认为，要搞好边城的事情，关键是干部。伟人毛泽东说过，正确路线确定之后，干部就是决定的因素。因此，杨向荣决定首先去组织部了解边城干部队伍的基本情况。杨向荣走在去县委组织部的路上，想到自己初来乍到，单独去找组织部长了解干部情况，恐怕引起顾书记等人的误解，走到组织部门前，突然拐了弯，向顾书记的办公室走去，他要会同顾书记一同前往，有顾书记在，说不定还能听到更多的情况。杨向荣来到顾书记办公室，说明来意，顾书记满口答应说：“好，我陪你去，不不，我打个电话，叫黎部长到我办公室来，向我们汇报就是了。”

顾书记一边说，一边拿起电话，还未拨号，又放下，大声叫喊办公室主任邓明宽。邓明宽听到顾书记叫他，跑过来问道：“顾书记，有事吩咐？”

还未等顾书记说话，邓明宽就发现了新来的杨县长坐在顾书记的办公室，立即跟杨县长打招呼说：“哎哟，杨县长也在啊，二位领导找我有事？”

顾书记说：“你去把组织部黎部长叫到我办公室来，就说我和杨县长找他。”

“好，我立刻就去。”邓明宽说完转身就走了。

其实组织部离顾书记办公室并不远，就在同一层楼内，只是一个在楼梯口左里边，一个在楼梯口右里边。邓明宽来到组织部黎部长的办公室，告诉他顾书记和杨县长有请，黎部长回答说：“请邓主任先去通报二位领导，我取份资料，即刻就到。”

黎云山任边城县委常委、组织部长也有些年头了，他几乎是步顾武生任县委书记之后尘上任部长职务的，也可以说是顾书记一手提拔起来的，这些年鞍前马后紧跟顾书记，稳居部长要位，与顾书记同属边城最老资格步入常委的人，也和顾书记一样，年龄受限制，只能稳住钓鱼台，完全失去了上升的可能，算是快熬到头的人了。平日里如果是顾书记叫他，他完全不必准备资料，边城官员的升迁谱他心中有本账，顾书记更是心中有数。但今天是新任县长找他，说具体的人新县长不认识，也不会问及个人的具体资料，新县长要的是整体结构资料，虽然他黎部长如数家珍，能倒背如流，但凭他的感觉分析，新任的杨县长是个务实派，特别是杨县长的就职梦话，让他嗅到杨县长的务实性格，他可以肯定地说，杨县长就职说梦不是梦，他完全相信梦话背后的现实。凭他的洞察敏感力断定，杨县长肯定向他要整体结构，因此必须随身准备。

黎云山一进顾书记办公室就说：“对不起，让二位领导久等了。”

顾书记显然以领导的身份，摆出领导者的风度，居高临下地说：“你先坐吧，我和杨县长要问一下边城目前的干部队伍情况，你如实介绍。”

“二位领导放心，错不了。”黎云山一边回答，一边自找座位坐下。

黎云山的屁股刚落座，顾书记就对杨向荣说：“杨县长，还是你先问吧。”

杨向荣也不客气，开门见山地说：“黎部长，我想了解边城目前的干部队伍情况，不用我一项一项地问，你做了这么多年的组织干部工作，怎么分析干部队伍，比我内行得多。”

黎云山停了停，不慌不忙地说：“既然两位领导都在，我就实话实说。

关于边城干部队伍，从整体上说，普遍年龄偏大，知识化标准低。特别是年轻、专业干部紧缺，边城是个自古出人才的地方，可就是只出不进。年年考人高等学府的学子，在各项考试中多次名列前茅，成为专家、学者、研究人才的也是为数众多，就是一去不复返。为了解决年轻化、专业化这个问题，我们也做了一些努力，近几年我们主动去大专院校引进一些人才，用心培养重用，可没几年，人家嫌我们偏穷落后。塘小了养不起大鱼，庙小了留不住大和尚，我们怎么留也留不住，最后还是飞了，这就是边城年轻化、专业化干部紧缺、断层的原因。正因为年轻的留不住，才导致干部队伍年龄偏大，专业人才留不住，才导致达不到知识化标准。”

黎云山说完，顾书记接着说：“我补充一点，刚才黎部长说专业化、知识化出现断层的问题，我想多说几句。所谓断层的问题，是说边城曾经还是有人才，并不是一无所有。比如说水电方面有专家水平的郭春海，农业种植方面有袁隆平式的人物杨太云，只可惜他们都退休，甚至去世了。也就是说在计划经济时代，他们也是计划派遣下来的，不能调动，所以留住了这样的人才。可现在是市场经济，人才流通交流，这一流通可就全溜走了，老的退休了，成才的溜走了，年轻的不愿来，剩下的大多是文化、专业水平不高的大老粗。”

杨向荣听明白了黎部长说话的意思，尽找理由，不说关键，严肃地说：“黎部长的话我听明白了，可是有一个关键的问题没有说，那就是边城的干部定编是多少？干部现员是多少？按定编是多员，还是缺员？”

黎云山表面上叹着气摇着头，说出话来却毫不客气：“杨县长问的这个问题，其实是一个不需问也不必回答的问题，如今无论哪个衙门，哪个部门不是多员，找不到缺干部的单位。边城衙门是这样，我想省府大衙门也不例外，恐怕还是全国性的大难题吧？杨县长是省府大衙门下来的，比我们更清楚这一点，我想杨县长不会不知道吧？”

黎云山这一军却把杨向荣将得毫无退路，说自己不知道，显然不可能。这一点杨向荣心里确实有数，黎云山说的也是实情。尽管如此，杨向荣也还是要问清楚，就改变一种方式说：“这种现象当然众所周知，我的意思是问，边城干部现员比定编究竟多了多少，这不是一个保密的数字吧？”

杨向荣又反将军回去，黎云山不得不说：“不瞒县长说，至少多出三分之一，甚至二分之一，这是一个历史遗留问题，是一个谁也说不清楚的问题。”

杨向荣心里明白，黎云山也有他说不清楚的苦衷，现在也不是非要他说清楚的时候，只是上任问清情况而已，至于如何清理干部队伍，那是下一步的事，他笑着说：“黎部长，我和顾书记就问到这里，有时间再专题研究，今天就到这里吧。”

黎云山起身走了，杨向荣对顾书记说：“顾书记，边城干部问题是最大的问题，干部越多，事情就越没有人做，这就是三个和尚没水喝的道理。过去衙门里几十号人包打包唱，如今衙门里几百号人，外加十大局，八大委，一个岗位几个人，你看着我，我看着你，不比工作比扯皮，该到大换血的时候了，下决心吧。”

顾书记听杨县长说要大换干部，一个劲地摇头，半天没说出话来，手摆了好久才说：“杨县长，一言难尽啦，不是我老顾不明白三个和尚没水喝的道理，更不是我顾书记看不到人多不谋事的现象，而是多年形成的局面，这么多的干部，手背手心都是肉，当干部不容易，人人盼望有个好前程，我们当父母官的就要像爱护自己的子女一样，去关心爱护他们，毁人前程的领导不是好领导啦。我以前也有你这样的想法，可是我下不得手啊。更何况如今社会提倡人性化，干部队伍就更要人性化了嘛，你说呢？”

“顾书记，我们培养干部是用来干事情的，没事干的干部何谈前程？领导者不带领属下的干部好好大干事情，那才是毁人前程的糊涂官。当然有人进步，就必然有人被舍弃，一个地方被舍弃，他们就会在新的地方找到自己的位置，发挥自己的特长，总比不长不进不死不活地耗在原地不动好。”

“杨县长，道理是这么说，可真正动起来的时候就不那么好办了，天天见的部下怎么下得去手啊，这个恶人不好做呀。”

“这个恶人我来做，压力我来承担，您看怎么样？”

“这样吧，你先从行政干部入手，怎么配置，怎么安排，你拿个具体方案，交常委会讨论。党群干部暂时不动，走一步看一步吧。”

杨向荣回到办公室，酝酿着干部队伍精简优化问题。顾书记明确表态，只动行政干部，属于顾书记直接管理的党群干部保持现状不变。也就是说杨向荣是在顾书记划定的圈子里精简优化。杨向荣心里也能够理解，因为他毕竟是“二把手”，能让他在直接管理的范围内优化，就算给了他杨向荣面子了。杨向荣心里想，给了他一个圈子，就要把这个圈子画好，也算是做出一个榜样。

杨向荣要精简优化干部的消息在县政府里传开了，机关里立即热闹起来，人人都在想着自己的位置，开放的春风倒是没有吹醒他们，可买官保位置的新潮却让他们满眼春风，一个个纷纷向杨向荣进贡，一时间杨向荣成了个大财主，有着让他数不完的钞票。杨向荣对此也不是很陌生，凭他在省府多年的经历，也耳闻目睹了利用更换干部之际大发官运财的状况，没想到自己也赶上了这种发财好运。杨向荣这才算真正领教到了，原来官运财来得如此容易，怪不得那些权威人士，换一个地方就要发一回大财。然而，杨向荣面对自己的财运怎么处理？是收还是拒收？如果一一都收下，又不符合自己做人的根本。都拒收又显得自己不识时务，让人敬而远之，甚至把你当瘟神一样看待，躲得越远越好。看来还得想个求全之策，稳妥为妙。杨向荣认为自己一个人来处理这件事不妥，说不定还会惹出麻烦。得找个人帮忙，找谁？找黎部长？不妥，找顾书记？不可，找纪委书记卢仙丹？更不行。杨向荣想来想去，认为找西国安比较合适，趁着西国安送文件进来的时候，杨向荣叫住了西国安：“你下班回家吃饭后，晚上到我住的房间来一下，我有事找你。”

“好的。晚上一定来。”西国安答应。

杨向荣在桌子上大包小包摆了一大堆，等待西国安的到来。西国安来敲门，杨向荣开门就说：“今天我请你当回账房先生如何？”

西国安一时不明白杨向荣的意思，又不好直问。杨向荣知道西国安听不懂，拉着西国安来到桌前坐下，指着桌上的大小礼包说：“你看，我发财了。”

西国安知道礼包里肯定是好东西，但他不知道杨向荣为什么要将发财的秘密告诉他西国安。杨向荣也不绕圈卖关子，开门见山地说：“你帮我一一打开登记，看我发了多少财，说不定还有大用场。”

西国安不敢多嘴多问，只好按杨向荣的吩咐去做，一边打开礼包一边点数登记，心里在想：县长怎么让他西国安来干这种事？他心里到底想着什么？杨向荣似乎看出了西国安的心思，没头没脑地说了一句："你如实登记便是，明天帮我存入银行。"西国安忙了一阵将账本递给杨向荣看，杨向荣看过后笑着说："嗯，很好，明天就拜托你去趟银行。"

"好的，为了安全起见，明天我开车去办，您就放心吧。"西国安说完就告辞了。

4

杨向荣心里知道，县城是边城的政治文化中心，信息最敏感，是边城的龙头部位，必须首先摸清情况。要联系民众，首先从政府门口入手，从企业入手。企业人数在全县总人数中所占比例不大，但问题最复杂，是最不好办、最容易出问题的地方。可以说稳定了县城的企业队伍，就等于解决了全县的一半问题。因此，要联系民众，安定民心，就必须从企业队伍开始。但县城的企业是个什么状况，心里没有底，在决策前，必须调查清楚。杨向荣清楚，在他体察民情的时候，最好不要与县委领导兴师动众地下去，那样会得不到真实情况，解决不了要真正解决的问题。只要找个向导去就可以了，杨向荣认为叫西国安带路去为好。

杨向荣找来西国安，要西国安介绍边城企业的基本情况。西国安不愧是“边城通”，对边城企业状况心里有本细账，杨向荣问起的时候，他不用任何准备，张口就说道：“杨县长，边城的企业在当今高新技术飞速发展的时代，只能算小作坊。这些小作坊乃是计划经济的产物，规模虽小，类型众多，特别是在深挖洞、广积粮时代，当时为了战备的考虑，部分大型工厂化整为零，搬往山区隐蔽生产。边城是个边远山区，化整为零的厂家纷纷搬来边城，什么机械、化工、电器、纺织、造纸、医药、冷冻、糖果烟酒行业等，应有尽有，连学校都被工厂占据，大有农业县变工业区的趋势。在计划经济时代，厂家只管生产，不管销售，更不管产品如何转化为经济效益。因此，边城企业红火了一阵。可是好景不长，改革开放开始，计划经济受到冲击，边城由于闭塞落后，交通不便，所有企业一落千丈，委靡不振，无一逃脱亏损的厄运，一部分化整为零的厂家回归了原来的大型企业，搬出边城，一部分原企业在市场经济的冲击下也不景气，仍在边城挣扎，其中一些不死不活，难以维持，还有一些企业干脆停产关门，工人下岗。现在政府面临最大的问题就是下岗人员的安置问题，不少下岗工人到县政府上访。不怕杨县长笑话，我西国安的爱人就是下岗工人，我一回到家就听她的埋怨数落，说我在县政府当官，连老婆的饭碗都保不住，真丢人。”

“你爱人是干什么工作的？”

“是机械轴承厂的铣工。这样吧，我就先带路到这个工厂去看看吧。”

杨向荣与西国安来到机械轴承厂，吉普车停在大门口，下车后西国安指着紧闭的大门说：“县长，您来看，这个工厂原来是一所中学，轴承厂原是省城一个大厂的轴承车间，当年化整为零时搬迁到边城，占据这所中学做了厂房，如今则是机械停转锈腐，人去楼空，大门紧闭，你我还进不去。下面我再带您去制药厂看看，这个厂算是边城目前最好的厂家，看看他们生存的法宝是什么。”

不一会儿，他们来到边城制药厂。西国安直接把吉普车开进了大门，厂家头面人物并不知道县长驾到，因此没有人迎接他们，杨向荣要的就是这种实际效果。西国安把杨县长带到“驴胶”制药车间，低声对杨县长说：“您先仔细看，看完了我再跟您说。”

杨向荣不解地问：“怎么，有什么秘密吗？”

西国安笑着回答说：“想必杨县长对挂羊头卖狗肉的历史典故不陌生吧？”

“听说过，据说当年姜子牙做生意，尽捡倒霉的买卖，总赶不上行情。当他卖牛肉的时候，猪肉畅销，当他去卖猪肉的时候，驴肉则畅销，当他去卖狗肉的时候，结果羊肉畅销，姜太公在无奈之下，在卖狗肉的摊子上挂起了羊头，不少人花了羊肉的高价钱，买回去的则是便宜的狗肉，大呼上当。姜太公也第一次用挂羊头卖狗肉的办法赚了钱。从此，姜太公就采取什么畅销就挂什么头的方法，结果发了财，以至后来姜太公钓鱼都不用弯钩子，用的都是直钩子，这叫愿者上钩。”杨向荣说出了挂羊头卖狗肉的典故。

西国安笑着说：“您说的是古代挂羊头卖狗肉的故事，等会儿我要您看看挂驴头卖猪肉的故事。”

杨向荣与西国安正说着，有两个挂着质量监督员牌子的人走了过来，疑惑地问："你们是干什么的，怎么跑到车间里来了？"

西国安抢先答道："我们是药品推销员，想到生产车间看看。"

"你们是哪个医药公司的推销员？"一个质检员问道。

西国安正要说话，被杨向荣伸手制止。杨向荣问道："你们是质量监督员？"

一个质量监督员指着胸前的牌子说："你们看，这还有假。"

"那好，就请你们带我们看看驴胶药品生产质量监控过程吧。"杨向荣要求说。

"不行，你们不是谈推销业务的吗？你们去销售科谈啦，生产车间不谈推销业务。质量监控是我们自己的事，没你们的事，走吧，走吧。"

杨向荣严肃地说："今天我非看不可。"

"呀嗬，你们不要敬酒不吃吃罚酒。叫保安过来立即绑了你们。"一个质量监督员恶狠狠地说。

杨向荣不慌不忙，和气地追问说："你们真的是药品质量监督员？"

"你这不是废话嘛，不是质量监督员胸前岂敢挂质量监督员的牌子！"

西国安立即点破主题说："你们既然是驴胶药品生产车间质量监督员，那我们问你们，请问驴在哪里？"

这一问，杨向荣明白了，原来边城根本就没有驴，怎炼驴胶药品？想起西国安刚才准备要说的挂驴头卖猪肉的故事，肯定是用猪皮代替驴皮。杨向荣追问说："你们既然是驴胶药品生产的质量监督员，那就请你们告诉我，驴皮原料在哪里？"

"管我原料在哪里，你们要的是药品，又不是要驴皮。再说，就你们这副德行，我们厂还不卖给你们咧。滚吧滚吧。"一个质量监督员来了脾气，另一个质量监督员急忙叫保安去了。

西国安一看情况不对，急忙上前说："不要出口无理，这是新来的杨县长来视察工作，你们要积极配合。"

"呀呀，是县长大人啦，失敬失敬。我们不认识县长，还请县长多多原谅。"质量监督员当即赔罪说。

"你不认识我，不怪你。请你带我去看看驴胶生产的原材料。"

"这……不好吧？还是要厂长陪你们去为好。"

杨县长、西国安不请自己就往里面走，质量监督员在后面跟随，来到驴胶原料车间一看，堆放的都是一张张猪皮，臭烘烘的，绿头苍蝇在上面飞来飞去。杨县长问质量监督员说："这就是你们生产驴胶的原材料？"

"是，县长，我们边城不产驴，只好用猪代替，也是为节约成本，虽然药性差点，但吃不死人。"质量监督员解释说。

杨向荣正在询问时，另一个质量监督员领着厂长资南方和几名保安，气势汹汹地冲上来就要绑人。质量监督员急忙上去摆手说："误会，误会，是新来的杨县长来视察工作。"

厂长资南方一听是新来的县长视察工作，心里急了，忙上前赔不是："不知县长驾到，失礼失礼。"

还未等杨县长搭话，资南方就对着西国安说："西秘书，县长来了你也不打声招呼，弄得我措手不及，狼狈狼狈。"

杨县长上前握了握厂长资南方的手说："客气话就不说了，你们生产假药，坑害百姓，不知资厂长有何感想？"

"我们错了，单纯追求经济效益，不顾病人的健康。可我们也是出于无奈啊，我们这小厂在市场经济的冲击下，为了生存，才违心地出此下策，艰难地维持。如果厂子倒闭了，厂里一百多号人，吃喝拉撒怎么办？还请县长理解我们的苦衷。"厂长资南方哭丧着脸解释说。

杨向荣认为这种理由站不住脚，带着批评的口气说道："这么说你们是以牺牲病人的健康为代价，来维持工厂，你不觉得这是两败俱伤的买卖吗？害了百姓，也害了你们自己啊。"

"我们知道错了，请县长处置吧。不管怎么说，先到办公室去坐坐，中午我请客。"厂长资南方强打着精神说。

"办公室我们就不去了。关于假药生产怎么处理，我想你厂长知道该怎么做。至于对你厂长个人怎么处理，等我回县里向顾书记汇报后，召开常委会再作处理决定。"

"县长放心，我们立即停产整顿，决不再做坑人健康的事了。"

杨向荣走出车间，上了吉普车，离开了边城制药厂。西国安一边开车一边说："杨县长，下面我带您去一个您意想不到的地方。"

"什么地方，这么神秘？"

“我先卖个关子，您也不要问，事后我再给您解释。不过您得按我说的去做，就当我们玩一回游戏好了。”

“好吧，你说怎么做?”

“我知道杨县长不信迷信，不过世界上不是所有事情都能用唯物主义的观点解释清楚的，暂且用一回唯心主义，信一回迷信怎么样?”

“你知道我不信迷信，玩什么游戏都可以，干吗非要玩迷信游戏?”

“这是我们边城的特色，您也见识一下嘛。俗话说耳听为虚，眼见为实，见了自然有您一番感受。”

“好，你说，怎么个玩法?”

“前面有个年轻漂亮的巫婆，巫术高超，是边城最有名的活菩萨，您想问什么，绝对的准确，不信您亲自试试，一定会惊讶不已。”

“真有这么神奇?这么说我还真的要去会会这位神奇的小巫婆，我倒要看看她究竟有多神。”

说话间，他们来到一个外形酷似古庙的小庄院，外观造型古雅，内部结构却是现代建筑，正屋门上立了一块醒目的牌子，牌子正中书写两个古篆体大字——“罡仙”。看上去是座古庙，其实是一家私人住宅院落。院前有人在排队，等着一个一个地去罡仙。所谓罡仙，大多数人都是问死去的祖先在阴间过得怎么样，祖先在地下对后人保佑提出什么要求。后人要按照祖先的嘱托去做，才会有前程，发家致富。巫婆就是传递祖先嘱托的人，或是驱邪捉鬼之人。西国安坐在吉普车上等候，杨向荣按照西国安说的办法，只身来到边城最年轻、仙术最高明的一号巫婆何双桂门下“罡仙”。杨向荣也和其他罡仙的人一样，站在后面排队等候，排了好大一阵，总算排到了。杨向荣往前面凳子上一坐，巫婆就说：“先生要罡仙?”

“不罡仙到你这儿干什么?”杨向荣回答说。

“好，先生不用开口，只须报上真实姓名，本仙就知道先生要罡什么，说得准给钱，说得不对，分文不取。”巫婆夸海口说。

“本人姓杨，名向荣。”

巫婆一听杨向荣的名字，心里为之一怔，一时不知怎么开口，没想到堂堂县官也信迷信，联想到越是官大越信迷信的人物，百分百地要问官运前程，边城县官也不例外嘛。但毕竟边城新来的这位县官与外来的罡仙官员不一样，外来的罡仙官员求的是官运吉祥，不管这方土地，而杨向荣这个县官是边城这方土地的父母官，他能明目张胆地到自己管辖的地方来罡仙？无论是真罡仙还是假罡仙，反正要小心为是。但小巫婆转而又想，无论杨向荣出于何种目的而来，说本仙今天不罡仙恐怕说不过去，乱说一气更不行，怎么办？管他呢，先罡仙再说。尽管小巫婆此时心里很乱，但表面上却装模作样，口里念念有词："天上人间，南北东西，甲乙丙丁，子丑寅卯，天灵灵，地灵灵……有了，先生乃是远道而来，到本仙处罡仙，所问之事不外乎阴阳两间之事，本仙就是阴阳两间传递信息之人。先生的祖爷人称奇二爷，在先生 30 岁那年云游西去，已近十载。先生的祖爷告诉本仙说，自从祖爷离开阳间后，先生对祖爷极不孝顺，先生没有去给祖爷烧过香，就连清明节先生都不去扫墓祭祖，先生的祖爷痛骂先生不孝，要求先生从今往后年年清明节给先祖扫墓祭祖，祖爷才在地下全心全意地保佑先生高官厚禄，步步升高。先生的祖爷还是赞扬先生，祖爷说在阳间的时候，知道先生忠心为国，奋发向上，对祖爷也极为孝顺，因此夸奖先生忠孝两全。祖爷要本仙告诉先生，远道为官，仕途坎坷，要多加小心，最好是尽快上调，只有在高层次为官，才能够施展才华，官运亨通。祖爷还说先生要注意保重身体，说先生 10 岁那年，得了一场大病，差点丧命，18 岁那年左腿受过伤，要注意保养。先生家庭美满，桃运顺畅，前途无量啊。不过先生一定不要忘记在清明节时给祖先扫墓祭祖，可以不信迷信，不可不信祖先。罡仙完毕，先生请给钱吧。"

"我根本就没想要问这些，你说得牛头不对马嘴，凭什么给钱？"

"先生是在说假话，堂堂衙门里的老爷，怎么也说假话呢？"

"你怎么知道我是衙门里的老爷？"

"连你早逝的祖爷之名本仙都罡出来了，大活人还罡不出来吗？本仙连这点最起码的事都罡不出来，还能坐镇庙堂罡仙乎？"

"不过老爷今天没带钱，下次一起给钱如何？"

"原来先生身上没带钱，这点本仙倒是没罡准，本仙一开始就说了，罡得不准，分文不取，先生说本仙罡得不准，这次就算本仙没罡准吧，钱就免了。"

杨向荣离开罡仙处，回到吉普车上，西国安问道："怎么样，罡得准吗？”

杨向荣嘴上说不准，心里还是大加赞赏，感叹地说：“你还别说，我这个不信迷信的人，今天还真的叫迷信迷住了，说得真准啦。我表面上搪塞她，心里还真佩服她，看来我对迷信学说还得重新认识。”

西国安听了，哈哈一笑，风趣地说：“连您这个不信迷信的县官都虔诚地信了，百姓还有不信之理乎？既然杨县长都信了，那我给您算罡一回如何？”

“怎么，你西国安也会算命罡仙？”

“不过今天我不算您，算的是巫婆。”

“算巫婆？这话我就不明白了。”

“我算巫婆是怎么算您的。”

“好，我洗耳恭听。”

“我胡说一通，信不信由您。巫婆首先说先生远道而来，再说先生过世祖爷的小名，说出祖爷在阴间的嘱托，然后再说先生小时候的几次病魔灾难，最后再说先生仕途上要注意的事项。句句属实，让人深信不疑。”

“是啊，是这么说的。哎，你怎么知道巫婆的套路？”

“我一开始不就卖了个关子吗？现在我再将关子给您解开，话还得从头说起。那是三年前，边城制药厂因严重亏损即将倒闭，工厂关门，工人面临下岗。制药厂工人何双桂是县委办公室主任邓明宽的姨妹子，就找到邓明宽要求调动工作。邓明宽说：靠工资吃饭一辈子都发不了财，要想发财，我给你出个轻松发财的主意，边城信迷信的人多，你去当巫婆罡仙，保准能财源滚滚。何双桂一听要她当巫婆以罡仙为生，哈哈大笑起来，还以为邓明宽跟她开国际玩笑。邓明宽却认真起来，一字一句地解释说：不是开玩笑，也不是常规意义上的巫婆，准确地说应该是女仙，或者活菩萨。何双桂越听越糊涂，邓明宽见何双桂还是不明白，干脆直说：你在边城社会上建立生死档案，哪家死了人，埋在什么地方，叫什么名字，死者后人都有些什么人物，后人中什么时候发生过什么重大事件或者重大灾难，掌握这些基本情况后，再编造一些先祖保佑和嘱托后人的话。打出罡仙的牌子，来罡仙的人，只要你说出上述基本情况，绝对会惊呼你为神仙、活菩萨。然后你要他们出多少钱，他们绝对不会吝啬，你活菩萨的名声一传开，只怕你收钱不停，用不了多久就会成为边城的首富，这可是无本生意啊。怎么样，我这主意是不是发财的好主意？何双桂听入了迷，一拍大腿说：好，有了这发财的路，就是调我上任当县长也不去。我发了财，决不会忘记你姐夫哥邓明宽。就这样，何双桂一夜之间成为了边城最有名气的活神仙，来罡仙的人踏破门槛，名利双收。后来因罡仙的人太多，何双桂忙不过来，还收了两个徒弟。发了大财的何双桂，不想自己太劳累，每天规定只罡 100 人，所以现在罡仙的人要挂号预约，何双桂成为了边城的特诊专家教授。边城制药厂厂长资南方听说他的原部下何双桂成了活神仙，也前来罡仙，寻求他的药厂起死回生之术。何双桂给资南方出了个以假乱真的主意，用猪皮代替驴皮，制造驴胶假药，制药厂才重新恢复生产。厂长资南方千感谢万感谢，夸她真不愧是活神仙。没想到制药厂今天被你这个活神仙给查封了。"

"原来是这样。不过有一点我不理解，你怎么会知道这些情况？"

"本来嘛，这些情况是绝对保密的，只因我爱人于兰与何双桂是关系最好的同学，于兰下岗没事做，何双桂门庭若市，罡仙者络绎不绝，实在忙不过来，就请于兰去帮忙，给 5000 元一个月的高薪聘请。于兰去了两个月，领到一万块钱的工资，高兴地请同学何双桂的客，请我作陪，结果何双桂喝醉了，酒后吐真言，将邓明宽出的主意和盘托出。我爱人于兰一听是假神仙骗人的勾当，不敢同流合污，辞去高薪回到家里。何双桂这才收了现在的两个徒弟，仙越罡越红火，活神仙的名气越来越大。可话又说回来，下岗后发了财的也仅此一人，绝大多数下岗人员跟我爱人命运一样。说句实话，农民还有块土地，只要勤耕种，总还饿不死人。可下岗工人就不同了，除了双手，真可谓一无所有。像我们这样的半边户，还能够靠我这半边在岗维持。如果是双双下了岗，那可真是上天无门，下地无缝了。一些昔日风光的工程师们，为了求生计，不得不拉板车、捡破烂度日，下岗日子难熬啊。"

"这么说政府面临的最头痛的就是下岗人员的安置问题。"

"边城有一个民营企业倒是安置了不少国企下岗工人，说起这个民营企业，还真有传奇性的故事。"

"我也正在琢磨，为什么很多国企倒闭，民企却很兴旺？你说说边城这个民企传奇之处在哪里?”

“这个民营企业叫边城热得快方便电器公司，是边城最大的一家电器公司，也是边城唯一的一家有赢利的公司，还是全省百强企业之一，想必杨县长在省城的时候就有所耳闻，至于传奇之处嘛还是请董事长王干事自己说吧。”

“好吧，那我们今天就找他去，听听他成功的秘诀。”

杨向荣与西国安来到边城郊外热得快方便电器公司，从公司大门就可以看出这个公司的气派，电动自动化大门，两个一米八大个子保安，身着保安制服，威武笔挺地站在大门两边。西国安上前对保安说：“请通报王总，就说新来的杨县长到公司视察来了。”

保安一听是县长视察来了，立即拨通了总经理的电话，电话里传出王总的声音：“请他们进来。”

董事长兼总经理王干事放下电话，快步下楼迎接，杨向荣、西国安恰好来到办公大楼大厅，王干事热情地上前握着杨向荣的手说：“有失远迎，欢迎杨县长来公司检查指导工作。”

“王总，我可不是来检查指导工作的，我可是慕名而来啊，是来讨教的。”

王干事松开杨向荣的手，指着西国安，风趣地说：“7（希）6（啦）3（咪)，杨县长的突然袭击，是你出的馊主意吧?”王干事一生幽默风趣，因为有着与西国安同样的长期得不到提拔的经历，经常跟西国安开玩笑。王干事之所以叫西国安为“7（希）6（啦）3（咪)”，一是因为西国安在秘书岗位上长期得不到提拔，成为最老的秘书；二是西国安年近四十不惑，习惯称呼老张老李的人把西国安称为老西，又是秘书，所以称为“西老秘”。“西老秘”与音乐谱里的“7（希）6（啦）3（咪)”谐音，王干事就逗趣叫西国安为“7（希）6（啦）3（咪)”，谁知王干事这一声“7（希）6（啦）3（咪)”一出口，就四处传开了，谁见了西国安都不叫名字，全叫唱着“7（希）6（啦）3（咪)”。不过王干事有个原则，在公众场面只叫“7（希）6（啦）3（咪)”，私下里还叫过“1（哆）2（来）3（咪)”，意思是小低音，小字辈，小官吏，高音“7（希）6（啦）3（咪)”算是抬举了。

西国安早习惯了王总的叫法，也不去计较他叫什么，搪塞着说着场面上的话："王总，我哪敢啦，好主意我没本事出，但绝不出馊主意。"

杨向荣笑着说："久闻大名，早就想来拜访了。"

王干事一听久闻大名立即找到了幽默话题，风趣地说："不对吧，7（希）6（啦）3（咪）久闻我大名这我信，您杨县长恐怕现在还不知道我的大名吧？"

王干事的这句话把杨向荣搞糊涂了，心里在想，董事长兼总经理王干事名扬天下，怎不是他的大名呢？反问王干事说："怎么，王总不叫王干事吗？"

"如果杨县长感兴趣，就请先进我办公室，让服务员泡上茶，我再慢慢道来，请。"

"好，恭敬不如从命，请。"杨向荣客气地向王干事的办公室走去。

王干事招呼着杨向荣、西国安坐下。不一会儿，服务员泡上了茶。王干事笑着说："请杨县长不要笑话，本人的大名多年不用了，可以说边城没几个知道我大名的人了，就算知道，恐怕也忘掉了。70年前，我妈生下我，给我取了个王顺德的大名，上学、参加工作都用的是王顺德的大名。我在边城工业局工作的那年刚好20岁，局长给我下令当干事，一干就是20年，也就是我40岁的那年，局里要提拔一名副局长，很多人提我为副局长候选人，可按县委组织部门的干部政策，提拔副局级干部必须是35岁以下，而我则在40岁开外了，不符合年龄条件而落选。有人跟我开玩笑说，你这次要是提不上去，你就再也没有机会了，你这干事职名就得干一辈子了。我说好，干事干了20年，再干20年，60岁退休，干事干事，干一辈子事，很好。有人就笑话我说：你干脆就把名字改成王干事得了，人家也好记，谁知这一句玩笑话一出口，从此就再也没有人叫我王顺德了，我的职名代替了我的大名。我一想，也好，职名、大名同步，那就干事吧。就这样我又干了20年退休，如今我退休都10年了，70岁的老头子了，也就是说王干事的名字已经叫了30年了，谁还记得我30年前的王顺德大名啊。您说您杨县长初来乍到边城，久闻我大名，岂不是开国际玩笑么？"

西国安急忙插言说："这就是王总人生传奇之一。"杨向荣听得惊喜，赞叹说："原来如此，奇趣并举。"西国安接着说："其实王总的真正传奇人生还是从他退休之后开始的，还是请王总自己说吧。”

王干事停了停，笑着说：“说来也不怕县长笑话，我干事干了一辈子，10年前退休的那天，也不知怎的，突然萌生了不当干事当董事长的念头，干了一辈子事却不懂事，退休了该懂点事了吧？于是我就开始市场调查，发现各地宾馆、招待所比饭店还多，宾馆各个房间里用的都是热水瓶，打开水很不方便，而且保温时间不长，房客热水瓶的开水常常泡不开茶叶，是不是可以用热得快代替热水瓶？如果能，那这个需求量就大得惊人。于是我就开始设计方便热得快，经过试用，果然方便。于是我就将我退休养老的全部积蓄拿出来，开办了一家小型作坊式的民营热得快方便电器公司，谁知热得快产品一上市就供不应求，我就扩大生产，一扩再扩，在边城郊外征了地，建了厂房，成立了销售公司，产品畅销全国二十几个省市区，公司发展到3000余人，于是我这个在计划经济时代一生不懂事的干事，却在市场经济时代成了董事长。我这个董事长是自封的，没有官印文书。但我却是货真价实的，真正的懂事了。不是我在县长面前吹牛，边城没有哪一家企业能跟我比，就是边城国营、集体全部厂家加起来也没有我十分之一的产值，我的资金大得可以把边城买下来。我也不吝啬，在职工身上我舍得花钱，工资和国企员工同步，奖金比国企员工要多出十倍百倍，并且在社保给他们买了养老保险、医疗保险，将来退休了在社保能拿到与国企员工同等的退休养老金。员工住房也是一流的，在厂区后面我们建了一个生活小区，是按照省城花园小区标准设计建造的，而且我只收回成本价，没挣员工一分钱，比国企单位的集资房还便宜。对家庭困难的员工，我采取先住后付钱的办法，按银行贷款的方式每月从工资里扣款交房费，而且还不收利息。因此员工们高呼王干事万岁。噢，对了，我猜想杨县长最想听的可能是安置下岗职工的问题。我可是实话实说，我这公司也不是万能的，所有下岗职工我都能收留安置，那是吹牛，我安置下岗职工也是有条件、有原则的，年龄在35岁以下，身强力壮，经过技能培训，才能用在岗位上。我用工掌握的原则是年满18岁，我不想留下滥用童工的骂名，高学历的人才我也不敢用，因为我的岗位设置都是熟练工，我不能耽误高学历人才的前程，我用的都是技工学校毕业的学生。不是技工学校毕业的青年或是下岗青年招进我公司，我舍得花培训费，送他们到技工学校免费培训一年再上岗，所以我的公司是技工化、年轻化，没有退休员工负担压力。不过，我公司最近上了一条自动化生产线，用了两个学自动化的本科生。明年自动化生产线上马，生产人员要转为销售人员，压力大呀，我老啰，吃不消啰，不服老不行啊。担子卸给我儿子，不瞒你说，我儿子也是下岗工人呐，我强行送他到大学学习管理学，学成归来，由他来挑重担了。明年我正式第二次退休，算是老糊涂了，不可能再懂事了，就让懂事的人去干吧。我啰里啰唆，胡说了一通，人老啰，说话也没有章谱，想到哪说到哪。耽误了县长宝贵的时间，见谅见谅。”

“王老，你可是给我上了精彩的一课啊，谢谢你。”

“时间不早了，晚上我请客。”

“不啦，我还得赶回去。”

“怎么，吃餐饭还怕影响廉政？我这可是民营企业，吃多少也是我私人请客，碍不了事，你就敞开肚皮吃，没人管得着。”

“你老说笑了，我还真有事要赶回去，改日再陪你如何？”

“好吧，那就恕不远送。”

“再见。”

5

杨向荣在思考解决边城企业全面改制，下岗职工的安置问题。边城虽小，且又以农作为主，但企业类型多、规模小。最早倒闭的是机械厂家，继后是棉纺和鞋类厂家，百货、供销、生资、饮食虽然苟延残喘地苦苦支撑了几年，但也步机械厂家的后尘，相继关门停产。所谓国字号企业和集体商家，昔日的辉煌荣光早已荡然无存，可是企业的主人依旧存在，不会随着企业的倒闭而消失，那么这些人的生存问题就被无情地推向社会，可社会则暂时没有解决这类问题的机构，如果政府不管，这些人将面临着什么？杨向荣正想着这个问题，西国安走进办公室来报告：“杨县长，不好了，机械厂的工人与县政府大门保安闹起来了，他们非要见您不可。”

“是怎么回事？”

“我一时也说不清，您去看看就知道了。”

杨向荣也不多问，在政府门口出的事，一见便知道。杨向荣来到县政府大门口，只见四块门板上摆着四个死人，一群人打着“我们要吃饭，我们要生存”的横幅，腰系着白布带，左手戴着黑袖章，右手举着小白旗，嘴里反复高喊着横幅上那两句话，场面乱糟糟的。西国安上前大声说：“请安静一下，你们不是要见县长吗？县长来了，你们还吵什么？有话好好说嘛。”

西国安话音未落，人群中你一句我一言，越说越乱，谁也听不清他们在说什么。西国安还想说话，被杨向荣伸手制止。杨向荣上前提高嗓门说：“我就是你们要见的杨县长，请工人同志们派代表到政府会议室交换意见，这里不是说话的地方。”

杨向荣这一说，反倒没人说话了，人群中你看看我，我看看你，不知要谁去。杨向荣一看就知道他们是借题起哄来的，并非事先有组织的请愿。于是杨向荣就点将，先点了一个闹得最凶的年轻人：“小伙子，我看你热情最高，你去当代表如何？”

那年轻人也不客气，杠起头说：“去就去。”

杨向荣又点了一个五十知天命之人，和气地说：“你是老同志，你牵头当代表最合适，去吧。”

老工人开始有些犹豫，想了想，就不客气地说：“您不点我，我也会去，这代表没有谁比我再合适的了。”

杨向荣想，已经点了两个男同志，该点个女同志为好，就指着一个比较年轻的女同志说：“这位女同志，你能不能当他们的代表？”

那女的左右看了看，见没有人反对，相反倒是用鼓励的眼光望着她，下意识地点了点头。其实她并不是机械厂的，但她与机械厂工人有同样的下岗遭遇，今天她是同情可怜那四个死人的悲惨境地，跟在人群中看热闹来的。

杨向荣又大声说：“三位代表跟我去会议室，其余的人请将尸体摆放到路边去，不要堵在大门口，你们是来找我，不是来堵大门的对吗？”

人群听杨县长这么一说，只好将尸体移放路边，让开大路，畅通了大门。杨向荣正带着三位代表往会议室方向走去，迎面碰上顾书记等人走过来，杨向荣就热情地说：“顾书记，你们来得正好，大门口已经平静了，选了三位代表，我们一起到会议室听听代表们的说法吧。”

顾武生停住了脚步，转身与杨向荣一起去了会议室。杨向荣对西国安说：“你去把人大、政协的领导也都叫过来，让五大家的领导都来听听。”

西国安按杨向荣的指示叫人去了。在县政府小会议室里，杨向荣把三位代表请到了上座，并风趣而又真诚地说：“三位代表就请上座。不瞒三位说，平时开会，这位置是我和顾书记坐的，今天就请你们坐上去，你们主讲，我们认真听。”

老工人代表有点犹豫，心里认为坐书记、县长的位置不妥。那年轻人却不客气，大摇大摆地坐上去，对老工人说：“师傅，您老犹豫什么，别说是县老爷坐的地方，就是皇帝老子的龙座，今天也斗胆坐他一回。”

老工人和女代表在那位年轻人的鼓动下，也只好随年轻人坐上去。年轻人心直口快，抢先发言：“你们这些老爷们今天不是要听我们的意见吗？

小的我就斗胆直言了。你们知道大门口那一家老小四口是怎么死的吗？悲惨极啦。那个四十八九的男人，是那四口之家的顶梁柱，机械厂独一无二的高级工程师。机械厂一倒闭，厂里把大门一关，宣布自谋生路。把我们工人扫地出门，一把推向社会。社会是个什么东西？社会谁来管我们？社会没人管，我们就只好找社会主义，你们不是社会主义政府吗？社……”

年轻人正说得激愤，老工人听不下去了，立即站起来，强行制止年轻人再继续说下去，自己赶紧抢过话头说：“他年轻，嘴巴没毛，说话没谱，还是我来说。”

年轻人也不与老工人争执，甩了甩手，不耐烦地说：“你说就你说，师傅，你可把谱唱准啰。”

老工人摆了摆手，示意年轻人不要说话，然后自我介绍说：“我是机械厂的老工人，叫渠恭敬，今年52岁，还有三年退休，随着工厂倒闭而下岗了，我的问题就不说了，还是说门口摆放的那一家四口的事吧。那个四十八九岁的男人是我们厂里的高级工程师，名叫龚步尚……

“说起龚步尚有必要多说几句，首先说他的姓不顺口，名也不好叫，怎么叫怎么别扭。叫他龚工吧，听起来像公公。叫小龚吧，可他也是四十多岁的人了，叫小了对人不尊重，他恰又是受人尊敬的工程师，自然不能叫小龚。叫老龚倒是很合适，可女人又不敢叫，凭什么叫他老公（龚）？那就只好直呼其名龚步尚，可边城人的口音龚步尚与‘供不上’同音，他本人倒是没意见，有人说咱厂里效益本来就不好，再叫供不上更不吉利，再说供不上也不是他的责任，他是英雄无用武之地，怨他供不上不公平，不能叫他供不上。后来有人说干脆叫一个字——龚。他上有老母75岁，下有女儿18岁，爱人45岁，也是咱厂里的老工人。厂里倒闭后，一家四口怎么活呀？我是个大老粗，没多少文化，可有一点我心里明白，人家国外把工人推向社会，那是人家社会有生活保障机构，可以按最低生活标准维持生活。可我们呢，厂里把我们推向社会，我们的社会还没有建立生活保障机构，谁来管啊？我的徒弟他年轻，靠力气给人拖板车过日子。可我和龚这样五十岁上下的人能做什么？龚，就是上供养不起老母，下供养不了孩子，连自己都找不到活路，只好狠心地将一家全部毁灭，这叫一了百了。他是用一家人的死来减轻国家负担的，临死时还想着国家。他给我们这些老同事写了遗书。徒弟你来念给领导们听吧。”

渠师傅把龚的遗书递给了那个年轻人。年轻人接过遗书一字一句地读起来：

尊敬的工人师傅们：

我龚步尚无能，率全家离开这个世界，一是出于无奈，二是给国家减轻负担。我堂堂七尺男儿，上不能报效国家，下不能养活一家老少，只能一死而谢天下。我死了又怕一家老小承受更大的磨难，因此，我把她们一块带到那个极乐世界去了。我的死，与任何人没关系，请不要节外生枝，让我们安静地走。但是我要最后麻烦师傅们，请给我们全家人收尸埋葬。

你们朝夕相处的龚在极乐世界叩头致谢了……

等年轻人读完后，渠师傅接着说：“龚和他全家死了，也给我们出了个大难题。咱这小小的县城还没有火葬场，要到一百多公里外的市里去火化，可咱工人连活命的钱都没有，哪还有钱去火化龚的全家？把他们埋到土里去吧，可哪寸土地是我们工人的呢？农村的土地也要钱，总不能埋在机械厂停止运转的车间里吧。我徒弟领头把死人抬到县政府来，我是反对的，我劝他们抬回去，他们不听，这不，我反倒成了杨县长点将的代表。”

杨向荣听两位老少代表讲完话，知道了事情的大概缘由，又对女代表说：“你是妇女半边天，也说说你的意见。”

“好，我说就我说。首先我要告诉你们我不是机械厂的，也不是有意要充当今天这个代表的，老实说我是来看热闹的，被杨县长点将成为所谓的代表，既然来了，也就说几句话。首先自我介绍，我叫余晶，是糖厂的下岗职工。我虽然不是机械厂的，可我也有同样的遭遇，甚至比龚更惨痛，只是我还没死。当然，我在这里想说几句话，不是为死者说的，也不是为我自己说的，我是为苦苦挣扎的下岗职工们说的。国家有困难，企业有困难，把问题推向社会，让我们到社会上去解决自己的问题，对于国家和企业看起来是甩了包袱，让本来属于国家和企业的问题融化在社会之中，看起来这倒也是个办法，叫一推了之解决问题。但是事实上完全融化得了吗？那些实在融化不了的问题，国家、企业就应该有解决的政策和办法。可国家和企业并没有制定相关的政策，不少省市地方为了安定一方，也正在采取一些补救保障措施。边城虽小，下岗的人数可上居高位，可以说几乎都快下完了，少数没有下的企业职工，其企业已没有国字号的名义存在了。可我们边城又没有相应的政策去解决，哪怕是像农民一样有块地去种也好，我们一无所有，只能成为满街跑的游民，社会不管我们，我们却成了社会的不安定因素，实在无路可走。我想政府是父母官的高堂衙门，父母官总该管一管吧。”

余晶的几句话说得杨向荣痛心疾首，他沉痛地说：“你说的不是一两个人的问题，关系到大政策，恐怕不是边城的几个父母官能说清楚的。余晶同志反映的问题，边城政府会引起重视的，但今天不能给你一个明确的答案，请你理解。今后有什么问题，你们可以随时来找我，也可以登录边城政府互联红网县长信箱，把你们想说的话、想办的事，通过互联红网信箱告诉我，我随时给予答复。今天首先要解决的是门口那四口之家的安葬问题。听这位渠师傅介绍的情况，是有些特殊，这样吧，由渠师傅牵头开个追悼会，然后县政府派车送往市里火葬场火化，让死者安息。你们看这样安排行不行?”

年轻人见县长杨向荣说得诚恳，也把说话的腔调放低了，面对渠师傅说：“师傅，这事我听你的。”

“师傅还有什么好说的，就按杨县长说的办吧。”渠师傅说完就出门和大家将尸体抬回了机械厂。杨向荣又派西国安找了两部汽车，送龚一家四口的尸体去火化。

渠师傅等人走后，杨向荣对顾武生说：“顾书记，我建议就今天三位代表说的问题，领导层开会讨论一下，哪怕是找不到解决问题的办法，统一下意见也是好的。”

顾武生想了想说：“行啊，那就开吧，正好五大家都在，你就开个头吧。”

杨向荣也不推辞，接着顾武生的话题说：“顾书记要我开头炮，那我就不客气了。关于下岗职工安置问题，可以说不是边城一城一地的问题，是全国，乃至全世界都存在的一个普遍性的问题。那位渠师傅说了，国外有社会保障机构，可以解决下岗失业后的生活问题。我国下岗问题是近几年才出现的新问题，也就是市场经济出现的新问题，就数量而言也是全世界空前的，因此，国家一时还未来得及制定出相应的政策，去解决此类问题，有些省市虽然成立了一些临时性的保障部门，可也还没走上正轨，还在摸索阶段。就边城而言，据我所知，目前还没有成立管理下岗职工的相关机构，更没有处理此类事务的相应对策。企业把门一关，问题就涌向了社会，又从社会转向政府。我看是到解决问题的时候了。我个人意见，以民政局牵头，临时成立再就业和社会保障机构。企业进行全面改制，按市场经济规律重组运作，那些资不抵债的企业，可以拍卖，由那些有经济实力的单位和个人去经营，边城王干事电器公司就是很好的榜样，王干事的情况在座的比我更清楚，我就不展开说了。说了企业改制，再说下岗人员分流和再就业安置问题，要以人性化为本，丧失劳动能力和再就业暂时安置不了的，按最低生活标准救助。再也不能发生机械厂龚步尚死亡的同类事件。”

人大主任陶大成说：“杨县长说得很有道理，只是边城政府没那么大的实力，成千上万的下岗一族，都由政府去管的话，恐怕管不了。要管又管不了，到时候比不管更难受。如果在国家大政策前提下，边城政府再适当地调整倒是可以考虑，还是等国家大政策的到来比较稳妥。”

顾武生见陶大成唱困难，正合他的心意，接着说：“杨县长是从理想的角度看问题，而陶主任是从实际出发考虑问题，如今办事情就是要讲实际，可以说边城财政连在岗人员的工资都不能按时发放，有时一拖就是几个月，还有能力去管下岗职工么？不是我没有人道主义而不去管，而是没那个能力去管。要去管，不是凭嘴上说得好听就行的，而是要用花花银子去管的。我还是那句老话，总不能天上往下掉馅饼吧。你们说，谁能解决花花银子问题？”

顾武生这一叫板，却也使领导们挠头，边城实在太穷了，越穷问题就越多。杨向荣沉声说：“再穷问题总还是要解决，总不能因为穷就有理由推掉，问题是推不掉的，必须面对。关于机构问题，暂时不新增加编制，就由民政局暂时接管社会保障部门的职责，民政局长就是保障部长。至于保障资金，我的观点是先考虑下岗职工最低生活保障，后考虑在职人员的工资问题。一分钱掰作两半花也要解决下岗职工的生活问题。当然，具体的办法和政策由民政局，也就是社保部去制定，多在再就业和多渠道分流上动脑筋、做文章，最大限度地压缩低保人数，也可以说是在国家大政策到来之前，做些准备工作吧。”

杨向荣这样一说，边城领导们也就不好再说什么了，都表示同意这么办。散会后杨向荣心里并不很踏实，他认为龚步尚事件仅仅反映了问题的一个侧面。特别是那个女代表余晶，好像她的话只说了一半，她说她比龚步尚更悲惨的那一半却并没有说出口，是否有必要登门访问，了解更多的真实情况？杨向荣叫来西国安问道：“你认识那个女代表余晶吗？”

“认识，但不是很熟，她的父亲曾是县政府的司机，我学会开车还是她父亲教的呢。只可惜她父母在一次车祸中双双去世，当时余晶只有18岁，按顶职招工，安排在糖厂工作。人长得漂亮，是边城有名的一枝花，俗话说自古红颜多薄命，据说她的人生命运与她美丽的容貌成反比，具体情况我就不清楚了。”

“那你跟我一起去做番社会调查怎么样？”

“你怎么安排我怎么执行就是了。”

在糖厂的家属区，西国安领路找到了余晶。余晶感到很惊讶，想不到县长大人会踏进她的家门，竟忘了让座。站着的杨向荣也不客气，开门见山地直奔主题问道：“昨天你当代表时，只讲了一半的话题，关于你自己的那一半话题，是否可以说给我们听听？”

“如果杨县长、西秘书有兴趣的话，我就不隐瞒了。昨天我就说了，我有着与机械厂龚步尚同样的遭遇，而且我还承受着感情上的痛苦折磨。我是一个失去父母的孤儿，好在政府照顾我，顶父母职在糖厂工作。上班不久，就有一个叫肖西的男人向我求爱，当时我想，我是个孤儿，有人爱我疼我也好，虽然早了点，还是先谈了再说吧。一谈就是五年。23岁的那年，我已经怀上了他的孩子，要求结婚。可他突然跟另一个女的私奔了。因为我肚子里有他的孩子，我决心把肚子里的孩子生下来，以孩子做桥梁，盼望他回心转意。可他永远不回头了，与那个女人在外地做生意结了婚。结果我的小孩反倒成了私生子。小孩生下后我就下岗了，现在小孩3岁了，我也二十六七岁了，想嫁人，可我一个下岗女工，还带着一个3岁的私生子，谁敢要我？我都快支撑不住了，我真想像机械厂的龚步尚那样，一死百了。我说的是真心话，不是吓唬你们的。你们说我孤儿寡母的，哪条路是活路？”

余晶说到这里潸然泪下，杨向荣、西国安也相对无言。好大一阵杨向荣才说：“我跟彼得堡宾馆的张老板联系一下，给你找份卫生服务的差事是否愿意？”

余晶擦了一把眼泪，坚决地说：“什么愿意不愿意，都到这份上了，没有不愿意这一说了。只要能解决衣食问题，就鸟为食亡了。”

杨向荣、西国安带着余晶，找到了彼得堡的张老板，请他安排一个清洁工岗位。张老板一看余晶，笑着说：“这等美丽的一枝花，干清洁工岂不浪费，放在总台，代表我们宾馆的形象窗口，这等靓点就是咱宾馆的形象天使，无形资产，我收下了，谢谢县老爷恩赐。”

杨向荣没想到余晶的事解决得这么顺利，心里自然宽畅。可是杨向荣却遇到了麻烦，余晶为了感谢杨向荣，单独约杨向荣去了她家。杨向荣以为她还有问题要反映，想找西国安一块去，可西国安下班回家了，只好自己先去了再说。杨向荣一进门就问：“你找我来是不是还有问题要反映？”

“听县长大人的口气，好像没事就不可以找你。不过，我还真有事要找你。”

“还有什么问题你就说吧。”

“你帮了我一个天大的忙，总得感谢你啊。”

“那你就想错了，我也告诉你，本县长说话办事，从来就没有想过感谢二字。”

“那是你的想法，总不能叫别人也不去想感谢二字吧。”

“那你打算怎么个谢法？”

“说来你不要笑话我，我上无片瓦，下无插针之地，就这两间小房子还是在我下岗前，厂里照顾我的，也就是说这套房子的产权不属于我余晶，我只是暂时借住而已。唯独属于我的就是我的身体，我就以身相谢如何？”

杨向荣一听吓了一跳，想不到余晶约他来是为了如此感谢他。他压根就没有要求回报，更别提是这样的方式。杨向荣严肃地说：“小余啊，请你不要这样去想，我说重了怕伤害你，我只能说你把问题想偏了。”

“什么偏呀正的，此时此刻我不知道谁是高贵的县老爷，我只知道你是一个男人。不错，你是很高贵，我低下。可是你说，我除了让男人喜欢的身体，还有什么呢？我一无所有，一无所有啊……”余晶话还未说完，就痛苦地流下了酸楚的眼泪。

杨向荣被余晶这几句不成体统的话说得不知所措，心里乱糟糟的，一时找不到章谱，不知怎么回答才对，呆呆地站在那里，不知如何是好，没想到帮人解决问题却帮出麻烦来了，真是世事难料啊。

余晶把眼泪一擦，愤然地说：“好，你们男人都高贵，我们女人都低下。你既然不收我这份情，我也不要你的帮助，请你转告张老板，那份形象差事我辞了，你明天到这儿来给我收尸吧。好了，我们两清了，你走吧。”

这下杨向荣晕乎了，此时他真的不知怎样面对眼前这个如花似玉而又热情似火的女人，不忍心去伤害她，又怕她做出傻事来，反倒把自己弄傻了，豆大的汗珠热热地往下流淌。余晶见他这等傻样，不顾一切地冲上去，扑在杨向荣的怀里。杨向荣本能地推开余晶，一个劲地往楼下跑……

杨向荣跑回到县里，心情久久不能平静。一方面，他为自己一时误闯情网而自责。另一方面，他又为余晶的美色情窦所感叹，因为他也是性情中人，不是超脱现实的圣人，人都有性情糊涂的时候。当他完全清醒时，理智又清楚地告诉他，赶快离开那个是非之地，他只能义无反顾地向后转，回到属于自己平静的那块净土。他想自己是有家室之人，必须对守候在家的那一半负责，不负责的男人还算好男人么？我杨向荣也是堂堂七尺男儿，乃顶天立地之辈，绝不做苟且之人。因此，虽然情涌奔放，他却一次次在强烈的理智劝诫下止步，回到他平静的从前。

6

杨向荣刚从余晶的迷惘中解脱出来，还未来得及喘口气，西国安就带着机械厂的下岗工人渠师傅又来找他，一见面杨向荣就热情地招呼渠师傅坐下。西国安为渠师傅沏了茶。杨向荣问：“渠师傅今天来是不是还有事情要说?”

渠师傅叹了口气，难为情地说：“无事不登三宝殿这句话用在我身上，这叫文不对题。说句真心话，我真不想来麻烦县长大人，我实在是无路可走，才上门求教的，也算我们有一面之缘吧，如果要是没有龚步尚事件，我八辈子也不会想到找您杨县长，既然来了，我也就丑话丑说了。俗话说一分钱难倒英雄汉，我是为钱而来的，请杨县长给我出个主意。我有个女儿，读大学三年级，还有一年就要大学毕业了。前三年我没有下岗，厂里每月总算还有几百元的工资，我勒紧裤带七拼八凑，厚着脸皮东求西借，欠下一屁股的债，让女儿坚持读下去。可是今年厂子倒闭了，我下岗了，连自己的生活都没有着落，哪还有钱送女儿上学啊。欠下的旧账不说，读到毕业还要钱啊。现在这些钱对于我来说，简直就是天文数字，一想到它我就全身发抖。过去我没有下岗，人家看我的老面子，还肯借给我钱，如今我下岗了，谁还敢借给我呀，人家躲还来不及呢。以前大老远就老渠、渠师傅的叫得亲热，如今看见我就拐弯走，生怕我借钱，我成了有名的借钱大王，真的老脸无光啊。杨县长，您菩萨心，给我支个招儿，让我那苦命的女儿读完最后一年，就是当牛做马，哪怕拿命去换，我老渠不会哼出半个不字，杨县长您就帮我想个办法吧。”

渠师傅话还未说完，眼泪早流到了腮边，粗大的老手不断在腮上横擦。杨向荣、西国安的眼睛也湿润了。杨向荣慢慢地走到渠师傅身边，轻声说：“县教育局不是有个助学基金会吗，是专为特困户提供资助的，像您老这种情况可以申请救助，是不是先去基金会联系一下？”

渠师傅抬起头，急忙解释说：“我去过两次了，他们是这样解释的，只资助基金会成立后的特困学生，而且必须是上了北大、清华分数线的特困考生，重点是省市县三级文理科状元。说我女儿是助学基金会成立前的考生，不在资助政策行列，根本不予考虑。”

“噢，是这样。”杨向荣自言自语，若有所思。杨向荣回到自己的座位上，右手轻轻敲了几下桌子，点着西国安的名字问：“西国安，这件事你有什么好主意吗？”

西国安想了想说：“依我之见，有两个途径可以考虑，一是找赞助，二是让渠师傅的女儿提前与用人单位签订分配工作合同。”

“你讲具体一点。”杨向荣也有此想法，很有兴趣地追问说。

“具体说嘛，我们可以帮助渠师傅联系像香港陶源生老先生这样的人物，求赞助解决问题。还可以联系人才招聘市场，求助他们找一个用人单位，让渠师傅女儿与用人单位提前签订用人合同，单位支付一年学费作为预付金，而渠师傅女儿毕业工作后，再从工资中扣回，也是个办法。”

杨向荣这时才想起问渠师傅：“你女儿在省城大学是学什么专业的？”

“是学桥梁工程专业的。”渠师傅话音未落，杨向荣高兴地拍了一下桌面，然后激动地走到渠师傅的面前，拉着渠师傅的手说：“渠师傅，你这个忙我还真的帮上了，多亏你女儿专业选得好，好，好！天无绝人之路，曙光就在前头。”

杨向荣这一激动，倒把渠师傅弄糊涂了，半天没说出话来。杨向荣大声叫西国安：“快快，你赶快拨通省路桥公司田总的电话，我跟他说。”

西国安拿起电话，拨通了田振海的手机。

杨向荣接过话筒，还未放到耳边就开始喊：“喂，田总。”

“什么田总，我是你干爹。这么久不打电话，怕是把你干爹忘了吧？”

“哦，对，干爹。我有件事，想求你帮忙。”

“什么事？你就直说。”

“是这样，有个大学生，想进你们路桥公司。”

“好啊，你要这个学生把毕业推荐表送给我看看。”

“没有推荐表，还没有毕业，是在校学生。”

“你这不是开国际玩笑吗，在校学生我怎么能接收呢？”

“不是，是，嗨，电话里说不清，我亲自到省城来一趟吧。”

“那好，你来了再说。”

杨向荣把电话放下，对西国安说：“你开车，我们带着渠师傅一起去省城。”

车到省城，杨向荣对渠师傅说：“这样吧，干脆先去你女儿学校，把你女儿也带上，他们看到人也许更好说话。”

渠师傅的女儿叫渠康桥，人长得漂亮聪明，是现代女性最开放型的性格，在她的身上可以说完全找不到中国传统女性的影子。杨向荣见她性格开朗活泼，就风趣地说：“康桥，这名字好，怪不得你选择桥梁专业，原来你一生下来你爸就希望你长大后修路架桥。”

“不是，康桥是我读大学时改的，我小时候叫康娇，我不喜欢女孩娇里娇气的，既然我不娇气，就不想叫康娇。读大学时正好是学桥梁专业，于是我就改了半个字，变成了康桥。”渠康桥解释说。

杨向荣笑了笑说：“看样子你很有性格。”

“那当然，您认识我就知道了。不过我可是穷快活。我也有掉眼泪的时候，但更多的时候还是坚强。我爸为了给我凑学费，急得头发都白了，我恨不得不念这破大学了，要不是我爸强行把我送到学校，我没准就坐台发财去了。”渠康桥真的什么也不顾，想说就说。

杨向荣见康桥说出如此不体面的话，不像一个女大学生的身份，只当她是个孩子，说傻话。到了省城路桥公司，杨向荣介绍过后，认真地说：“干爹，我电话求你的事就是这位女大学生的事情，她母亲生病去世了，父亲又下了岗，实在交不起学费，还有一年就要毕业了，你做特殊情况处理，跟她签个协议，她毕业后保证到你公司工作，公司预付一年学费，等她毕业上班后再从工资中分期扣还。怎么样，这个忙应该帮得上吧。”

“就这事啊，好办。这就相当于过去的委培生，上学前跟单位签委培合同，毕业后回单位上班工作。这样吧，我叫人事处办一下，你们就放心好了。”

“那就谢谢干爹了。”

“哎，这事我要谢你才对，你给我推荐人才，说不定她会成为中国又一个茅以升，创造中国桥梁史上新的里程碑，到时候我这企业的品牌就更响亮了。”

杨向荣幽默地对渠康桥说：“你听见了吗？你还没有毕业，他们就把希望寄托在你这个女茅以升身上了，我们都盼望你创造奇迹。”

此时，渠康桥也不好说什么，不轻不重地说了一句：“我努力就是了。”

渠康桥的事就这样解决了，渠师傅悬着的心总算落了地。他们告别了田振海，康桥返回了学校，杨向荣一行返回边城，又在新县府大楼建设工地给渠师傅找了份看管材料的差事，渠师傅打心眼里感激这位为民办事的父母官。

几个月过去了，康桥放假回到边城，在路过渠水河小桥的时候，迎面碰上杨向荣，客气地打着招呼说：“杨县长，没想到在桥上碰到您，我正要找您呢。”

杨向荣客气地反问道：“怎么，还有事要找老杨叔吗？”

“怎么，没事就不可以找您吗？听您这意思是不欢迎啰。”

“好孩子，老杨叔怎敢不欢迎呢。”

“别别，什么孩子，老杨叔，我二十多岁了还是小孩子吗？您自称老杨叔，我可没有称您老叔的意思啊，您在我心中没那么老，充其量算个老大哥。”

“你年纪不大，说话口气倒不小。”

“那当然，没有个性就不是我了。有空吗？一起河边遛遛。”

杨向荣一时不知怎么回答才好，半晌没说出话来。康桥是个急性子，见杨向荣没回答，又补上一句说：“怎么，不给面子？”

还未等杨向荣开口，康桥上前拉着杨向荣的手就往前走。杨向荣一看这孩子如此冒失，怕弄个不好看，只好甩脱手被动地跟着走，走在渠水河边，顺着长石条台阶，走上兴龙桥顶。这是一座半圆形的石拱桥，桥下渠水悠悠流淌，自有一番小桥流水景象。康桥指着脚下的石拱桥对杨向荣说：“这渠水小河穿城而过，在城内有五座这样的石拱桥，人称五龙不出城，知道它的来历吗？”

“知道，你西叔早就给我讲过了。”

“什么西叔东叔的，叫他西大哥还行。行了，不说他，说我们的事。”

“你还有事吗？你的事不是解决了吗？”

“我要解决的问题多着呢。”

“你真是说小孩子话呀。”

“你瞧不起人。”

“不敢，我哪敢瞧不起你这个当今的大学生呢，自古英雄出少年，后生可畏。”

“什么前生后生的，我跟您说了，别用这种长辈老大的口气跟我说话，再三申明我不是小孩，我是成年人，尊敬的老大哥，明白了么？”

“好好好，你是大小姐，行了吧。”

“这还差不多。下雨了，到我家去吧，我家就在前边不远。”

“我去不合适吧，要是没什么要紧的事，我就回去了。”

“急什么呀，还早着呢。跟我走吧。”渠康桥一边说，一边拉起杨向荣就往家跑。杨向荣一看天下着雨，心里在想，躲过这雨再说吧。顺便也去看看渠老师傅，就跟着渠康桥往前一路小跑去了渠家。渠康桥把门打开，招呼杨向荣往里走。杨向荣正要脱鞋，渠康桥一把拉住说：“咱这寒舍还用得着脱鞋么？自古就没这讲究，没您家阔气，不习惯吧。”

“那倒不是。你爸呢？”

“他呀，在县府大楼工地看材料值班，要明天上午才能回来，这还是您给他找的好差事咧。”

“怎么，不满意吗？”

“哪里啊，他不知道有多高兴呢，连做梦都喊杨县长万岁。”

“你这不是瞎扯嘛。”

“是真的。您帮我解决学费和工作问题，我也要喊您万岁咧。不过我希望您喊我千岁千千岁，但别把我当小孩子。”

“你看，你这小孩性格又来了。”

“我就是不想你拿我当小孩子，干脆告诉你，我爱你……”

“你这傻孩子，尽说傻话。”

“我不傻，我说的是真心话。”渠康桥一边说，一边扑到杨向荣的怀里。

杨向荣这下傻眼了，严肃地说：“小渠啊，你这玩笑也开得大了点吧。”

“我不是开玩笑的，杨哥你抱我吧。”

杨向荣把渠康桥推到沙发上，严肃认真地说：“小渠你先坐下，听我慢慢说。你怎么如此糊涂呢？”

“我才不糊涂呢，我清醒得很，也不是头脑发热，我是经过认真考虑才说的。”

“你知道我有老婆孩子吗？”

“当然知道啊。”

“知道你还往错误的道上走。”

“不，那是我正确的选择，怎么是错误呢。”

“如果我没有老婆孩子，你说这话也许靠点谱，可你说得也太没边际了。”

“那不是问题，你可以离婚嘛，如今离婚也不是丑事，完全是顺应潮流嘛。”

“我杨向荣赶不了那个潮流。再说我比你大十几二十岁，那是不可能的。”

“想不到你杨向荣在经济建设上是改革创新派，却在情感方面是地地道道的保守派。什么大十几二十岁不可能，那也是问题吗？爱情自古就没有年龄的界限，怎么到你这里就出现年龄鸿沟呢？”

“小渠啊，人生百味不是你想象的那么简单，趁早打消这种歪念头，好好学习，毕业后在单位工作了，我要田总给你介绍一个好的，我们交个朋友好吗？”

“难道你那么无情？我哪点配不上你？”

“要说配不上，那是我不配。你年轻漂亮，有文凭学问，又是未来的桥梁专家。”

“只可惜我架不起你的情感桥梁。这样吧，也许你一时没转过弯来，似乎来得太突然，允许你慢慢考虑，我可以等，永远地等你。”

杨向荣一听，这下可以脱身了，虽然一时说服不了她，躲避也倒是个办法。想到这儿，杨向荣开溜地说：“小渠啊，你慢慢认真考虑吧，我先回去了。”

渠康桥听杨向荣说要走，机灵地上前拦住说：“你什么时候娶我的事，我可以等。但今晚你不能走，外面下着雨，你也走不了，人留客天也留客，你就陪我吧，哪怕是一夜情，也是永恒的纪念。”

渠康桥一边说，一边冲上去，双手抱住杨向荣，柔情似水地依偎在杨向荣的怀里。杨向荣极力地控制住自己，既不能伤害她，因为她太年轻，也不能接受她盲目轻率的爱，因为那是没有结果的爱。必须想办法解脱。杨向荣突然灵机一动，轻声说：“那你先去洗澡。”

“那好，我就先去洗了。”渠康桥松开紧抱杨向荣的双手，去房间拿出内衣裤，就往洗澡间去了。

趁渠康桥洗澡的时机，杨向荣轻轻打开门，快步下了楼，一路小跑回到县府，雷雨打湿了一身。躺在自己的床上，回想起刚才惊险的一幕，心中好似翻江倒海。面对如此年轻漂亮的女性，心里不激动那是假的，也可以说那不是英雄本色，但理智让他流下了英雄泪。因为渠康桥不同，她是大家闺秀，如果她的初夜权被他杨向荣占去了，他岂不成了边城当今的朱王爷？他清楚地记得，初到边城上任时他就发过誓，要做像陶侃那样的父母官，绝不做强占民女初夜权的朱王爷。但是刚才那一幕，想起后怕，差点让他杨向荣乱了方寸，违背他为官为人之初衷，犯下终生遗憾之大错，好在没有踏出那一步，理智战胜了冲动。

渠康桥从洗澡间出来，穿着贴身的睡衣，前胸丰满挺拔，宽臀洒脱舒展，杨柳细腰轻柔奔放，少女的线条曲线格外分明，乌黑的头发飘洒在肩背上，热水把小脸冲得红润润的，恰似出水芙蓉。满怀激情地第一次真心向心爱的男人奉献她少女贞节时，却不见了男主角，想不到世上还有不要少女贞节的傻男人。渠康桥外刚内柔，有现代女性开放之洒脱，热情似火地面对人生，敢爱敢恨，也有着现代女性的时髦，渴望找比自己大很多的成熟男人，更有着现代女性求爱的开放大度，不求天长地久，只要曾经拥有。但她并不薄情轻率，平时嘴里说得随便，实际却很认真，不是她心爱之人绝不献身。故而这时她内心极为悲伤痛苦，没想到她心爱的男人却不爱她。她满以为以她的激情满怀和少女柔情，一定会打动成熟男人的心，可惜她失败了。渠康桥茫然了，脑海一片空白，一时不知如何面对……

7

一日，杨向荣刚从执法现场回到县政府，还未喘过气来，教育局局长钟文韬就找上门来了。钟文韬找杨县长有两个目的，一方面是向县长报功，今年全省高考文科状元出在边城，乃是他钟大教育局长的学子。另一方面他是想要县长出面，让政府资助这个寒门学子，因为助学基金会没有钱了，他要借此机会向政府讨学钱，要不然有人说状元学子因没钱上学而进不了高等学府，他这个教育局长脸上无光。边城流传着这样一句民谣：湖南边城府，饭少菜来补，无钱上学找官府。杨向荣是边城当今的县官，不找他又找谁呢？钟文韬一进门就满面笑容地对杨向荣说："杨县长，我给您报喜来了，咱边城又出了个高考文科状元。"

"又出一个状元，好，真是惟楚有才，于斯为盛，楚南胜地，人杰地灵啊，祝贺祝贺。"

"杨县长，您怎么祝贺起我来了，理当祝贺您才对，您没听我一进门就向您报喜吗。"

"此话怎讲?"

"小状元是我的学生这不假，可更是咱全县人民的骄傲啊，您是边城人民的父母官，当然要祝贺您才是。"

"到底是边城的教育局长，就是会说话。先不说这些了，那个文科状元叫什么名字，哪个乡的，哪所中学毕业?"

"嗨，您瞧我，怎么把这最基本的东西都忘了介绍了。他叫卢一鸣，同保山人，毕业于边城第二中学。"

"他知道自己是今年的高考状元吗?"

"现在还不知道，这不，我先向您这个父母官报喜，再请您一同去状元家报喜呢!"

“好吧，叫西国安开车，先去二中，把校长接上。”

“那太好不过了，还是县长想得周到。”

西国安开着小车出了县府大门，不一会儿，小车就停在二中学的门口。钟文韬早打通了校长舒大培的电话，舒大培已在学校大门等候了。西国安下车对他说：“校长，这就不需要我介绍了吧，大会小会，电视报纸都见过，你不会说你不认识杨县长吧？”

“见过见过，只是没机会当面讲过话。杨县长，欢迎您今天光临我这孔夫子庙堂。”

“听说你这孔夫子庙堂出了个高考状元，我来祝贺祝贺。”

“那就不敢当了，应该是我们向您报喜才对。”

钟文韬说：“舒校长你就别说客套话了，到了你这孔夫子庙堂，就由你这个当今的孔老二向杨县长汇报吧。”

“那好，我就长话短说，关于我校高考状元卢一鸣的事，等会儿到了卢一鸣的家里再细说。趁天色还早，您是不是有雅兴，先领略一下边城二中的辉煌历史和美丽的校园环境？”

“好啊，我也是久闻大名，一直想找个机会亲眼看一看，你就领路吧。”

众人前行不久，舒大培伸手指着一块大石上刻着的“法相洞天”说：“边城有三个文化之地。一个是云雾山，是以秦代卢生、侯生为代表的佛门庙宇文化；另一个是以美人西施隐居的仙人院同保山为中心的名家诗词铭赋石刻文化；还有一处就是我们眼前这方法相洞天，乃学府官文之地。‘法相’一词来源于佛经《大乘义章》：一切世谛，有为无为，皆称法相。法相宗乃佛门一派。此地虽以佛门之词取名，但没有像云雾山卢侯祠那样，行佛门之道，而是以教书育人为宗。凡入此地为学者，入门先学为人。”

来到法向芙蓉洞口，众人抬头，只见一道摩崖“金刚经”碑刻在洞口壁上：

若以色见我，以音声求我，是人行邪道，不能见如来。一切有为法，如梦幻泡影，如露亦如电，应作如是观。

舒大培继续说：“南宋参知政事、爱国诗人陈与义曾移居此地讲学，成就一代名人。民国时，日寇于1938年进逼武汉，国民革命军黄埔军校武汉分校迁至边城，改名为第二分校。二分校校长李明灏将军一到边城，就大兴教育。一方面，他大力培养军事方面的人才，至1945年年底迁往成都止，七年时间，先后在边城培养了成千上万名军事指挥学员，送往抗战前线，为打败日本侵略军作出了卓越的贡献。另一方面，李将军还创办了和平小学和洞庭中学。他说培养爱国人才，要从小学、中学抓起。在李将军教育思想的培养下，洞庭中学于1942年、1943年连续两年获得全省毕业会考第一名，洞庭中学也因此名誉全省。黄埔军校第二分校迁往成都后，将原黄埔二分校和洞庭中学合并，后改为边城第二中学。近几年二中在全省高考中出过理科状元，也出过文科状元，如果我没记错的话，卢一鸣是我舒大培就任二中校长以来的第三位状元了。说来也巧了，卢一鸣的家就住在同保山，也是一个出文学家的地方。也许是同保、法相两地的文气成就了他。”

钟文韬接过舒大培的话茬说：“同保和法相原本就一脉相通的嘛，历代诗人文豪都与这两地有不解之缘。好了，此话留着路上慢慢说。还是先赶往同保山卢一鸣家报状元之喜吧。”

舒大培也觉得差不多了，随他们走向车旁，一伸右手说：“那就请杨县长上车，咱们一同去报喜吧。”

四人钻进小车，西国安脚踏油门，一溜烟向同保山驶去。大约行进一半的路程，前方出现一个造型奇特的亭阁，钟文韬叫西国安把小车稍停一下，请杨向荣下车。杨向荣下车一看钟文韬的架势，猜想他又有什么典故或者故事要讲，干脆直问钟文韬：“看你这样子，一定是要告诉我这亭子有故事发生是吗?”

“杨县长真算得上是半个神仙，我还未开口就知道。好，我就简单讲讲这亭阁的来历吧。

“从前，同保山有一个书生进京赶考，临走时，他家养的一条大狼狗跟在他的后面送他上路，书生几次要赶狼狗回去，可狼狗就是不肯。走到离边城还不到两公里的地方，书生要大便了，就在亭子这个地方的草丛里解大手。书生解手后就头也不回地往前走，结果把一个装盘缠的袋子忘在解手的地方，狼狗也没有再跟着，书生还以为狼狗返回家中去了。书生在边城济水河畔坐船，顺水而下，直到船行至洞庭湖，在岳州换船入长江的时候，才发现装盘缠的袋子不见了。他回想起一定是丢忘在解手的那个地方了，但是这时不可能再返回去找了，因为从洞庭湖到边城来回没有十天半月打不得回转，赶考在即，不能耽误。再说，已经时隔几天，十有八九叫路人捡走了。书生继续前行，终于按期赶到京城赴考。考完后金榜题名，得中状元，载誉而归。书生在返回家乡的途中，顺便去他解手的地方看看，结果发现他遗忘的那个盘缠袋子还在那里，只是那只大狼狗早已死了，狗肉腐烂不见，只剩狗毛还盖在盘缠袋子上。原来，是大狼狗趴在他的盘缠袋子上，掩护袋子不被人发现取走，等着主人回来寻找袋子，自己却被活活地饿死了。书生大为感动，他想，狗对主人如此忠肝义胆，不惜牺牲性命，保护主人钱财，忠义重于泰山。于是书生就在狼狗护袋饿死的地方，修建了一个亭子，取名‘忠义亭’。我现在说忠义亭的故事，不仅仅是说明这忠义亭的来历，还要说明历代都有从这条路上走出去的状元和名人志士，等到了同保山，我再接着往下说，现在还是先赶路吧。”

“既然这故事说开了，请让我再说一个再走。钟局长刚才说了这忠义亭的来历，还说这条路上走出过一些状元郎。我这个故事却是要说这一带历来是出穷人状元的地方。”舒大培用手一指说：“你们顺着我手指的方向看，离忠义亭一箭之地的坡下溪水河上有一座石拱桥，叫猫狞桥。边城人叫猫为猫狞，说起这猫狞桥的来历也有一个典故。

“话说从前有一个穷人的孩子极为聪明，无钱读书，就每天到学堂窗外偷听，感动了教书先生，教书先生为了既不破坏规矩，又让穷书生读到书，就每天把窗户打开，还搬条凳子给他。穷书生在窗外听得非常认真，比其他学生都学得好。后来教书先生动员他进京赶考，可是因为家里穷，书生拿不出进京路宿吃饭和考务盘缠，就向一个富豪地主老爷借钱，说中了状元再加倍奉还。哪知地主老爷不但不肯借钱，还讽刺穷书生说：你一个窗外的旁听生也想中状元，真是异想天开，只要你能中状元，所花盘缠老爷我全包了，全部奉送，分文不需还。穷书生乘机说：老爷空口无凭，立字为据。地主老爷叫来管家写了字据，可是在签字画押的时候，地主老爷要起了小心眼，说：慢着，这字据上只说你小子考中了状元，老爷我承担全部盘缠费用，只要你小子考不中状元，你家贫如洗，如何还我？老爷我的钱财也不是白给的，俗话说丢在水里还起个泡，打个赌还分个输赢。穷书生说：既然老爷说打赌还分个输赢，那就当场打个赌如何？地主老爷说：好，这还像句人话，你说，怎么个赌法？穷书生说：当然是老爷出赌题啦。地主老爷说：好，由我出赌题，这可是你说的，老爷我无论出什么赌题，你都愿意？穷书生说：大丈夫一言既出，驷马难追，请老爷下赌注。地主老爷咬着牙，心狠口毒地说：看见忠义亭坡下溪水河木桥了吗？你小子能在这三九寒天，脱光衣服，站在木桥上，从今天天黑站到明天早晨天亮，只要你小子还活着，要多少盘缠，我就给多少盘缠，怎么样，这赌注划算吧？穷书生一听，这岂不是押命吗？可是话已经说出去了，无论地主老爷下什么赌注他都愿意接受，大丈夫岂能怕死而反悔？穷书生只好脱光衣服，毅然在天黑时站在了木桥上。但穷书生毕竟身体单薄，在寒风中终于倒下了。就在穷书生奄奄一息的时候，他家里的一只猫跑过去，趴在穷书生的心口上，用它那温暖的兽毛保护了穷书生的心脏，才使书生的心脏不会停止跳动。第二天天一亮，地主老爷就和村民拥上了木桥，穷书生除了手脚被冻僵不能动弹外，却奇迹般地活着。穷书生赌赢了，地主老爷乖乖给了穷书生进京赶考的盘缠。穷书生也不孚众望，考中状元，荣归故里。状元公为了感谢猫狩的救命之恩，将木桥改建成石拱桥，取名猫狩桥。我要说的是这亭、这桥都与状元有关，也就是说这条路乃是状元之路。”

“不，我要纠正一下，准确地说，应该说是一条穷困的状元之路。”钟文韬纠正舒大培的说法。

舒大培点着头说：“还是局长大人说得对。好了，故事讲完了，那就顺着穷困的状元之路走吧。”

杨向荣也不多问，反正今天任由他钟文韬、舒大培领路唱主角了，跟着走，听他们说就是了。四人又上了车，不一会儿，车就开到了同保山脚下，停在仙人院大门前。再步行进山，大约走了几分钟，他们就来到了同保山响水岩，没底江的源头。河水从洞中深潭涌出，向前流淌，穿越石山，形成暗河道，在西施仙人院前百米处流出洞口，顺没底江流向济水河。没底江源头有一个小村庄，村东头那座破烂的石头小屋，就是卢一鸣的家。四人还未入村口，卢一鸣就瞧见舒大培校长等人向他家的方向走来，后面三个他不认识，他猜想可能是大学招生的老师吧。因为他心中有底，他的高考成绩绝对超过本科录取线。见舒校长一行人向他家走来，他高兴得跳起来，远远跑来迎接，连喊两声校长。舒校长用批评的口吻说：“怎么只喊我一个人，这三位你不认识？”

卢一鸣腼腆地摇了摇头，表示不曾认识。舒校长见卢一鸣不认识他们，就上前介绍说：“这位是县政府的杨县长、西秘书，这位是教育局长。”

“只听说过，没见过。您们好，请进屋坐吧。”卢一鸣一边说，一边领路往他家走，还大声地喊叫：“娘，来客人了。”

一鸣娘见儿子高兴地去迎接客人，就站在门口张望。卢一鸣读小学的妹妹卢二敏拉着娘的手，跟娘站在一起，望着欢蹦乱跳的哥哥。一鸣娘听见儿子卢一鸣兴奋地叫她，也没有多大的反应，年岁不大的她，四十刚出头，看上去却像五十好几。长期的生活和精神压力，扭曲了她的性格，天大高兴的事，她都喜不起来，脸上总是乌云密布。一鸣娘眼神迟钝，呆呆地望着客人进来，不知如何是好，半天才说了句：“你们请坐吧。”

还是卢一鸣的妹妹卢二敏机灵，立即搬出凳子请叔叔们坐下。一鸣娘走到里屋提出一个热水瓶，又吩咐女儿为叔叔们上茶。钟文韬先开口：“一鸣娘，县政府杨县长带我们来给你儿子报喜来了，卢一鸣高考中了全省的文科状元，你养了个好儿子呀。”

卢一鸣听到这个消息，心里非常高兴，他成绩好，心里有底，但山外有山，天外有天，他做梦也没有想与人比高低，全省那么大，自己能荣立状元榜首，实在不敢相信。但校长、局长、县长都向他来报喜，还会有假么？

一鸣娘听到这个喜讯“哇”的一声痛哭起来，眼泪泉涌，杨向荣等人还以为她听到喜讯激动得哭喊流泪，谁知她把眼泪一擦，这个平时神色迟钝的乡下女人，突然打开了话匣子：“您们是咱边城的父母官，是我儿子的老师，我也不怕您们笑话，也不怕儿子说我这个当妈的心狠话毒。俗话说天下父母都望子成龙，盼女成凤，可我就不希望他成龙，也不希望他成虎，只要他重担能挑二百五，能爬山干活就行。说句不中听的话，我真的不希望我儿子能考上什么大学，只要老老实实种地，没有任何幻想杂念，这样他也死心，我心里也踏实。可我儿子他又不争气，偏偏又去中了什么高考状元，这真是往我心里捅了一刀，叫我撕心裂肺的痛。那高级学府，名牌大学，不是咱穷苦人去的地方，我儿子有这个本事，可我这当妈的没那个能耐啊，如今的大学毕业生，那是要花花银子去堆的。有人说要钱没有，要命有一条。可人家不收命啊，要是能收命抵钱，我就是只剩下半条命，我也舍得拿出来换。咱这小村上也有考上大学的，听说一年再节省也要一万多块，可我活了半辈子，还没见过一千块是啥样。一鸣、二敏上小学、中学，是我怕他们成为睁眼文盲瞎，才咬着牙让他们去读的，上大学的事，我压根就没想过，我连吃饭都还想不过来呢。他爹为了挣孩子读小学的学费，上山挖树根卖钱，从悬崖上摔下去，就那么死了，那会儿一鸣10岁，二敏才4岁，他闭上眼睛去了，可就苦了我们孤儿寡母。我一个妇道人家，上山砍柴，下水种田，泥一脚水一脚地撑起这个家，好不容易把儿子拉扯大了，该顶起这个家干活了，怎么舍得让他去上大学呢。儿子啊，你就认命吧，你娘榨不出油了，你就当县长大人和老师们没有给你报喜就是了。县长和老师们也请回吧。再说一句不好听的话，你们不是给我报喜，而是给我报忧，你们这一来啊，我这个苦难的妈，怎么面对苦命的儿子？是我这个没用的穷妈，害了他，他会恨我一辈子……”说到这里，一鸣娘又哭起来。

杨向荣一行人，听到这番话，心里酸楚楚的，眼眶也湿润了，这是一位苦难母亲的真心话，没有任何掩饰之辞，确实也难为这位母亲了。杨向荣郑重地说：“一鸣娘，你就放心，我身为边城父母官，理当爱民如子。为国家培养人才，也是政府的责任。一鸣是你的儿子，可他也是祖国人民的儿子，好男儿志在四方。历史上不是有个岳母刺字吗，你就鼓励儿子去大学里深造，成才报国。至于学费问题，政府会想办法的。在这里我代表政府感谢你为国家培养了一个好儿子。”

一鸣娘一听，激动得“扑通”一声跪在地上。杨向荣急忙伸手将一鸣娘扶起来，说：“不要这样，快起来。”

一鸣娘起来，手足无措，放哪儿也觉得不自然。女儿二敏也感动了，一头扑在她的怀里。一鸣娘抚摸着女儿的头，眼泪掉在女儿的脸上。校长舒大培轻轻地把卢二敏拉到身边问：“小同学，你读几年级啦？”

“五年级，明年小学毕业。”

“好，你明年就报考我们二中，到时候我亲自录取你。”

“谢谢校长。”

“你要向你哥学习，将来像你哥那样，也中个高考状元，怎么样？”

“我会努力的。”

“好，那我们就放心了。”舒大培几句话，把激动紧张的气氛缓和了下来。

杨向荣见话说清楚了，也该走了，就起身告辞。

一鸣娘和儿子、女儿远送杨向荣四人到村外，到没底江源头，杨向荣说什么也不要他们送了。一鸣娘望着远去的他们，深深地叹了口气，在儿子头上轻轻地敲了三下，疼爱地说：“傻儿子，你真有傻命，叫你碰上这么个好县官。想都不敢想的大学梦，有希望了。快，快去你爹坟上磕三个头。”

杨向荣一行人走在同保山脚下，正要过没底江仙人桥时，西国安来了兴趣说：“钟局长、舒校长去同保山的时候讲的都是古代的传说故事，属于稗官野史之列，回去的时候是不是要讲点有证可考的真人真事啊？”

钟文韬立即响应说：“好，话题就从这仙人桥说开去。话说自从美人西施在这没底江岸修建仙人桥和仙人院，从此给同保山带来了文气。西施不仅仅是越王勾践派到吴王夫差身边的卧底，还是一个善通琴棋书画的能人，她的才气在这同保山扎下了根。后来有唐代著名文学家柳宗元在同保山作《武冈铭》刻于此山同保岩洞上。宋代文豪王安石与苏轼论学问时，大赞‘武冈山后有一孤穴，深入数丈……有灵气’。王安石还亲手在同保山响水岩石壁上镌刻——‘砯崖’二字，历经八百多年风雨沧桑，至今仍然刚劲，颇具风采。西施、柳宗元、王安石、苏轼给同保山带来文气之后，这同保山更是人才辈出，单就文人墨客张口就能数出一串串。元代有李道纯，为我国道教承先启后人物，所著甚丰，代表作有《道德会元》；明代有曹一夔和潘应斗，两人均为进士，能诗善文，曹一夔还在同保山建有读书处，成为文学家的摇篮；清代有多产作家邓弥之、邓葆之兄弟，邓氏兄弟乃是清代文坛湘中五士中著述颇丰的两位，其内容乃是研究湖湘文化的宝贵资料；现代有农民歌手钟庭贵，善歌词，尤其是快板书，出口成章，即兴创作力强，独树一帜。当代更是来势凶猛，连出两个作家，一个是同保山后的农民作家钟连城，一个是同保山前的工人作家黄宝佗。这两个作家虽然初出茅庐，却文气冲天，几年时间各自连出几部长篇小说、电视剧本，很有反响。现在又……”

钟文韬说到这里，舒大培忍不住了，心想你们说了半天，也该轮到我说几句了，打断钟文韬的话说：“又出一个什么？又出一个文科状元卢一鸣是不是？”

钟文韬也不与他相争，挥了挥手说：“你说对了，就由你这位校长接着说吧。”

舒大培认真地说：“眼下这个寒门学子，文科状元，只要好好引导培养，我看又是未来文学家的苗子，不可小看啊。”

杨向荣打断他们：“你们讲了这么多的精彩故事，都是在作全方位的铺垫，最后的落脚点还是卢一鸣这样大有发展前途的寒门学子，政府要出面重点扶助培养是不是？”

西国安、钟文韬、舒大培都会心地笑了。钟文韬在笑声中又补了一句：“其实杨县长已在卢一鸣家表了硬态，不需要我们再作什么铺垫陈述，我们只不过偏爱这个学生，多讲点与他有关的话题而已。事实上，不仅只是一个卢一鸣，还有更多的寒门学子考上了重点大学，手捧大学录取通知书却痛哭含恨。去年我校就有五名同学放弃了上大学，忍痛回家种地，校方却无能为力。眼巴巴地望着自己好不容易培养出来的高才生，因经济拮据窘迫而放弃深造的机会，我们这些做教育工作的，实在有点于心不忍呐。”

杨向荣想了想说：“这样吧，你们教育局调查摸底，先制订出一个资助方案，由政府想办法筹集资金来充实助学基金。原则上不能再让一个寒门学子被关在大学校门外。”

“那太好了，有县长如此支持，我这个教育局长就好当了。”钟文韬很兴奋。

不久，清华大学一位副校长在省城招生，特意赶到边城二中考察了卢一鸣这位文科状元，当场拍板录取。卢一鸣接到清华大学的录取通知书，也领到了边城政府的助学资金。在踏上求学之路的时候，全村人都来送他，一鸣娘流着泪对儿子说："孩子，你就放心地去吧，到了京城学府，要努力学习成才，牢记政府培养，将来报效国家。"

卢一鸣一个劲地点头，说不出话来。

卢一鸣挥手告别家人、乡亲，在上路之前，迈着沉重的步伐爬上山头，在曾经为他挖树根挣学费的父亲的坟前，连磕三个响头，告慰父亲在天之灵：儿子今天踏上了京城求学之路，学不成名誓不回山……

8

杨县长解决高考状元上学难的事情很快便在边城传开了。这一天，杨向荣在电脑前打开县长信箱，看到一个署名“多一口”的网民发来的邮件：

杨县长：

不知道您是否确切地理解“报喜不报忧”一词，高考状元理当报喜，可您知道有多少中小学生在危房中上课吗？小桃源古庙小学没有教室在山洞里上课，不知身为边城父母官的杨县长听说这种奇闻又作何感想？

边城网民：多一口

杨向荣简直不敢相信这是真的，中小学校有危房这完全可能，一个学校没有一间教室，成为“山洞”小学，真有此事？杨向荣决定去看个究竟。

第二天，杨向荣带着西国安来到七步石，这是去小桃源的必经之路。西国安停住脚步说：“杨县长，这过七步石、八跨水是有要领的，我先讲七步石。”

“七步石还有典故？说来听听。”

“话说明朝大将吴三桂因冲冠一怒为红颜，打开山海关城门，放清兵入关，清军问鼎中原，夺得天下。后来吴三桂反清，带兵退居衡阳自立为帝。康熙大帝大兵压境，吴三桂向西败走边城，康熙大帝挥兵穷追不舍，吴三桂只好准备再西逃洪江。可边城地形周高中低，吴三桂在边城西界高山峡峪七拐八转，转得分不清东南西北，就是找不到逃往洪江的道路。吴三桂站上马背前后左右张望，看不到出路。于是他下马搬来几块四五百斤重的大石头，一块压一块地往上加到四五丈高，他在马背上纵身一跳，跃上刚垒起的石顶一看，发现山后远处有路通往洪江，只是此山不好过，下有溪水瀑布，上有陡峭岩石。吴三桂正在寻想过山办法，康熙大帝带领追兵赶到。吴三桂慌了，急忙从马背上取下银子撒向追兵。追兵正要哄抢银子，康熙大帝喝令：谁捡银子就地砍头，抓住吴三桂金子重重有赏。追兵们犹豫了一下，吴三桂趁追兵犹豫的时候，拔刀砍死战马，飞脚徒步冲上八跨水，用大刀做支撑跨过八跨水瀑布。可是陡峭悬崖绝壁无法攀登，吴三桂绝望了，他想老子英雄一世，却死在这绝壁上。吴三桂愤怒地举刀砍向绝壁，谁知绝壁上被砍出一个台阶，吴三桂从这砍出的台阶上看到了求生的希望，接着又奋力向上连砍六刀，再砍出六个台阶。吴三桂攀着七个台阶，翻过石山顶，顺溪流猛跑，穿过小桃源，又攀上一座高山，滚下西山坡，找到了通往洪江的道路，甩掉了康熙大帝的追兵，保住了性命。从此，小桃源才有通往大千世界的七步石之路。

“您来看，这七步石是悬崖峭壁，八跨水乃是从小桃源流出的瀑布，高三十米，宽九米。这九米宽的溪水河道中有八块高出水面的岩石，恰好都是一米的间隔。说来也怪，这八块高出水面的岩石，无论上游发多大的山洪，从没有被淹过。水从岩石中间流下三十多米的深山峡峪，就像七彩虹高挂在彩云间。

“正因为八跨水如此雄奇，跨过八跨水必须掌握三个要领。一是石与石之间的跨度是一米，人正常走路时的一般跨步为 0.7 米左右，要用小跳跃步前进。二是要手持木棍或竹竿，插在上游水势较平稳的内侧，起到平衡安全作用。记住，千万不要将木棍竹竿插在下游瀑布水势急流的一侧，否则会出危险。三是眼睛只能向前看，万万不可向下看，因为瀑布发出雷鸣般的轰响，人听不到外界其他的声音，容易紧张，向下看会引发恐慌。必须集中精神，全神贯注地稳步向前跨，才能安全地跨过八跨水。我说的要领记住了没有？”

杨向荣点头说：“我记住了。你在前面带路示范，我在后面学着你的样子走就是了。”

西国安在一个老乡家要了两根竹竿，递给杨县长一根。杨向荣接过竹竿，在地上试了试，看得出这是过往行人专用的竹竿，回来时还得还给老乡。西国安在前面走，杨向荣在后面学着西国安的样子，八步小跳，过了八跨水。西国安高兴地说：“杨县长，刚才我还真为您捏着一把汗呢。平安过来了就好。下面是攀登七步石，要手脚并用，眼向前看，过了这峭壁就好走了。这七步石、八跨水啊，是小桃源唯一的进出口，四周都是高山峡谷，沿这条溪水河边向西行不到一个时辰，就豁然开朗，土地平旷的地方，就是小桃源山庄了。这里的人乐不思蜀，没有过多奢求，唯一希望的就是村里有所学校，让孩子们好好学习，有机会跳过八跨水，攀过七步石，到大千世界去深造成才。可是这个村里只有一个学校，学校仅有的一个教师三进三留，发生过让人欢喜让人忧的故事。这位老师人称飞进山的金凤凰，她就是边城一位县长的女儿。”

“县长的女儿在这世外桃源教书，好啊，大有唐朝文成公主进藏嫁给西藏王的精神，难能可贵啊。”

西国安叹了口气说：“这个故事说来话长啊，我还是从头说起吧。”

二十多年前，小桃源村的村长顺德最头疼的一件事就是村里没学校，儿子华海9岁了还未启蒙，村民的孩子跟华海一样，只会上山砍柴。山村男女老少凑到一起就议论小孩上学的事，都埋怨顺德村长无能，顺德村长也不服气，冲着乡亲们发火：“谁有能耐把老师请来，我替谁洗马桶。”

顺德村长表面上是发乡亲们的火，实际上更多的时候是发自己的火。这大山小村多少代没有学校，一村的睁眼瞎，自己能当上村长，就是因为解放前在这深山古庙里当了两年小和尚，念经识得几个字，破“四旧”后和尚还俗了，连念经识字的地方都没有了。难道咱这荒野小村就该世代瞎下去么？不能！他懂得文化的重要，他多少次找乡长，乡长也无能为力，谁也不愿意到这八步跳七步爬的山野村落来当教师。他决意再次进城去找县长，县长比乡长权力大、办法多。

县政府对于顺德村长来说并不陌生，他曾几次在县府大礼堂参加村长、乡长、县长三级干部会议，也为了山里娃儿上学的事找过这个边城最大的官，还呈送过书面报告，问题就是没有解决。这回他想好了，就是拼上性命，也绝不空手返回。他走进县长办公室，举手“咚咚”敲门，没有反应，又“咚咚咚”连敲几下。

顺德村长正敲着，尹县长散会回办公室，见是顺德村长，立即打着招呼：“喃，是顺德村长呀，又是为娃儿上学的事？先进门请坐。”

“县长大人，明说了吧，这次再不解决教师问题，您就叫人把我的尸体抬回去。”

尹县长见顺德讲得这么蛮横，心里顿生几分不满，但又理解一个乡下人的难处，也就不计较了。转而缓和口气说：“你的报告我已批转给县教育局半年了，怎么还没有结果？这样吧，我带你找教育局长去。”

县教育局局长钟文韬收到县长的批示半年多了，也做了一些工作，见县长亲自查办，立即汇报说：“尹县长，事情是这样的，桃源村开办小学一事，据我们调查，条件还不成熟。第一，没有教室，学生总不能在露天上课吧，课桌板凳就更谈不上了；第二，乡政府已帮助查找过，暂时还没有中学毕业以上的回乡青年做民办老师；第三，公办老师我们已动员过，没有人愿意去，就这样暂缓下来了。”

顺德村长一听急了，还未等尹县长开口，便冲着县长抱怨开了：“我的尹老爷，钟大局长说的三条，其实归根到底只有一条，那就是老师！万事俱备，只欠东风！教室有现成的，石山有古庙，当年我在庙里当童差时听老方丈讲，这庙最先是躲避战乱的地方，后来成为佛门圣地，解放后改作村政府，我把它腾出来，修整一下，足可以开五六个班，你说这教室还成问题么？再说桌子凳子，我们深山老林有的是千年古树，万年石头，是要木头桌子，还是要石头凳子？要多少我和乡亲们就凑多少。废话不说了，一句话，派谁跟我上山教学吧。”

尹县长与钟局长对视了一下，钟局长避开尹县长的目光，两手摊开，肩膀轻轻耸了耸，做了个无可奈何的动作。顺德村长急得直跺脚，猛转身，大声高叫着：“县长大人，局长祖宗，今天我顺德活要见老师的人，死要叫乡亲们见我顺德的尸骨。”

尹县长见一时解决不了问题，抬手看了看表，时候不早了，该吃中午饭了，就对顺德村长说：“这样吧，中午先到我家随便吃点，下午再作打算如何？”

顺德村长听着“打算”两个字，心里舒坦了许多。他坚信，县长大人有打算的事，准能靠得住。可他转而又想，请求办学校好几年了，不也没有结果吗？家去就家去，只要能盯着他，准没错。

尹县长女儿尹竹英跟顺德村长打过招呼后，给顺德村长倒了一杯茶。顺德笑盈盈地从腰间取下烙饼，正准备喝茶吃饼。尹县长上前一手拖顺德上桌，一手指着桌上的饭菜说：“你看，我女儿早把饭菜准备好了，一块吃吧。”

尹竹英也客气地说：“来，一块儿吃吧。”

“不不，你那个饭菜我吃不习惯，还是烙饼啃着自在。”顺德村长推辞说。

尹县长笑了笑，心想治他还不容易，嘴上说：“你不想解决娃儿上学的事啦，要想解决就到桌上来吃。”

这一军把顺德村长将住了，不得不去，只是心里发慌，总觉得屁股底下在晃动，好像随时都有垮下去的危险，筷子是直的，可夹着菜总觉得打弯移位，嘴和牙也像出了毛病，就是吃得别扭。

尹竹英大口地吃，心里直笑。突然，她发现爸爸放下碗筷不吃了，望着自己直发愣，心里奇怪，今天怎么啦？爸爸心里一定有事。

“竹英啊，爸爸决定了一件事，没跟你商量，你不会生爸爸的气吧。”尹县长终于开口了。

尹竹英不知爸爸在说什么，没头没尾的，叫人听不明白，爸爸当县长决定什么事，为什么要跟她竹英商量呢？他决定的事从来就没有跟她商量过。尹竹英望了望爸爸，又看了看低头吃饭的顺德村长，心里猜想，莫非爸爸是讲我个人问题？尹竹英立即又否定了，不会的，爸爸从来不问她个人问题。况且今天爸爸带回来的是一个乡巴佬，那是绝对不可能的。那又是什么呢？她忍不住地问：“爸，到底是什么事，你就说嘛。”

尹县长动情地说：“竹英呀，你眼前这位乡下人，为了山里孩子启蒙受教育，不知往县里跑了多少趟，教育局一直找不到合适的教师人选，你能替爸爸解决这个难题吗？爸爸嘴上说的是决定，实际上爸爸是求你了。”

还未等尹竹英回答，顺德村长先站起来反对说：“不能，不能，绝对不能啊。我们山里人就是再瞎几代，也绝不能叫县老爷您的千金上山去受苦。”

尹县长叹息说：“只有这一个办法了。”

尹竹英也倍感突然，这是从未想过的问题。自己小学在县城，中学进省城，大学上京城，毕业又回县城，在县一中教语文两年多了，要去一个远离县城三四十公里的乡村当启蒙教师，实难想象。瞧着眼前这两个汉子，一个求人若渴，一个无可奈何。不是无可奈何，爸爸是不会求人求到女儿头上的，事情逼到这一步，还容得自己去深思熟虑么？想到这，尹竹英站起来，胸一挺，头一甩，将小辫从胸前甩到后背，爽快地说："爸，村长，你们就别犯难了，为了大山孩子的启蒙，我愿进山去。"

"好吧，今天收拾东西，明天一早就跟顺德村长进山，县一中那边我要钟局长去安排就是了，你就放心去吧。"尹县长去字说得很轻，既有无可奈何花落去之意，也有解决问题的欣慰之感，更有女儿要离去的眷念之情。

让县长的女儿进山，顺德村长虽然有些不情愿，但心里那块压了多年的石头总算落地了，心里默默地祝愿——大山的孩子有希望了。

事情来得太急，但无论怎么急，尹竹英也得跟热恋中的男朋友潘大喜辞行，求得他的理解。

县城古朴而又典雅的街道，夜灯不太明亮，恋人们却还嫌太刺眼。尹竹英和潘大喜相伴走在古城的沿江大道上。这条路对他们来说太熟悉了，一切都依然如故，只是缺了往日的欢笑，一阵沉默后，潘大喜反而安慰地说："阿英啊，你就放心去吧。你爸是县长，什么时候调你回来，不是一句话么？再说，你爸也不是真心要你去，只是为了应急，摆摆样子罢了。我敢打赌，明年的春天，就是你回城的时刻，也是我们结婚大喜的日子。"

尹竹英心里没底，只是机械式地点头，心中空荡荡的，像一只离窝初飞的小鸟，不知前面将是一片什么样的天空……

第二天，顺德村长带着尹竹英踏上了进山的路程。边城向北，一路上的山石树木田野村庄都呈现出春的盎然景象。这山村的春意来得早，浓浓春意令人心旷神怡，摧开了尹竹英心底的开心花，她轻轻地唱着花鼓戏小调：

翻过那个山坡嗬，又过河啰嗬，田园那个到处哟，唱新歌啰嗬……

被这大山的春景熏染而陶醉之下，尹竹英竟忘了山路迢迢的疲惫，脚上打起了血泡却没有发觉。在她爬越最后一个山头——和尚岭时，血泡破裂，脚板火辣辣的，她脱下鞋一看，吓了一大跳，血肉模糊了双脚，精神一下子崩溃，瘫坐在地，半步也挪不动了。

顺德急了，怎么办呢？当然第一想到的是背。但他自问，这办法行吗？她是大家闺秀，县长的千金，那丰满嫩白的胸口贴在我这个乡巴佬的黑背上？不能，绝不能。他又想到了挽着走，妥当吗？窈窕淑女的杨柳细腰贴到一个山野粗人的虎背熊腰上？使不得，使不得。然后他又想到了拉着走，恰当吗？我这锉刀似的村夫粗手，去抓住千金小姐出水芙蓉似的细嫩小手？不合适，完全不合适。最后想到了用棍子牵着走，这个办法倒是可以试试。顺德迅速走进路边树林，捡来一根米把长的栗树棍子，自己握住前头，叫尹竹英抓住后半截，一步一摇地向上攀登。可每向上挪一步就像针扎一样的疼，走出不到 100 米，尹竹英就再也迈不开步了，双腿一软，瘫坐在地上。顺德只好动用他最后的一招了，那就是顺德村长为了应付山中虎狼野兽等紧急情况所规定的特殊号令，以牛角号声为号，山民只要听到号声，男人们都要手持猎枪、兽叉、锄头、扁担、木棍子等武器赶来营救。顺德村长的牛角号一响，顷刻间四面八方的好汉手持家伙，吆喝着向村长涌来，争先恐后地急问村长，猛兽在哪里？顺德村长笑着说："今天没有猛兽。"

好汉们听说没有野兽，这下可不高兴了，嘴巴撅得老高。其中一个青年名叫梁圣天，外号叫黑心鬼，眼明神聚，一眼就发现地上坐着一个青年女子，做着鬼脸取笑说："弟兄们，瞧见了吗，原来是只母老虎啊。"

一句话逗得好汉们哈哈大笑。

顺德村长火冒三丈，厉声责骂："浑蛋，放屁也不挑个地方。"

好汉们被骂得不知所措，顺德村长用手里的木棍指着黑心鬼喝道："蠢猪，还愣着干什么。弟兄们，操家伙，把这位女教师抬上山去！"

顺德村长把尹老师从地上扶起，好汉们七手八脚将猎叉、扁担、木棍从尹竹英身边横架直插、斜插反穿……尹竹英还没明白过来是怎么回事，就被腾空架起。这是他们抬猎兽的惯用方法，头一次用此法抬人，弟兄们格外开心，一边吆喝，一边颠轿似的唱着山歌：

自古猎叉只叉兽啊，如今猎叉它抬人呐。
哎嘿哟嗬它抬人呐……
妹妹坐稳莫要怕呀，哥哥越抬心越宽呐。
哎嘿哟嗬心越宽呐……
妹妹进山做客来呀，哥哥抬轿乐开怀呐。

哎嘿哟嗬乐开怀呐……

好汉们三步一摇，五步一颠，哟嗬喧天地向岭上涌去。

尹竹英坐在“猎轿”上稳若泰山，比坐花轿更有情趣，她忘却了脚上的火辣疼感，被颠轿山歌逗得心花怒放。太阳落山时分，好汉们抬着猎轿，浩浩荡荡拥进了桃源村。

全村的男女老少都涌来看热闹，有的说是仙女下凡，有的说狐仙再世……

顺德村长跨上一个台阶说：“乡亲们，她不是仙女下凡，她是咱大山孩子的启蒙老师，娃儿们从此可以接受启蒙教育了。乡亲们，她不是仙女，可她的心灵比仙女更美!”

雷鸣般的掌声震荡在宁静的山野，山峪传来一声声回响……

顺德村长派人把古庙打扫得干干净净，开学用的课桌、板凳、黑板、粉笔、书本、文具等也准备完毕。尹竹英老师挨家挨户做了学龄调查，从7岁至14岁的孩童65人全部收入第一个启蒙班。

山民们自愿放响鞭炮，敲锣打鼓，庆祝学校开张。山民们望着自家的娃儿背书包跨进学校，流下了激动的泪水。

深山古庙从此传出了琅琅的读书声……

四年后的一天，上课前，尹老师认真思考着：4年前开的第一个班65人，三分之二的人年龄偏大，大的已有十七八岁了，这部分学生读了初小就可以了，算是扫了盲。还有三分之一的学生年龄较小，继续读高小，再去考县中学。前年开班的十多个学生已读二年级，今年一年级新生又有十余人，楼梯式的三个班50多人。四年来，尹老师就这样接力赛似的给三个不同年级的学生上课，重点还是放在毕业班上。上课时间到了，该给小学毕业班上课了。

“同学们，今天上作文课，我首先将上个星期的作文《我的学校》讲解一下，大部分同学都抓住了学校的特点，写得比较生动，少部分同学没有抓住要点，写得支离破碎，甚至还有个别同学跑题。下面，我就将这次作文写得最好的一篇介绍给同学们。这篇作文是华海同学写的，他抓住了学校的风光特点，写出了学生对学校的热爱情怀。但也有一个缺点，那就是转折词用得不当，喜欢用‘而’字，在他以前的作文里也常出现过这样的错误用法。这次我给他打了一个‘而’字批语，我把它写到黑板上：当而也而，不当而也而，而今而后少用而。

“下面，我就将华海同学的这篇作文朗读一下，同学们仔细听，看好在什么地方，‘而’字错用在哪儿——

“我的学校坐落在边城北部七步石南麓，八跨水源头，依山傍水，风景秀丽，嶙峋的石林，千姿百态，是历史的风雨沧桑留下的大自然风貌；学校西门前有个10米见方的深潭，一年四季清泉从潭口滚滚涌出，流向远方，据说深潭无底。很古以前有一个人用48幅绳索接起来，绑上半边石磨放下去，没有试出深度，而后又卷了一车麻绳，绑上石头继续试探，还是没有探出底来，而是他就将这个深潭取名叫“没底潭”。潭泉流经的溪水就叫八跨水。八跨水环绕学校而过，学校四周千年古树茂盛，学校院内中央有两棵水桶般粗的观音树，像一把巨大的伞，花儿像喇叭，雪白洁玉。而其是老师窗前的那棵桂花树，芳香四溢，相传这棵树能驱妖镇邪，正是有这棵树，才保得这宅大院自古平安无事，而愿这棵树也保佑尹老师平安无事，身体健康；学校房屋的建筑堪称一绝，里三层，外三层，高三层，全是用树木建造的，大堂的台柱粗得一个人合抱不了，气势磅礴。学校正门前有座石拱桥横跨八跨水，全是用青石条建造的。从桥至大院道路、围墙、台阶等全是青石板铺成，真是石山特色。学校向北重峦叠嶂，山高林密，幽深雅静。向南小丘陵起伏，土地平旷，豁然开朗，芳草鲜美，落英缤纷，美极了。

“我爱学校，爱同学，更爱老师。我们的老师比西施还美，更可敬可爱。她学问高，知识多，什么问题都能解答。有了她，而有我们大山的学校。有了她，而有我们大山孩子的启蒙。有了她，而有我们大山学子走出山门求知的希望。

“我要在学校里好好学习，茁壮成长，争取门门功课都优秀，而报答老师的培养教育。还有一年，我们就要小学毕业了，我一定努力发起最后的冲刺，以优异的毕业成绩去考县立中学。中学毕业后，回乡接替尹老师教书，让尹老师回城与家人团聚……”

念到最后，尹老师念得很轻，她有点控制不住自己的感情。虽然文中尚有需要纠正之处，但她深深感受到了大山孩子心灵纯真的美。

尹老师极力稳定情绪，让心情平静下来，停了停，大声宣布："同学们，继续上课……"

几个月后，考中学的通知下来了，华海等4名同学考上县一中学；王腊梅等3名同学考上县二中学；成钢等5名同学考上县三中学。23名考生，12名考上中学，全部拿到小学毕业证书。他们是大山第一批小学毕业生，是第一批走出小桃源的中学生。

又十年过去了，尹老师一个人教几个班，终因劳累过度，病倒了。治病期间找到中学毕业的回乡青年王腊梅代课，她也就是尹老师进山第一批启蒙的学生之一。

尹竹英虽然回城治病去了，但心里还是不踏实，倍感度日如年，离开学校的那种空虚感，离开学生的那种寂寞感，始终像魔鬼一样紧缠着她不放。她也终于明白了，城里不是她久留的地方，她的事业在大山村落，她热爱大山孩子的憨厚、纯真。在疾病还未痊愈的时候，她毅然返回耕耘过十几年的石山古庙学校。

尹竹英望着山回路转的羊肠小道，亲切感油然而生，她体会到人只有最后决定留在那个地方的时候，才会倍感亲切。走了十几年的山路，山还是那座山，路还是那条路，年年月月总是那么平凡，今天走来格外新奇，她感觉到自己被大山人的淳朴而憨厚的性格潜移默化地影响了。尹竹英心潮澎湃大步流星地往前走，不知不觉来到了倾注自己十几年心血的大山学校。但她愕然了，一个难以置信而又无可掩饰的现实展现在她的眼前。她耕耘过十几年的学校又成为佛门圣地，教学的课堂变成了菩萨的神位，受启蒙的大山孩子换成了和尚，昔日琅琅读书声改成了诵经唱，召唤学生上课的铃声变成了和尚的撞钟声。她痛心疾首，胸似针扎，顿觉天旋地转，两眼一黑，瘫倒在地……

"善哉善哉，阿弥陀佛，施主可是有病在身？"一群和尚将尹竹英扶起。

尹竹英苏醒了，挣脱和尚的手，怒目射向秃顶，愤怒地骂道："滚开！什么以慈悲为怀，都是骗人的鬼话。"

尹竹英边骂边向村里走去，走到村口的时候，迎面碰上村长，村长首先打着招呼："哟，是尹老师，这大老远的你还来看我们啦。"他满以为尹老师借回城治病的机会，调回县城中学，不会再回山村小学教书了。尹老师也表示过想调回县城教书的念头，有王腊梅代课，尹老师也应该放心回城了。

“我不是来看你们的，我是来教书的。你愣着干什么，我说的是真的，这回呀，既不是我爸求我来的，也不是局长逼我来的，是我自愿请求来的。”尹老师说得很诚恳。

“哎哟，学校都变成和尚庙啦，学生都回家了，你还教谁呀。”

“这事当初你怎么不去阻止？”

“人家有宗教协会的公文，我一个村长，阻止得了吗？”

“你怎么不向乡政府、县政府反映呢？”

“反映过，没人理睬啊。”

“这样吧，你组织人把庙里的课桌、板凳、黑板等物搬到石山岩洞里，能避风雨就做得学府。我和腊梅两人分头通知各家各户孩子上课。”

顺德村长拍着大腿说：“好，这个主意不错，我怎么就没有想到呢。”

停了半年的学校，在山洞里恢复了上课。山腰的琅琅读书声与山下虔诚的诵经声交相辉映，把群山闹沸腾了……

“杨县长，我这个故事算是讲完了。看得出你听得激动又气愤。”

“是啊，这恐怕是世界上第一个没有教室，只有一个教师的学校，我这个父母官羞愧啊。”

“杨县长，我可以断定，顺德村长见到你这个当今的县长，说的第一件事一定是修建学校的事，尹老师最想说的话也绝对是学生的教室问题。”

“是啊，穷什么不能穷教育，苦什么也不能苦孩子呀。”

杨向荣和西国安一路走一路说着话，不知不觉来到了桃源村。顺德村长一见西国安，就笑着说：“我说7（希）6（啦）3（咪），你来也不打个招呼，我正要赶到县里去，县里不是发了通知嘛，要求把乡亲们最想说的话，最想做的事报告给县政府。听说来了位新县长，我得找他说说去。”

说到这里，顺德把目光移向杨向荣，皱着眉头说：“这位是……”

“我来介绍一下，这位就是你要找的杨县长。你呀，用不着去县政府了，县长亲自找上门来了。”

“哎呀，失敬失敬，我去县上找您不就行了吗，哪能劳驾您往山里跑呢，尤其是过七步石、八跨水多危险呐。啥也别说了，到村部去，我叫村民上山打点野味，城里难得有这口福。”

“不，先不急于去村部，我想先去看看山洞里的学校。”

“怎么？7（希）6（啦）3（咪）都告诉您啦？好，既然您县长亲自来了，去看看也好，免得我嘴笨，半天说不清楚。说句心里话，我顺德村长这辈子最大的遗憾就是没把学校建好，死不瞑目啊。”

杨向荣来到设在山洞里的学校，看到阶梯式的三个班，一个老师分别上课，流下了痛心的泪水。教师尹竹英激动地说：“杨县长，孩子是祖国的花朵，是祖国的未来和希望，不能苦了孩子呀！”

杨向荣眼睛湿润地说：“乡亲们，老师、孩子们，你们放心，我杨县长就是把县衙门卖了，也要把你们山村的学校建起来……”

杨向荣心情沉重地回到县政府，找到教育局钟文韬局长说：“钟局长只报喜不报忧啊，你们教育局只抓高考升学率，眼睛盯在高考状元升学上，不抓基础教育。全县有多少像小桃源古庙小学那样没有教室，挤在山洞上课？又有多少小学生、中学生在危房中上课，你们知道吗？”

钟文韬苦笑着回答说：“杨县长，你批评得对。可是我们教育局也是没有办法，我当了二十多年的教育局长，又何尝不想让我的学生在宽敞明亮的教室里上课啊。我也知道小学危房太多，可县里不给钱，只好发挥我们教师的灵魂智慧，狠抓教学质量，提高升学率，这叫硬件差了软件补啊。”

杨向荣摆了摆手说：“不要强调客观了，你全面调查清楚，有多少教室是危房，消灭危房需要多少建设资金，由你们教育局牵头拿出实打实的方案来。”

“有县长的支持，我这个穷局长就放心了。”钟文韬苦笑着说。

9

杨向荣奉行以民为本，为民办事的为官之道。在边城企业、街道、学校做了深入的调查，他认为边城是个农业大县，工业企业在边城不是支柱产业，下一步要考虑的农民问题是边城最大的问题，杨向荣决定先走出衙门，深入到农家去求田问舍，农家兄弟会告诉他这个父母官想要的答案。杨向荣决心踏遍边城这块土地，他想，还是不能兴师动众，前呼后拥地去，否则，一来得不到真实情况，二来劳民伤财，增添农民负担。特别是不能跟县委顾书记的队伍一起下去，顾书记会带他走马观花地看几处事先准备好的典型，然后发表几点可能不着边际的所谓指示，结果真实情况一点也没有得到，无功而返。杨向荣还是想带着西国安，认定他是个好向导。西国安在边城干了有些年头，不但熟悉这里的地理环境，也了解边城的历史沿革，更熟悉这里的风土民情，对事物也还有些见地。想到这儿，杨向荣又把西国安叫过来。西国安踏进办公室，杨向荣笑脸相迎。

县政府办公室主任邓明宽见杨县长如此善待西国安，心里油然而生一团嫉妒怒火。这几年他邓明宽是这边城里独一无二的大管家，除了县委书记顾武生，这衙门里就数他最威风，县长换了几届，可他担任县委、县政府两办主任于一身，始终稳坐钓鱼台，没人敢动他。杨向荣一来，竟没有把他邓明宽放在眼里，而跟自己手下的西国安打得火热，真是狗眼看人低。“有你好看的时候。”邓明宽从牙缝里挤出这么一句。邓明宽名字取得很好听，明亮宽广。但是他的性格与他的名字很不相称，甚至完全是反意，他最小肚鸡肠，看不得别人的进步。西国安在他手下工作多年，他最恨西国安，因为西国安比他更有真才实学。杨向荣一到，他也看出来了，杨向荣不喜欢他这种类型的人，倒是西国安很对杨向荣的胃口，自然也就更恨西国安几分。

西国安一进门，杨向荣就笑着说："你不是告诉我出衙门进农门，问问边城百姓想干什么吗？今天我再请你当向导，领道开路去农家求田问舍。"

这一天，县长杨向荣与秘书西国安正前往威尼村考察时，西国安接到县委顾书记的电话，要杨向荣立即回县委开会，他们也只好先调头回去，再做打算。杨向荣一到县政府，立即去了县委小会议室。人大常委会主任陶大成、政协主席竺臻武、副书记兼纪委书记卢仙丹、副县长侯继书、组织部长黎云山、两办主任邓明宽等人都在座。县委顾书记见杨向荣进来，笑盈盈地迎上前说："就等你了，你是唱主角的，你不来，这戏我还真不知该怎么唱咧。"

会开了好大一阵，顾武生并没有提出什么重要议题需要边城高层领导讨论研究，只是对机关里的一些日常工作，作了简要的总结。杨向荣心里很生气，这等问题用不着召开专题会，更没有必要把他从考察前线紧急召回，浪费他宝贵的时间。杨向荣想找机会摆脱这没有明确结果而又很无聊会议的纠缠，便说："顾书记对日常工作都如此重视，可见对重大工作的用心了。我初来乍到，工作还未理出头绪来，正在摸底考察，了解第一手资料，今天我还无从谈起，请见谅。不过，我正在酝酿思考，考察结束后我一定写出调查报告，认真地向各位汇报，今天就请允许我先告辞。"

顾武生见杨向荣要离开，也就打圆场说："我们都想听听你的重头戏呢。既然是这样，那就改日吧，今天先散会。"

其实顾武生并不想召开这样没有实际意义的会议，也无心真正解决什么问题，只是不想让杨向荣在下面了解得太多。他知道边城存在很多问题，而且有些问题乃是天王老子都难以解决的，能够维持就是上策，他不想有什么风波，让自己这个当家的书记为难。所以用开会这个小法子把杨向荣召回，希望杨向荣走马观花地走上半圈之后见好就收。可杨向荣心眼实，计划好的事，就得有结果，事情才开始，又怎能半途而废？不了解清楚，又怎能正确决策？杨向荣第二天再度叫上西国安完成他的考察之行。

西国安一边开车，一边向杨向荣建议说："杨县长，这回出去，我有个建议。"

"你说吧。"

“我们这次出去以旅游为主，当一回看客如何？”

“为什么？”

“您走了这么多天了，心里基本也有个印象。再说，县政府也发了通知，叫他们把最想说的话，最想做的事报上来，他们自然会报，到时候我也会给您归类整理清楚的。我想让您当一回旅游看客，也自有我的道理。边城还真是藏在深闺无人知的大家闺秀咧，一旦向世人公开，我敢断言，边城就会迅速成为一块响当当的旅游品牌。当然还需要开发和保护，边城虽然历史名胜为数众多，但大都遭受严重的破坏，修复工作也要及时跟上去。再加上交通不便，才慢慢成为被人遗忘的角落。”

“那你说说，边城主要的旅游特色有哪些？”

“先说边城县衙门吧。衙门府明朝时乃是皇亲国戚的藩王府，朱元璋封他的第18个儿子朱楩为岷王，辗转甘肃、云南，于1425年来到边城，始建岷王宫。闯王打进北京城，崇祯皇帝吊死在紫禁城外的歪脖树上，永明王朱由榔在肇庆继位称帝，带领逃亡小朝廷移跸武冈，立都边城岷王府。现在的衙门府就是当年南明永历帝的皇宫，号称奉天府，边城因此也叫皇城。清朝诗人车万期写《岷王故宫》诗曰：

至今谁赋《黍离》诗，独自黄鹂唤一枝。

如梦山河犹未改，铜驼应亦悔迁移。

“边城的城墙也是世上最好的，全部由大青石条垒成，历史上有这样的美称：宝庆石狮，武冈塔，边城城墙甲天下。只可惜古城墙年久倒塌失修，现只有宋代建造的一段和东西南北四大城门城墙尚存了。南门是四大城门中唯一有城楼亭阁之门，史称济川门，意思是济水和渠水两河流穿城而过，将古城分割成川字形条块，乃称川城，有川城南门之意，所以叫济川门，俗称老南门。南门城楼亭阁有个美丽动听的名字，叫‘宣风雪霁’。这美名为宋朝皇帝宋理宗赵昀亲手所题，并制匾悬楼。唐代诗人王昌龄咏《宣风雪霁》诗曰：

危楼振立朔风横，四面寒光冷雉城。

升旭欲移丹阙影，玉光未倒翠先迎。

“再说边城东门外的斜花塔，那可是世界上最早的斜塔，始建于宋元丰元年（1078年），为阁楼式砖石结构，高30.5米，检测斜度为6.22度，较之举世闻名的意大利比萨斜塔（始建于1173年，倾斜5.45度）还要早建近百年，超出其斜度0.77度，可称为世界第一斜塔。”

“那我可要去好好看看。”

“可惜啊，您是见不着了。”

“倒了？”

“不是因为倾斜而垮塌的，是您前几任的一个姓赵的县长为了破‘四旧’，下令用炸药炸倒的，这文明的绝世建筑文化遗产，却毁在那极不文明的野蛮县官手上，痛心啊。”

“这个县长也太糊涂啦。”

“对，边城人都叫他赵糊涂，没一个不骂他的。”

“听你这么一说，我倒产生了重新修复的想法。”

“这么说有个预言家的预言就要实现了。”

“还有人对边城斜塔有过预言吗？”

“是啊，当时斜塔被炸倒后，就有一个叫萧体焕的边城籍文化名人，叹息之余写了《斜塔涅槃吟》诗一首：

紫光烈焰玉塔去，瑰宝千年瓦砾墟。
鼎足三秀失匹配，都梁河山长欷歔。
愤上云台觅舍利，书投比萨葬焚宇。
塔影涅槃香魂怨，斜芳长思尤大毒。

“诗人用涅槃来预言斜塔在烈焰舍利之后，必定求得新生，总有一天还会有贤君能人去恢复它。没想到诗人盼望的贤君能人乃是您这个县长大人，我先替边城人民谢谢县长了。”

“这都是我应该做的，等考察完后，也许我会拿出一个恢复斜塔的可行性方案来。”

“那好，那好，我就带路叫您多看几处。前面就是云雾山，海拔1372米，是边城最高的山，以其云雾壮观著称，也因此而得名。南宋高宗皇帝赵构御驾云雾山时，御笔写下‘云山七十一峰烟云变幻’。宋代著名诗人陈与义游览云雾山吟诗赞美：

崒嵂奇峰万叠横，山花开后暖风轻。

楚天曙色平分处，一带烟光画不成。

“相传此山为观音菩萨的座基山。山上庙里的香火最旺，菩萨最灵，烧香拜佛的人最多，乃是中国72佛地之一。”

“这样的迷信你也信吗？”

“信不信，反正边城人都是这么传说的。这就类似于世界上有没有鬼，至今没有人真正见到鬼是什么模样，所以鬼最好画，只要画出的是世界上没有人见过的东西就是鬼，没有一个人说哪位画的鬼不像鬼的。这就导致了信鬼的人说鬼，不信鬼的人也说鬼话。这菩萨也与鬼一样，信则有，不信则无。”

“西国安，你这话是幽默还是哲理？”

“信鬼的人则认为有哲理，不信鬼的人就当是风趣幽默，也许哲理、幽默两者皆有之，也许两者都没有。就像人说了鬼话，鬼话是什么样的，结果谁都不知道了。”

两人正说着，小车停在了半山庙，前面没有车道了。西国安拔下小车钥匙说：“杨县长请下车吧，下面就要靠我们的两条腿往上爬了。”

杨向荣下车抬头望去，只见云雾升腾，松涛轰鸣，峡峪险峻，百鸟争鸣，鹰击长空，一排大雁飞在头顶，排成了“人”字。山下是微微溪水流，济济苍生河，白帆轻舟绕过万重山。这壮观景象，真令人叫绝。杨向荣顿觉心旷神怡，想起省城的灯红酒绿，再看眼前的迷人景色，自有另一番天地，还是大自然雄伟神奇。西国安见杨向荣心情欢畅，高兴地上前用手划了个半圆说：“怎么样，这美景叫人流连忘返吧。您往上看，从这儿出发，这山弯一弯高一弯，十八层十八弯，俗称十八茅弯。湖北歌手李琼在春节联欢晚会上唱的《山路十八弯》，要我理解就是唱的咱云雾山的十八茅弯。”

“她唱的可是土家族的十八弯。”

“可咱这云雾山里啊，不但居住着土家族，还有苗族、回族、维吾尔族呢。边城也是一个多民族的地方。”

两人正说着，山道上一块大石碑映入了杨向荣的眼帘，碑上刻着“秦人古道”四个字，杨向荣驻足前后左右都瞧了一遍，除了秦人古道四个字外，再没有其他文字。杨向荣想问，西国安却有意卖了个关子说：“我知道你想问秦人古道那四个字的缘由，这里面有着精彩的历史故事，暂且按下不说，继续向前走，到了前面那个茅弯，看到另一块同样的石碑，你自然就明白了。”

杨向荣也就不再多问，随西国安继续向上行进，果然又发现了一块同样形状的石碑。杨向荣走近一看，除了“逃盾将军”四个字外，也没有其他文字。杨向荣在心里想，刚才西国安说看到这块碑，秦人古道碑的意思自然就明白了，可看了半天，杨向荣仍然不明其意。西国安笑了笑说：“杨县长，这两块石碑八个字，记载的是同一个故事，纪念的是不同的两对人物。第一块石碑是为秦朝的卢生和侯生而立的，第二块碑是为追赶缉拿卢、侯二生的陶、邓两位将军而立的，这两块石碑记载了中国历史上一段荒唐的故事。秦始皇统一天下后，萌生了长生不老的念头，准派卢生、侯生、石生、韩终等人入海寻炼长生不老仙丹。卢、侯两生心里明白，世上不可能有真正的长生不老仙药，趁秦始皇盼仙丹心切的时候，连夜逃跑。秦始皇得知卢、侯两生逃跑，立即派遣陶、邓两位将军带兵从京都咸阳出发缉拿，两位将军一直追到边城云雾山，才将卢、侯两生抓获。卢、侯两生知道自己回去死罪难逃，为了活命，就向陶、邓两位将军做起了策反工作。卢、侯两生说：‘二位将军，你们抓到我们卢、侯两生，回朝自然可以领功行赏。但是你们想过没有，按秦国王法，你们抓获我等的期限早就超期了，秦始皇恐怕要派出军队抓你们陶、邓将军回去伏法了。也就是说我卢、侯二生和你们陶、邓将军以及二位将军的士兵们都要回去送死，与其回去都送死，倒不如我等在这山高皇帝远的山沟里苟且偷生如何？’

“陶、邓两位将军一听，有道理，好死不如赖活着，何处山水不养人呢？于是卢、侯二生，陶、邓将军带领他们的士兵，就在这云雾山里隐居，过着自耕自足的生活，永不复出。秦始皇一气之下烧毁儒生书籍，坑杀儒生460余人，史称‘焚书坑儒’。这云雾山里居住的回族、维吾尔等民族，就是当年陶、邓将军和卢、侯二生等人的后代。卢、侯二生和陶、邓将军的后人为了纪念祖先，立了两块石碑。立碑时又恐世人耻笑，因为他们的祖先是逃遁到这里避难的，所以就立了两块不敢说明缘由的石碑。

卢生、侯生的后代立的是‘秦人古道’石碑，意思是秦人卢、侯两生力求生存之道到此隐居。陶、邓两将军的后代立的是‘逃盾将军’石碑，意思是他们的祖先是为逃避秦王暴政而逃遁至此隐居的，‘逃盾’二字又恰好是‘陶邓’两字的谐音，可谓用心良苦。明朝诗人刘春莱写有《将军石》诗吟一首：

秦坑何忽毒斯文，使者犹怜共白云。
不特三生增胜景，至今同说两将军。

“故事说到这里，我倒是想建议，在‘秦人古道’和‘逃盾将军’两块石碑旁边，再各立一块文字碑，把那两块石碑后面的故事刻写上去，让游人一目了然，好记易传。”

杨向荣赞同地说：“嗯，这倒是可以考虑。”

两人继续前行，来到了佛地，就是72佛尊第69福地。西国安指着香火旺盛的殿堂说：“您看，天上有云雾，殿堂有香火烟雾，云烟交加分不清是云雾还是烟雾。我说过这山是观音菩萨的座基山，这殿堂正中就是观音菩萨的尊位，四周摆设的乃是各路神仙之位，秦人卢生、侯生，陶、邓将军也在侧厢有一席之位，虽不是神灵正宗，可烧香拜佛，但求平安的人最多，有人说比观音菩萨还灵。当然此类话只有那些虔诚信徒才信，您堂堂县长大人当然不会去信崇，我也少费苦海无边的口舌，咱们往前走便是。”

“前面还有什么精彩的地方?”

“前面就是宝顶了，到了宝顶您就会有一览众山小的感觉了。”

杨向荣、西国安站在宝顶放眼远望，云雾在脚下漂游，变幻莫测，一会儿迷雾重重，什么也看不见。一会儿飘逸，仿佛自己腾云驾雾，在天空中翱翔，直想到天庭开开眼界。一会儿云开雾散，万里碧空，辽阔无边，群山叠翠，一览无遗。西国安趁云开雾散的当儿，向南一指说：“南山坡险峻陡峭，无路可行，乃是一片原始森林，野兽千只，树木万种。但有两棵树最引人关注，离宝顶最近的那个山头，顶上有两棵最高最大的松树格外显眼。奇怪的是这两棵树不同时茂盛，去年左边的那棵树枝繁叶茂，生机勃勃，而右边的树则枝干叶枯，形同一棵死树；今年右边的那棵枝繁叶茂，左边的那棵则枝干叶黄。就这么年复一年交替着死去活来，人们称它们为阴阳树。这种现象究竟从什么时候开始的，没有人说得准。云山寺庙里的一个方丈，说了这样一个佛界故事。

“公元875年，唐末农民起义领袖黄巢在家乡曹州起义，起义那天他要杀生祭刀，只要见到有生命的就杀，杀一天血祭。黄巢有个生死之交的和尚好友，黄巢前一天就告诉他，要他第二天躲起来，不要被自己看见，免得成为祭刀之鬼。这个和尚仁慈大悲，连夜通知寺庙里的大小和尚以及当地民众逃命，躲到安全的地方去，自己则躲在寺庙前的一棵枯树的大树洞里。第二天黄巢起义祭刀时，见不到一个人，连牲畜都藏到山洞里去了，黄巢只好砍一棵树祭刀，恰好一刀砍断和尚藏匿的那棵树，结果和尚的人头连同大树一同被砍断了。和尚死后到阴间就向坐在云雾山上的观音菩萨告状，说黄巢在起义的前一天告诉他躲起来，不杀他的，结果黄巢言而无信，还是把他砍头杀生祭刀。后来黄巢起义失败而亡，被观音菩萨召去问罪。黄巢不服，说他只是要和尚躲起来，可和尚通知所有的人都躲起来了，害得他祭刀不成，只好砍树祭刀。哪知道和尚躲在树洞里，此乃误伤，并非他黄巢言而无信。相反要求观音菩萨治和尚通风报信之罪，要不然他黄巢起义祭刀顺利，就会得天下。观音菩萨一听，两人说得都有理，就来了个折中处理。说暂且把你们两人都化做大树，一树死，一树活，来年再翻过来，一树活，一树死。等800年后黄巢转世再打江山，然后和尚再从黄巢的手里夺过江山也坐天下，这样你们两个就扯平了。

“其实阴阳树的变化是一种奇特的自然现象，只是佛门弟子善用神话装点。但是从旅游的角度看，在自然景观上面点缀些神话色彩，倒也未免不可。”

杨向荣听得有趣，就笑了笑说：“云雾山还有什么好看好听的故事么?”

西国安回答说：“好看的景点还有几处，传说的故事也不少，只是一时看不了，讲不完。我们就不再走马观花了，天色也不早了，还是早点下山为好。”

“那好吧，咱们打道回府。”

两人在落日晚霞的时分回到了半山庙停车的地方。山区晚霞的落雾轻轻飘荡，远处农家炊烟袅袅，山下溪水奔流，轻舟荡悠，归鸟低飞，山乡的傍晚别有一番景象。杨向荣心潮澎湃，用手指点着说：“西国安，你看这山水景象是不是有唐代诗人王勃笔下的‘落霞与孤鹜齐飞，秋水共长天一色’的味道？”

“还真有点像。您再回头看看‘山气日夕佳，飞鸟相与还’的晚霞山景图，简直就如同唐代诗人王维《终南山》诗中所写——‘白云回望合，青霭入看无。分野中峰变，阴晴众壑殊’。”

“是啊，诗人就是有眼力。”

“杨县长，时间不早了，这晚霞落日的小景图虽然美，还是比不上铜鹅的引诱啊。”

“是啊，是该走了，再不走，可真的就要到了‘明月松间照，清泉石上流’的时候了，咱们不是公子王孙，自然不可留，走，开车下山。”

西国安发动了车，开亮了前灯，两道灯光向下不断地变换着亮光方位。远远望去，就像两个火球在孤山野林中飘荡，时隐时现。西国安把车停到了山下山前村一个养殖铜鹅的专业户院落。杨向荣下车一看，“绿树村边合，青山郭外斜”，月光下山村的夜晚真美！

西国安还在山上的时候，就给养鹅大王王少雄打了电话，要王少雄准备铜鹅宴，分量要少，品种要多，要给贵客一个惊喜。王少雄早就把铜鹅宴准备好了，只等客人一到，立即就开席。西国安把车一停，王少雄就迎上前去。西国安跳下车介绍说：“王大爷，我来介绍一下，这位就是县政府新来的杨县长，是贵客吧？”

“是贵客，是贵客。我说怎么一大清早左眼睛就腾腾跳，房顶上喜鹊喳喳叫，原来还真是大贵客驾到，欢迎，请进。”王少雄一边与杨县长握手，一边打着手势指着方向，请杨县长前行。王少雄把杨向荣、西国安带到一间挂有“人民公社”牌子的包厢，全是用农家的竹子、红藤、杉木板材料装修的，虽不是很典雅，却也很整洁得体，有农家乐的感觉。席上人不多，村长王大水、支书方大贵在座等候。王少雄一看五个人都齐了，就以主人的口气说：“今天县长大驾光临，蓬荜生辉。按照7（希）6（啦）3（咪）的吩咐，摆了这么一桌全鹅席，除了铜鹅没有第二样菜，不知是否合县长的胃口。山村的米酒不醉人，还请村长、支书陪好各位。”

杨向荣在王少雄的盛情之下，满满地喝了一大口米酒，酒力不大，倒也醇香。又吃了两口鹅肉，肯定地说："嗯，这鹅肉别有一番风味，不愧是皇上的贡品。"

村长王大水说："杨县长，王少雄是我兄长，别的我不敢吹他，可就这铜鹅的文章，我敢说在这边城里，就属他做得最好。简单的一只鹅，在他手上随便这么一整，整出了十几样菜。从花样上说，有鹅掌、鹅翅、鹅颈、鹅头、鹅舌、鹅肉、鹅杂，从品味上数，有清炖、红烧、粉蒸、卤味……我一时也数不出来，尤其是粉蒸鹅肉，那可是王少雄的一绝。无论是进云雾山旅游观光，还是烧香拜佛的人，都要到这铜鹅餐馆里，点上一份粉蒸鹅肉。不信您尝尝。"

杨向荣听村长王大水这么一介绍，忍不住夹了一块粉蒸鹅肉，放在嘴里慢慢品尝，果然叫绝。"咸淡、配料、火候、调味都恰到好处，落口消溶。我还真的是第一次吃到这么有滋味的粉蒸鹅肉。"

说到这里，村长把筷子放下了，叹了口气说："杨县长，今天是我们第一次见面，而且还是在我这山村里。县政府不是发了通知，要我们说最想说的话吗？我也不知您爱听不爱听，反正我早就想说了，今天我就竹筒倒黄豆——全抖落。方支书，咱俩一个心眼，你嘴巴比我利索，你来替我说，你说的就是我要说的。"

方支书也不推辞，端起酒杯就说："杨县长，7（希）6（啦）3(咪)，我敬你们一杯酒，干了这杯酒我就说。"

杨向荣、西国安不客气，端起酒杯，一仰脖子，杯空底朝天。支书方大贵放下酒杯，叉开五指说："杨县长，咱山村人见识短，说错了别见笑。村长，你说，我从哪儿说起最好？"

王大水村长指着席上鹅肉说："咱们吃着鹅肉，就从鹅说起。"

"好，村长点得好，我就从鹅开始讲起，这铜鹅肉好吃，大家都吃出味儿来了，暂且不说。从前，进贡给皇上吃，这话题咱也不提了。就说养鹅专业户吧。在割资本主义尾巴时，上面有规定，不能养资本主义的铜鹅。老支书为了保存铜鹅种子，冒着风险，批准每家每户只养三只，好不容易把铜鹅种苗保存下来了。到了改革开放的年代，老支书年老退下，把支书担子交给我时，拉着我的手说：我把铜鹅种苗总算保存下来了，中央说再也不割资本主义尾巴了，你就带头大力发展新时代开放搞活的铜鹅，或许能闯出一条什么路子来。我听了老支书的话，号召全村人都养铜鹅，有几户还真成了养殖专业户。王少雄就是边城闻名遐迩的养鹅大王，可是鹅养多了，销售就成问题了。一是交通不便运不出去，二是运出去找不到销路。后来我们村上就想了个办法，开办了一个铜鹅罐头加工厂，把养殖户的铜鹅收上来，加工成铜鹅罐头，做成卤味运出去，生意红火了一阵。可问题又来了，如今食品讲究质量，还有卫生法，说咱这产品达不到卫生标准，被边城质量监督局查封了。找不到出路的养殖户也不养了。王少雄虽然还养了一些，可也只供这路边的铜鹅餐馆之用，生意也还算红火，发了点小财。可总不能全村人都去开餐馆吧，哪有那么多的人来吃啊。我和村长想，要全村人富起来，最好的办法就是多发展铜鹅养殖专业户，恢复铜鹅加工厂，请县里帮助我们找抓质量，派技术人员指导我们达到卫生标准和技术质量标准。一句话，把城里人的要求告诉咱山里人，咱山里人知错就改，按照城里人的要求去做。杨县长，这个忙，您可要帮啊。”

杨向荣听得心里激动，大有感慨地说：“王村长、方支书，你们的心情我完全理解，你们的话句句实在，我杨向荣记在心里了。”

“那就好。我们代表村上，最想说的话，最想做的事都在这酒桌上说了，就不要我们再用文字上书报告了吧。”方支书有点试探性地说。

杨向荣笑了笑说：“放心，不用了，西国安记录好了，回头我给你们答复。”

话说完了，饭也吃好了，杨向荣提出要埋单，王少雄说：“不用埋单，今天我鹅大王请客了。”

杨向荣坚持说：“那不行，县长也不能坏了生意场上的规矩。”

王村长解围说：“你们都不要争了，这顿村上请，大哥你就记在村里账上，年终结算就是了。”

西国安说话了：“你们谁也别说了，还是老规矩，记县政府的账，我签字。”

杨向荣听到记县政府的账，脑海里打了个问号，不解地问：“怎么？边城人做生意都记账不付钱，签字不埋单？”

西国安笑了笑，解释说：“杨县长，说来话长了。边城乃铜鹅之乡，王少雄又是铜鹅大王，来边城的人都要到这馆里品尝美味，县政府的人也常来，在这里已签下近百万元了。”

杨向荣转身又问王少雄：“王大爷，您去县政府结过账吗?”

“结过，他们总是今天拖明天，明天拖后天，一拖就是好几年呐。县政府不是有通知，叫咱老百姓说最想说的话吗，我想说的就是，请杨县长帮忙，要县政府把这近百万签单结了吧。”

杨向荣听了心里很不是滋味，没想到一餐饭吃出这么多问题来，心情沉重地说：“王大爷这顿饭钱我来出，您把签单清理一下，列出详细的欠款清单，写个报告，到县政府去找我，我想办法给您落实解决。”

“那感谢了，我给县长磕头了。”王少雄心眼实，说着真要下地磕头，被杨向荣一把拉住。杨向荣心里很乱，一时不知从何说起，强打精神说：“好吧，你们反映的问题，县政府尽快解决。今天时间不早了，我们先赶路回县城。”

“县长公务在身，小村不敢久留，那就请上车吧。”王大水村长不好意思地说。

杨向荣、西国安告别山村，小车在夜色中慢慢地向县城前进。小车行进到独山乡时，发现大路上有好几百人，在月光下缓慢地向前移动步子。西国安鸣了几声喇叭，前面的人只当没听见，头也不回地继续向前缓行。杨向荣不解地问西国安：“边城的人不愿给车让道?”

西国安干脆把小车熄火停到路边，拉上手刹，回头对杨向荣说：“杨县长，这又是边城的一大特色，说来话长了。”

“怎么，又有故事?”

“这是边城的一大民俗，叫夜间婚礼。前面的人群都是迎娶的队伍，迎亲的队伍是不让道的，按民俗是行人车马给迎亲的队伍让道，所以我们停在路边，等他们走完了，我们才能开车过去。也就是说，是我们给他们让道，而不是他们给我们让道。”

“迎亲队伍为什么要在夜间迎亲呢?”

“这和夜间婚礼习俗有关。自从明高祖朱元璋封他的第18个儿子朱楩为边城岷王后，边城人就生活在水深火热之中。朱王只要发现哪家迎亲新娘，他就要强行霸占第一晚，叫做大王行使初夜权，历代朱王都是这样荒淫无度的花花太岁。有一天，朱王在城里闲得无聊，就想到乡里去开心，走到一个叫烂木桥的村子里，发现烂木桥头一穷人家门口贴上新婚喜字，新娘婚妆刚就绪，朱王一眼瞧见新娘天姿国色，就派官军包围了新娘的洞房，威逼强行霸占了初夜权。可是因为这新娘太漂亮，朱王霸占初夜权还不够，三天两头往新娘洞房里钻。新娘新郎惧怕朱王淫威，忍气吞声不敢反抗。朱王一次行完好事后，兴高采烈地返回王府时，瞧见‘烂木桥’三个字觉得不顺眼，如此安乐的地方怎能叫烂木桥呢？立即叫人请来石匠，在新娘洞房门前的桥头打掉烂木桥石碑，又重立了一块新碑，碑上刻上‘安乐桥’三个字。从此后边城百姓再不敢在白天举行婚礼，为了躲避朱王爷的初夜蹂躏，不得已在夜间不声不响地迎亲，不放鞭炮，不吹拉弹唱。久而久之，就形成了夜间婚礼的习俗，一直流传到今。”

“如果是这样的习俗，那就要改。回到县政府请你把夜间婚礼的由来写出来，再说明白天举行婚礼的好处。由宣传部下发到各乡镇村寨，宣传移风易俗，新时代新婚礼，夜间婚礼的习俗应该一去不复返了！”

10

杨向荣回到县府，酝酿着发展方略，他认为交通方便和政策开放乃是客观环境，而人为的环境有时比客观环境更重要。让杨向荣没有想到的是，边城有一个庞大的黑势力堡垒，控制着边城的各行各业，署名“多一口”的网民再次发来了电子邮件。

杨县长：

黑势力横行，不知政府管不管？黑势力就在您这个父母官的眼皮子底下，难道您真的视而不见？

边城网民：多一口

杨向荣看过后，问秘书西国安：“有一个网民说黑势力猖獗，问政府管不管。你对边城的土匪、黑势力究竟了解多少？”

西国安回答说：“我不敢说百分之百知道，只能说略知一二，记得您去梁山界视察时，老村长梁三棍说土匪横行乡里，那是明匪，而城镇里的土匪则是暗匪，也就是人们常说的黑势力。城镇里的黑势力比横行乡里的明匪更危险、更可怕。”

“那你说说，怎么个危险可怕？”

“关系复杂，黑势力与部分政府官员有着千丝万缕的关系，叫人很难区分黑红之间的界限，百姓受苦，政府也逐渐失去权威和民心。边城如果再不消灭土匪，镇压黑势力，恐怕人们又要起义了。”

“没那么悬乎吧？”

“官逼民反，匪暴民起嘛。边城地方虽然小，反抗起义可是有传统，有史可考的大大小小就有几十起，几乎每个朝代都有。”

“边城有过农民起义的历史？我倒想听听。”

“东汉孝桓帝元嘉元年（151 年）七月，边城儒林武陵人詹山领导汉、苗、瑶等多族人民四千余人在绝世美人西施隐居的儒林武陵乡都梁山上，联合举行起义，桓帝派窦应明为统帅，率领官军镇压起义，起义失败了。官军统帅窦应明为了向桓帝报功，画了一张都梁地图呈上，桓帝看了周高中低小盆地丘陵的南蛮之地，提笔在窦应明画的地图上标有儒林武陵的地方，将武陵二字改写成‘武冈’。武者武力，官军武力强盛而胜；冈者低而平之山脊，乃官军武力征服之山冈也。从此，官府就把儒林武陵乡的都梁山更名为武冈山，而百姓们为了让后人记住他们的反抗精神，将都梁山改名为同保山，有各族人民共同保卫山冈之意。

“唐宪宗元和七年（812 年），被官府称为‘武冈蛮獠’的义军在武冈山起义，进伐潭部，朝廷遣戎帅御史中丞柳公绰领五百将士，屯兵同保山下，不与起义军动武，而是以皇恩浩荡招抚之策平定。柳宗元以黔山之瓒（应为山字旁），巫水之磻作《武冈铭》记之，碑刻于同保岩洞之上。

“南宋咸淳四年（1268 年），瑶民在边城白仓奣岩起义，朝廷派部将何扬祖、芮大椿前往镇压。何扬祖作《奣岩诗刻》记之，刻碑于奣岩壁上：

石室何年霹雳开，曾听绣斧凯歌回。
讵知二百余年后，复有旌旗笳鼓来。

“此诗记载的是两次起义，‘曾听绣斧凯歌回’是指宋哲宗元祐四年（1089 年），湖南太府少卿张绶在这一带镇压过瑶民起义，二百年后是他何扬祖在这里镇压‘复有旌旗笳鼓来’的起义。所谓二百年是个大概的说法，实际这两次起义只相差 179 年。

“明代有罢吏袁有志领导的黄桥农民起义。明崇祯十六年（1643 年），闯王李自成起义军进攻大明王朝京城时，袁有志在边城起义积极响应，攻打边城衙门王府，杀岷王朱企炷。边城人为了纪念袁有志领导的农民起义，让后人记住起义军痛杀岷王的义举，在追杀岷王掉玉带的济水河道上修了一座桥，取名玉带桥，在落马、杀头的溪水河几处地方，也分别修建了三座桥，取名为落马桥、断头桥、渡头桥。

“起义故事讲完了，下面就看您打黑除暴的故事了。”

“你在边城工作时间长，了解情况多，你说说看，如何打击黑势力？”

“俗话说打蛇打七寸，必须先了解蛇的七寸在什么地方。我简单介绍一下情况，您要亲自调查实情，方能正确决策。上次我陪您出行考察，只是走马观花，了解到的只是群众受害的情况，要了解黑帮内幕还不是件容易的事。从地域上说，黑势力可分为城乡两大帮派，一般情况下，这两帮井水不犯河水。乡村主要是土匪帮，占据大山森林，进出关塞，以盗卖木材和抢劫过往车辆财物为主。城镇帮关系比较复杂，出头露面的均是地霸，在后面撑腰的则是政府官员，个别公检法系统的人可能本身就是黑势力骨干或者后台老板。要动他们还真不容易。不过，政府也不是一点办法也没有，无论如何得全面掌握他们的罪恶证据。据我所知，边城黑势力主要控制着这样几个方面：一是车站码头、酒店宾馆、娱乐场所的大部分经营权控制在他们手里，不是黑帮亲自经营的，也要收取所谓的保护费，就是卖淫小姐也要先交费后卖身；二是市场商店一律收取保护费和占地费，连农民进城卖菜也不放过。工商部门收不到税，黑帮收税是活阎王不嫌鬼瘦。我带您去一个地方，到那里一看，您就全明白了。”

“什么地方？”

“彼得堡，边城最高档次的宾馆，是一个叫张青云的香港老板出资建造的。”

“张青云是边城人吗？”

“是啊，张青云原是边城有名的三大土匪之一，解放前夕逃往香港，在香港发了财，改革开放时回到家乡投资建起了彼得堡宾馆，集客房、餐饮、娱乐为一体，交给了他的一个远房亲戚张继云经营管理，生意红火，成了边城第一馆。公安局主管治安的副局长夏运烨看中了这家宾馆，先是三天两头找茬罚款，罚得张继云亏了大本，经营不下去被迫关门。后又威胁张继云，说他是大土匪的后代，是历史反革命，要抓他归案，吓得张继云逃往香港找张青云避难，再也不敢在边城露面了。夏运烨于是霸占了彼得堡，号称当代的蒋门神，彼得堡也成了边城黑势力的老窝，人称边城新王府。”

“不对吧，彼得堡的老板不是姓张吗？我还找他帮忙安排了余晶的工作呢。”

“那个张老板是假的，对外掩人耳目的，真正的老板是夏运烨。”

“边城还有这等怪事？”

“在边城可是见怪不怪啰，倒是别人见您才会觉得怪了，您这个不速之客还不能贸然前往，必须化装暗访，稍等，道具我都准备好了。”西国安一边说，一边跑去拿来一些化装道具。

西国安把化装道具贴在杨向荣的脸上，又将一个电工安全工作帽戴在他头上，再给他穿上电工作业服，杨向荣走近镜子一照，看到自己满脸的络腮胡子，合身的电工服，不由自主地笑了笑说：“不错，可惜我当电工不称职。”

西国安走上前看了看，伸手把杨向荣头上的电工安全工作帽的前檐往下扯了一下说：“您把帽子这样向前戴下一点，遮住眼睛，谁也就认不出您了。”

杨向荣笑了笑说：“好，就这样，那你呢，你去更打眼啊。”

“我有办法，我老弟就是彼得堡的电工，他跟我长得很像，我只要穿上他的工作服，鼻子下再贴一撮毛，那就是他了。”西国安一边说，一边把事先准备好的小黑胡子贴在鼻子底下。杨向荣一看笑着说：“你这小胡子一贴不就成日本人了。”

“我再来两句日本话，说不定人家还把我当外宾接待呢。”

“你会说日本话？”

“土豆到哪里去挖，土豆到郊区去挖，一挖一麻袋？一挖一麻袋！”西国安用中国话学着日语腔调，装模作样地胡诌了几句。

杨向荣哈哈一笑说：“西国安，你这也叫日本话？你糊弄傻子去吧。”

西国安领路，二人来到彼得堡，从侧门进入配电房。西国安上前简要地跟他弟弟西国全小声说了几句，西国全明白其意，也不多说，转身走开。

西国安小声地对杨向荣说：“客房部有个总统套间，几乎每天晚上都有一些边城要员在那里学习54号文件或者大修长城。有些时候是有求于官员时的业务牌，那些上桌的官员绝对百分之百大赢，第二天办事，不言而喻就办成了。有些时候是官员们之间的自娱自乐活动，输赢就顺其自然了，赢的自然高兴，输的也不悲观，看他们玩一次就知道了。看完官员们的业务牌再看地下室的赌场，一定会让您大开眼界。别看边城庙小，可这里净来大和尚，什么赌圣、赌王的也来过，更多的是边城人在外做生意发了财，到这里来个一赌为快的，还有一些初出茅庐的后生，抱着幻想到这里来碰碰运气……”

正说着，突然客房部总统套间的水电全停了，西国安知道是他的弟弟西国全照他的指示办的。可客房部的人，特别是总统套间的人却急了，就听得总统套间有人站在门口大声骂道：“他妈的怎么搞停电啦，赶快叫电工修啊。”

不多时，两个水电工打扮的人出现在门口，接上话茬说：“先生对不起，水电都出了点小毛病，我们马上就修好，请稍等片刻。”

杨向荣、西国安一边说，一边就往房间走，刚进房间灯就亮了。西国安说：“电跳闸，已经修好了。水也停了，我们两个是来修水管的，为了保证客户正常用水，我们尽快修复。”

一个人在洗手间不客气地骂道：“妈了个巴子，真他妈的浑蛋，总统套间也停水停电，你们是干什么吃的？”

“先生请原谅，马上就好，马上就好。”西国安一边赔不是，一边装模作样拿出工具，检查管道。那几个玩牌的人见来了电，也不管什么时候来水，更不理会那些修理工，骂两句，过过嘴瘾也就无事了，继续玩牌搓麻将。

西国安贴近杨向荣耳根轻声说：“今天到这儿来玩的人是边城的二等玩家，属小打小闹之辈。刚才停电站在门口大喊大叫的那个是城关派出所所长胡大明，在洗手间洗手没水破口大骂的那位就是边城公安局副局长夏运烨，里面坐着的那两位不动声色的人你都认识，是县委办主任邓明宽和县委组织部部长黎云山。”

西国安话音未落，就听里面邓明宽高喊着：“好，老子七小对，放大炮，中鸟翻倍，大胡啊，来米来米（付钱付钱）。”

黎云山取笑说：“邓大主任，你手气真好，是不是这几天没摸女人？”

邓明宽笑着说：“你黎大部长比我邓明宽的手气更旺，是不是昨天冲喜去了？我听说男人找 18 岁的小姐开苞冲喜手气最旺，你一定冲喜见了红。”

黎云山接着邓明宽的话茬说："照你这么说，胡大明今天手气最臭，是不是昨天玩多了娘儿们？"

胡大明哭丧着脸说："你们赢家还拿我输家开心，是不是怕我不给钱啊，这把先欠下，接着玩，口袋里的钱输完了，我马上叫人送来，不会少你们一分，来来来，继续，继续！"

胡大明一边说，一边给个体老板肖生意打电话。"喂，肖老板吗？我胡大明啊。"

"嗬，是胡大所长啊，怎么？我又违规了，你又要查封我的公司？"肖生意天不怕，地不怕，就怕胡所长打电话。胡大明电话一响，肖生意就得去钱消灾。

"你他妈的少废话，老子今天打牌输了钱，你马上送两万元现金到彼得堡宾馆408总统套间来。我在房间等你，快点啊。"胡大明说完，收起手机，伸手抓牌。

过了一刻钟，肖生意带着两万元现金，送到胡大明的手中，胡大明手一挥，不冷不热地说："这里没你的事了，你走吧。"

肖生意也不多说，扭头就走。他心里明白，这样的钱就像老虎口里借猪，有去无回，是那填不满的狮子口，反正是胡大明输钱，他肖生意退财。不过肖生意有一点安慰，胡大明黑吞了，又拼命去商海里挣，总比罚款，关门停业要好。胡大明罚款可就不是一万两万了，那可是血盆大口，足可以让他倾家荡产。只要小本生意能够维持，就算是烧高香了，就当是香火钱吧。

肖生意心里明白，在边城命运类似的人何止他一个？胡大明不是土匪，可比土匪更可怕。边城人是这样形容胡大明的："早晨上班是民警，上午出巡是巡警，中午酒店是干警，下午麻将是经警，晚上舞厅是武警，深夜宾馆床上是交警。"

肖生意一走，杨向荣和西国安也跟着出门了，胡大明等人也不理会，因为他们知道，在边城他们是管别人的人，没有人敢管他们，尤其是在他们苦心经营的老窝里。

杨向荣、西国安往地下室方向走去。地下室的门口站着几个全副武装的保安，必须持有特殊贵宾卡才能进去。杨向荣、西国安没有卡，今天要不是扮演水电工，想开开眼界，当然没门。

杨向荣、西国安还没走到地下室的大门，地下室就一片漆黑，只有赌桌上亮起了不太明亮的应急灯。就听有人在喊叫："他妈的停电了。赶快叫电工西国全。"

一个保安正准备喊叫西国全，假冒的西国全就出现在地下室门口，那个保安就说："西国全，你今天是怎么搞的，不是这里停电就是那里停水的，你还想要脑袋吗?"

"别急，今天电压不稳，有时引起局部跳闸，我们下去检查一下，立即就会好。"

"你他妈的快点啊。"那个保安一边说，一边拿警棍挥舞着。"西国全"一笑，一挥手走了。杨向荣一脸的络腮胡，安全帽遮住眼睛，保安也未细看是不是修理工，就是看出来，西国安也有办法，说是电业局来检查线路的就是了。

西国安走进赌场，主动上前说话："对不起啊，各位，线路出了点小毛病，一会儿就好，先用应急灯对付两分钟，不影响各位玩得开心，手气旺盛。"

那些赌徒也无心顾及他们，只望了望，无人答话。倒是旁边的几位维持秩序的保安有些心急，看到"西国全"过来就骂："你他妈的屎少屁多，还不赶快去修。"

西国安腰挎钳子扳手工具，手持试电笔，夸海口说："你放心，老子技术一流，小毛病手到病除。"

杨向荣肩扛工具箱，安全帽遮住半张脸，跟在西国安后面，像徒弟跟着师傅。西国安跟西国全到过这地下室赌场，知道配电箱在什么地方，大摇大摆地走近配电箱，打开箱盖，胡乱地在上面比画一通，不一会儿，电灯就亮了，恢复了灯火通明五彩缤纷的亮堂，赌徒、保安哗然而笑。那个骂"西国全"屎少屁多的保安心里服气，这小子牛皮还真不是吹的。

两人在配电箱面前拿出一些工具和电器配件，摆着样子，小声说着话。西国安拿出一块镜子，把赌场反照在镜子里，指着一个坐在轮椅上的光头说："您看，这个断了双腿秃顶的人就是边城有名的赌王，名叫王命大，外号大命王。此人现在成了夏运烨的摇钱树。大命王原是梁山界土匪窝里的一名亡命之徒，从小不听父母管教，不肯上学，六岁时就开始学玩牌，而且他不跟小孩子玩，只跟比自己大的小青年玩，别看他年纪小，读书不行，可玩牌有瘾，那些小青年总输给他。后来他听说梁山界的土匪白天下山抢东西，晚上玩牌赌钱，于是小小年纪只身上山要求与匪徒们打牌。土匪们见来了个毛孩子，而且还是来赌钱的，都笑他：‘你他妈的毛还没长全呢，能认得阎王爷的纸钱有几个窟窿眼？’

“大命王却不服气，叫板拿扑克牌来，比大小，自定三比零为赢，不是三比零算他输，而且赌注是土匪头子的手枪。土匪们只当是逗小孩玩，逗乐玩个热闹。大命王接过扑克牌在手里扯得哗哗响，就像香港电影里赌徒洗牌一样，看得土匪们眼花缭乱。一个土匪上去连抽三次都比大命王抽的小，大命王却认真了，非要土匪头子的手枪，与土匪们吵得不可开交。没办法，只好把土匪头子请来。土匪头子张大卿问清缘由后，来了个折中的办法，说赌他的枪是兄弟们信口开河说的，并没有经他本人同意，更不是他亲自下的赌注，不算数。大命王既然上了山，就同意他入伙，白天免他下山打家劫舍之劳累，晚上与弟兄们玩牌同乐，赢多少钱算他有本事，而且不准有人欺负他。大命王在土匪窝里赢了一些钱，因为他太厉害了，没人再敢跟他玩。后来土匪头子张大卿萌生了一个发财的念头，带着大命王到香港澳门大赌场去混，果然身手不凡，发了大财。后来还到公海赌船上较量过，也大获全胜而归。但是他的魔术杂技般的牌技终被高手识破，张大卿被人砍死，大命王被砍掉了双腿，福大命大，大难不死。从此他回到边城过起了安稳的日子。夏运烨开办彼得堡赌场后，特意请他当教练训练赌徒，这赌场因他而红火。你看他洗牌的手法牌技，就是高超的魔术师也要敬他三分。香港电影里的牌技上是用线穿起来的假家伙，大命王的牌技可是货真价实的。”

“技艺高超又怎么样，他是犯罪分子，公安部门就这样不管？”

“刚才我不是说了嘛，他是公安局主管治安的副局长夏运烨的摇钱树，谁敢抓他。很多政府官员还跟他拜了把兄弟，有时还请他指导赌上两把，到这里捞点钱花呢。走吧，这里不可久留，收拾工具，回去说话。”

回到办公室，杨向荣气愤地说：“我非打掉这个黑窝不可。”

“早就该打，但是在边城这块土地上，用边城政府的力量去打，不但打不掉，反倒可能把自己也搭进去。因为边城各衙门口的要员，不少人与黑势力有着千丝万缕的关系。只怕打草惊蛇不说，还反被蛇咬一口，要动就来个干净彻底的。”

“怎么个干净彻底法？”

“打不死，等于白打，要一网打尽，必须动用省城的警力，否则，谁也动不了他们。”

“好吧，你先回去，让我好好想想。”

西国安回去了，杨向荣独自坐在办公室，低头看了看自己屁股底下的这把转椅，心里在想，自古这把转椅是边城的最高权力，指挥一切。如今他却指挥不动打击黑势力的力量，只因自己的衙门里有黑势力的“保护伞”，问题出在衙门内部最不好解决，看来只有上省城求救兵这条路了。

杨向荣亲自起草了一个打击边城黑势力的报告，也未跟县委顾书记商量，他怕走漏风声，要先向省长刘长远单独汇报，看看刘省长的态度再作下一步打算。杨向荣到省政府找到省长刘长远，把边城黑势力的情况概括地作了汇报，又说出自己求救兵的想法。刘省长听了杨向荣的汇报，心里很气愤，在他领导下的地区竟还有如此猖獗的黑势力。刘省长当即指示说：“小杨啊，你先回去，把报告交给我，等我提交省委研究具体方案后再通知你。”

省长刘长远将边城要求打黑除暴的报告，提交给省委讨论，省委很快就作出部署，由省委常委、省公安厅厅长湘江亲自指挥本次行动。厅长首先指派了省特警队和便衣侦察边城，根据便衣侦探反馈的信息，作出了具体的实施方案。经过周密部署，湘江于下午三时下达命令，命令武警总队防暴团和省特警队在天黑之时赶到边城，晚上九时实施抓捕行动。

彼得堡宾馆和往常一样，继续做着非法勾当。可那些人做梦也没有想到，此时外面已经布下了天罗地网。嗅觉灵敏的夏运烨还是察觉到了不祥之兆，边城突然来了那么多的警车军车，总不是什么好兆头。正在他疑惑不解之时，彼得堡的夜空升起了三颗红色信号弹，武警、特警像猛虎一样冲进了彼得堡，将大命王、夏运烨等六大主犯全部抓获。与此同时，武警总队一个连和部分特警，在梁山界密林深处捣毁土匪窝，抓获首犯三名。

梁山界土匪帮的案情并不复杂，三名主犯就地正法，其余分别判处有期徒刑，案件很快就了结了。可边城黑帮案却案情复杂，像夏运烨，既是政府官员，边城国家机关中的重要人物，又是黑势力的骨干，准确地定罪量刑要十分审慎。

幕后人物的调查处理最令人头痛，边城衙门里也有一部分官员卷进了黑势力，他们不出头露面，却在背后用自己的权力，不同程度地给黑势力大开方便之门。就连县委顾书记也不能说与黑势力没有一点关系，他的一个侄儿就是黑势力的骨干分子之一。而且作为县委书记，在他管辖的地盘上，有没有黑势力，难道他真的一点都不知道？可是要处理他却还找不到很有说服力的证据。官员运用权力，欠缺一套规范化的制度去约束权力的行使时，会导致在某些时候权比法大。边城这些年黑云密布，就是政府的权力被黑势力所利用，法不及权的表现。

经法院审理，大命王、夏运烨等六名黑帮头目被判处死刑和无期徒刑。边城百姓无不拍手称快，杨向荣也松了一口气，感觉自己为边城人民做了一件最大的好事。

主犯伏法后，县委办主任邓明宽心内震动，他立即找到小姨子，边城的头号活神仙何双桂，勒令她立即取缔罡仙行为，拆除罡仙牌子。何双桂不解地问：“姐夫，我这发财之道还是你的主意，怎么，嫌我给你的好处不够，要断我财路？”

“你闯下大祸了，知道你给谁罡了仙吗？”

“知道，不就是给你们衙门里新来的县长罡了仙吗，怎么，我罡得不准？”

“你浑蛋，怎么能给他罡仙呢，你不是自找麻烦吗？”

“我又没请他来，是他主动来的，我岂能不罡？”

“你也不动动脑筋，他是来罡仙的吗？”

“他不罡仙，跑到我巫婆这里干什么？”

“我说你是死脑筋不开窍，我给你出主意的事，你罡仙骗取钱财之事他全知道了。”

“不可能，我又没跟他讲，他怎么会知道？”

“不知道？他可是一清二楚，已经给我下了通牒。”

“知道又怎么样，他不信，可百姓们信。”

“你浑蛋，你不取缔，我还能在衙门里混吗？”

“你当你的官，我发我的财。再说，杨县长能管到你，还能管到我吗？”

“哎哟，我的姑奶奶，问题是你这罡仙发财的馊主意是我出的啊。”

“怎么，你害怕了？”

“我不跟你啰唆了，一句话，立即取缔。”

“我要是不取缔呢？”

“我立即叫公安局砸掉你的破庙。”

“看把你急的，我取缔还不行吗？不过我还得感谢你，这几年我挣的钱比我上一百年的班挣得还要多，知足了。就看姐夫你在官场上大展宏图了。”

邓明宽见何双桂答应，这才放下心来，立即返回县政府，向杨向荣报告取缔结果。

11

杨向荣回到县政府，西国安陪同公安局李局长前来汇报法相洞天内窜出大蛇伤人的问题。杨向荣一听，觉得好笑，不可理解地反问李局长说："你们公安局未免也太小题大做了吧，大蛇咬伤人，你们公安局处理一下不就得了吗，还用得着向我这个县长汇报，是不是还要召开常委会讨论决定啊？"

李局长见县长不明白他的真实意图，急忙解释说："不是的，请您听我把话说完，不是棘手的事，哪敢惊动县长大人呢。"

"那你就说给我听听，怎么个棘手法？"

"事情是这样子的，法相洞天是旅游胜地，岩上又是公园，还有革命英雄纪念碑，乃革命传统教育基地，侧面还有重点中学。每天进出法相岩的人络绎不绝。也不知怎么回事，最近法相岩洞里有一条巨大的蟒蛇，不时窜出来伤人，人们议论纷纷，弄得人心惶惶。我得知这个消息之后，指派公安干警持枪采取保卫措施，必要时开枪击毙，我自己也亲自督阵。可是那蛇机灵得很，行动快如飞，真可谓来无影，去无踪，说不定什么时候就出现在人群中伤人，叫人防不胜防，不寒而栗。有人说这是一条神龙，枪是打不到它的。"

"瞎扯，纯属瞎扯，那是神话传说，现实生活中不可能有神仙鬼怪，你这大局长也信这等迷信胡说？"

"我当然不信，不过确实枪打不中它，我还亲自开过枪，我枪一响，它也跑得无影无踪了。"

"你们就没有想过别的办法吗？"

"我们设想过几个方案，但每个方案都存在这样或那样的问题，问题很不好处理导致方案最终未能实施。"

“都设想过什么方案？”

“第一种方案是挖眼找蛇打。据我们观察，此蛇虽然没有固定在一个蛇洞里，但主要出入洞口只有三个，大概就是动物狡兔三窟的活动习性吧。当然啦，我说的挖眼找蛇打只是说法，实际上法相洞天乃石山石洞，挖是挖不开的，必须用炸药炸。如果用炸药炸洞，蛇有可能被炸死。但是，由此而引起的最严重后果，那就是炸塌岩石，破坏了风景，况且还不一定就把蛇炸死，因为蛇洞究竟有多深，是否狡兔三窟相通？一时无法查明，所以此法不可取。第二种是守株待兔方案。我们选派了几位神枪手，在法相洞天轮班守候多日，也发现过此蛇出洞伤人。前面我说过了那蛇十分机灵，行动快如飞，神枪手开枪射击，蛇没打中，还差点误伤游客和群众。有人取笑我们公安人员说，神枪手斗不过神龙蛇。此方案试用失败了。第三种是愿者上钩方案。采取投毒捕杀，谁知此方案一提出，没一个不反对的……”

西国安插话说：“那还用说，我西国安第一个反对，幸亏你们只是设想，还没有实施，要不然你们公安局罪责可就大了。到时候蛇没毒死，倒把周围人群毒死了。为什么这么说，你们知道吗，法相洞天内有暗阴河道，与周围许多水井相通，甚至与四五公里以外的同保山没底江相通，投毒污染面可以扩大到五公里以外的地方，人畜皆饮用投毒污染之水，后果不堪设想。”

杨向荣听西国安说有地下暗道相通，很好奇，就问西国安：“你说法相洞天与同保岩相距四五公里而通，真有此事？”

西国安见杨向荣很感兴趣，就进一步介绍说：“老实说，我没有进洞走完过，那里面黑洞洞的，谁敢走啊。不过，历史上有冒险家曾经走探过。明代史部右侍郎张元卞奉使到边城，在游览法相洞天和同保岩的游记里写道：‘二山相距十里许，而其下泉水伏流隐隐相接……尝有人深入迷道，旋转半日乃出，则已在（同保山）仙院矣。乃知二山之石并空洞潜相通也。’”

杨向荣听到西国安的介绍，兴奋地说：“这么说，边城旅游开发，不能遗忘了这个最大的地下旅游项目。这样吧，李局长派公安人员继续密切监视法相洞天大蟒蛇的行动，保护人群安全，尽快解决大蛇伤人问题，然后立即研究开发同保岩和法相两洞天的旅游项目问题。”

李大勇心里真正要表达的意思还没有说，话题却扯远了，急忙追补说：“我实话实说，今天我来找杨县长不仅仅是汇报，还有两层意思，一是请杨县长出个好主意，还有就是在我们执行方案时一旦出现负面影响，还请政府出面做些解释工作。”

李局长还未说完，杨向荣就接过话茬说：“你这也叫实话实说，还是我来说实话吧。什么汇报、出主意、解释，前面两条是做铺垫的，其实你骨子里的意思就是最后一条——出了问题要政府担责任。还用了一个解释工作的漂亮词，解释的背后是承担责任，我解释得对吗?”

李大勇见县长直言不讳，很不好意思，只好说：“杨县长到底是火眼金睛，一看就透，不过前面两层意思也不是假的呀。”

杨向荣摆了摆手说：“好了，这个话题就此打住。研究如何解决那条蛇伤人的问题吧。”

西国安插言说：“依我看还不能采取简单的消灭办法，蛇是保护动物，也许这条大蛇有其特殊的地方，说不定有研究价值，还是请省城动物学家先作鉴定，听听专家们的意见再说。”

李大勇赞同地说：“西秘书讲得有道理，那就先请省城动物学家来做鉴定，我们等待政府的通知。”

杨向荣点头说：“那好吧，你先回去，我和西国安去趟省城。你们公安局继续采取保卫措施，保证人身安全，在问题没有解决之前，不许撤离。”

“您尽管放心，我们不都是吃干饭的人。”李大勇说完就走了。

杨向荣带着西国安到省城动物园请来了动物研究员谷震山。谷震山随同公安人员在法相洞天守候了几日，观察大蛇出入活动，又穿着防护服接近大蛇，做了仔细鉴别，最后得出结论：这种蛇属于变种蛇，外形与蟒蛇有点相似，其特性则与蟒蛇相反。蟒蛇体大，行动缓慢，性格温和，一般无毒，或者有轻微毒，正常情况下不伤人。而这种变异蛇的性格与眼镜蛇有点相似，但比眼镜蛇行动速度更快，性格更暴烈，抬起头来虎虎生威，喜欢惹事袭击人畜，一般不固定活动在一个地方，属于野游龙。但其毒素比不上眼镜蛇，跟蟒蛇毒性差不多，只有轻微毒性，一般不至于毒死人命。这种变异蛇没有多大的保护价值，如果惹事伤人的话，可以捕杀。结论一作出，下一步就是如何捕杀伤人的变异蛇问题。

送走谷震山后，杨向荣问西国安："捕杀变异蛇，你有什么好办法没有？"

西国安挠了挠后脑勺，两手一摊，做了个无可奈何的动作，说："自古幕僚只分忧，主意都是大人拿，我相信杨县长一定能想出好办法来。晋代陶侃初为边城县令，我给你讲述过他的为官故事，后来他升任长沙都督，在任上也留下过许多被人称颂的故事。其中湘江除妖蛇的故事最为流传，你在省城工作多年，应该听说过此事，也许能从中得到一些启示。"

"这倒是提醒了我，陶侃在长沙都府任上还真的有一个捕杀妖蛇的故事。陶侃在长沙就任大都督时，有一条大妖蛇，常在夜间出来活动，它张开血盆大嘴，把舌头从湘江西岸伸到东岸，就像一座大桥，眼睛就像两个大照明灯，把大桥照得通亮。长沙城乡的百姓一看湘江两岸有座桥，就上桥观看湘江夜景，或者过桥前往对岸。就在很多人上得桥来的时候，妖蛇就突然把舌头往回一缩，把上桥的人吞到肚子里，饱食一顿。长沙城乡人心惶惶，有人把这事报告给官府衙门，请官府出面镇压妖蛇。陶侃听说妖蛇吃人的故事后，就亲自带府门官员出来查看究竟。一天夜里，陶侃站在湘江边，果然发现妖蛇伸出舌头像座桥，还有不明真相的人上当送命。于是陶侃就在第二天夜里，带上弓箭，埋伏在湘江岸边，等妖蛇伸出舌头搭桥时，拉满弓箭，瞄准妖蛇照明灯似的眼睛，嗖的一箭，射中了妖蛇的左眼，两盏照明灯立刻灭掉了一个。妖蛇痛得即刻缩回了舌头，逃回了岳麓山，躲进洞里。陶侃想，妖蛇天亮后一定会到城里买药治伤，于是就下令，全城所有药铺，只要见到独眼龙来买伤药，一定卖毒药给它。第二天天亮不久，妖蛇就变成一个独眼和尚进城买伤药，药店老板遵照陶侃的命令，卖给了独眼龙毒药，妖蛇用药后不久就毒死了，湘江两岸又恢复了往日的平安，陶大人也更受百姓爱戴。"杨向荣兴奋地讲起了省城发生的历史故事。

"故事倒是很精彩，只可惜陶大人的方法不能运用到边城来。"

"是啊，因为边城变异野龙之蛇，毕竟不是妖蛇，也不可能变成和尚进城买伤药，现实生活中的事情不是神话传说。"

“方法虽然不可用，但是也许能从陶大人的故事中得到一些启示，说不定到现场查看后，就能找到可行的办法。”

“你这句话倒是又提醒了我，这种事情不能光坐在家里运筹帷幄，什么守株待兔失败，什么挖眼找蛇打挖不开，还有什么愿者上钩负面影响太大等，都是纸上谈兵，也许现实中没那么复杂，走，我们一起去现场看一看，说不定办法就在眼前。”

杨向荣带着西国安去了法相洞天，在法相洞天小山上转了一圈，然后询问公安保卫人员变异蛇出入最多的三洞的所在。公安人员带着杨向荣、西国安走到洞前，指着三洞说：“此三洞相隔十米左右一个，呈三角形，洞口朝向相背向外，蛇出洞时的速度相当快，人还未反应过来，蛇早窜出洞外了，人想躲都来不及了，防不胜防就被咬一口，但这条蛇它不缠人，也不与人轻量，咬一口就跑得无影无踪了。”

杨向荣又问：“除此三洞之外，还有其他蛇洞没有?”

那个公安人员继续回答说：“有，我们在岩石山顶上，发现过多处为蛇出入的洞口，变异蛇也不时地从不同的洞穴口窜出过。”

正在交谈中，突然从众人身后的一个洞穴里窜出一条蛇来，闪电般从西国安身边呼啸而过，西国安躲闪不及，只觉右耳朵像被针扎了一样，有点痛。他用右手捂住耳朵，跟着大家向前追赶那条蛇，公安人员正准备开枪射击，可那蛇说时迟那时快，晃了几下就钻进了前面的一个洞穴里，而公安人员的枪还未来得及上膛。西国安这时觉得耳朵揪心的痛，捂着右耳的右手放下来一看，手上有点血迹。公安人员立即用早些天准备好的蛇伤药敷在西国安的耳朵上。西国安心里也清楚，动物学家已作出鉴定，这种变异蛇只有微量的毒液，完全没有生命危险，敷上药三两天就好了，不碍大事。

杨向荣在蛇入洞的那个地方仔细观察了一番，蛇洞倒是没有什么出奇的地方，与前面发现的没什么两样。可是蛇洞前面的那栋破旧房子，倒是引起了杨向荣的注意。房子的外观与边城普通农家的房屋没有什么不同，还有些贫困人家的模样，可是门前的那个大院宽广豪气，就是大富人家也未必有如此大气。围墙高垒，就像边城的青石城墙。青石地面上有汽车停靠，尤其是院落前的那条水泥马路，虽然没有进城马路那样宽，但也是普通农家所没有的。杨向荣在想，一个单门独院的小小山野农家，怎能如此破费，去修建那么大的停车院落，修筑如此宽阔的进出公路？有那个必要吗？为的又是什么呢？有钱修建如此豪阔的院落却不修房子？杨向荣在心底连问几个为什么。杨向荣抬眼看了看西国安的耳朵，知道他不碍大事，就问西国安：“你熟悉这人家吗？”

西国安也有点不解地回答说：“这家我倒是熟悉，主人姓夏，名运石，还是边城公安局原副局长夏运烨的叔伯兄弟。夏运烨霸占彼得堡宾馆，开办赌场时，他是赌场大门的保安，赌场被取缔后，宾馆回归原主，夏运石回到家乡，重操旧业，干起了放炮炸石的买卖，可以说艺不养身，挣不了几个钱，所以他那座破旧房屋一直没有翻新。至于他那个高墙青石院落和前面的那条宽阔马路，是什么时候修建的，我就不知道了。在夏运烨被抓前，这条马路和这个院落是否已经修建，还不敢肯定。当时省特警队打掉彼得堡那个赌窝时，夏运石因为做保安而被审查过，他不是黑帮骨干，没有参与赌博，被放回了家。这里面有没有蹊跷，我就不清楚了。”

杨向荣立即提出建议说：“既然我们闯入到这个世外桃源来了，不妨进去看看，也当一回豁然开朗的看客如何？”

“好啊，我也正想瞧瞧呢。”西国安一边说，一边跟杨向荣往前走，那几个公安人员也跟在他们后面向那户人家走去。一进大院，杨向荣就看见一辆公安牌照的警车，便问公安人员说：“这车是你们局里的吗？”

一个公安人员说：“是，是我们开来停在这里的，我们几个轮流换班都在这里交接，因为这里好停车，再说这家主人是我们公安局原副局长夏运烨的兄弟，也算是熟人吧。”

杨向荣听说公安人员熟悉这里的情况，心里想，他们在这里反倒不好问话，还是让他们离开为好，就说：“这样吧，你们还是去执勤，那蛇说不定什么时候又窜出洞来伤人，有你们在，就多一份安全保障。我和西国安随便看一下就走。”

公安人员听杨县长这么一说，也就返回山岩上去了。杨向荣和西国安就直往那座房屋走去。房东夏运石见是杨县长和西国安来了，笑盈盈地从堂屋里迎出来，点头哈腰地说：“哎哟，是二位政府领导啊，这可是请都请不来的稀客，请到寒舍一坐，喝杯茶。”

杨向荣坐定后问夏运石：“你这房子可有年头了吧？”

“可不是，想翻新，就是没钱。前几年在彼得堡当保安，挣得一点工钱，哪够盖新房的，也就是维持生活而已。就为当这保安，还差点犯错误，多亏政府宽大，把我放回家。回家后我就琢磨，既然政府宽大，我夏运石也得做点有益的事情啊。如今政府不是开发旅游吗，这法相洞天是个大旅游点，为了方便游客上山，我借钱修了这条进山的道路，还修了一个停车场，可停靠二十部小车。在停车场西面，我利用石山石洞，修建了一排烧烤炉灶，游客可根据自己的习惯口味自行烧烤，我只收柴火钱。对了，我还利用半壁石洞，打造了几张石桌石凳，开起了洞壁茶馆，供游客休息品茶。请，请去茶馆喝茶，比这儿更有风景。”

杨向荣正想绕场一周看一看，夏运石说完，杨向荣就站起身。夏运石在前面带路，从烧烤区走到茶馆，一边走，一边介绍。杨向荣在洞壁茶馆坐下，夏运石吩咐上最好的都梁翠柳和云雾毛尖，请两位领导品尝。杨向荣仔细打量了一番石桌石凳，石桌像一个大蘑菇，至少要四个人才能抬得动，石凳形状大小与腰鼓差不多，两头小，中间大，呈椭圆柱形。这洞壁茶馆倒是有些特色，杨向荣正看得出神时，茶也上来了，夏运石将茶往杨向荣和西国安面前一放，笑容可掬地说：“二位领导请用茶。”

杨向荣也不客气，端一杯都梁翠柳，轻轻地喝了一口，感觉很有特色。西国安也喝了一口，对杨向荣说：“这都梁翠柳有几大特点，鲜嫩、色新、味浓、醇凉，沁人心脾。怎么样，喝出点味儿来没有？”

杨向荣又喝了一口，咂了咂嘴，很有感触地说：“味道不错。”

西国安又说：“你再喝一杯云雾毛尖尝尝。”

杨向荣又端起一杯云雾毛尖茶，重重地喝了一大口，称赞说：“这云雾毛尖味道也不错，不过两相比较，我倒是更赞许都梁翠柳，香醇更胜一筹。”

“您对茶道还是有研究，能品出个所以然来。”西国安肯定地说。

“自古说，饭胀傻瓜蛋，茶灌聪明人，喝茶有益健康嘛。”

品完茶准备告辞时，杨向荣突然发现房子后院有一道制作精美的铁门，上面挂着一个“游客止步”的牌子，一把大将军锁，牢牢锁住大门。杨向荣对这个铁门把守的后院很感兴趣，试探性地对夏运石说：“你这后院比前院更美吧，可以观赏一下吗？”

夏运石立即回答说："当然可以，不过这道铁门平时我是不开的，因为是我们自家人生活的地方，概不对外，既然两位领导赏光，我就开锁献丑了。"

夏运石打开铁门，杨向荣、西国安随即跨进铁门，在后院转了一圈，发现后院岩石壁上还有一道大石门，从外表看上去像是一块岩石，杨向荣根据大岩石前面的那条为人进出的道路，判断出这大岩石就是一道石门。杨向荣好奇地问夏运石："你这后院中间的这条道路好像到这石壁边还不是尽头，里面像还有连接暗洞似的。"

"哪里哪里，杨县长尽说笑话，我这后院自古就是个死胡同，这路也是我后开的，上面搭起了葡萄架，也可以说是为葡萄架而修筑的道路，要不然还是个烂瓜棚呢。"夏运石否认。

杨向荣也不好再说什么，不动声色地退出了后院。夏运石送到前院大门，杨向荣让他留步。夏运石也不远送，回转身，摸了摸额头，方才吓出了一身冷汗。

杨向荣在打道回府的路上，心里有很多疑问，就对西国安提问说："你在夏运石前后两院看出点什么名堂没有？"

"我不知杨县长问的是哪方面的事。"

"你就没有什么感想？"

"感想倒是有，可一时又不知从何说起。"

"看来你还真没动脑筋。"

"这么说你很有感想，说几点让我见识见识。"

"你想想看，先不说夏运石门前的那条道路，单就前院那个能停几十辆汽车的停车场的青石，造价远比他修建一座房子要高出几十上百倍，为什么他不修房子，而要修那么大的停车场呢？农村人讲究实际，修房为上，且个人家院，有必要修筑能停二十几部汽车的停车场吗？更没有必要高筑青石围墙。烧烤、茶馆是开给人看的，没什么生意，完全是亏本的买卖，一个亏本的买卖他会热心做下去吗？我推断，他的正本生意不在前院的烧烤、茶馆，而是在后院。"

"后院不是他自家的生活场地吗？您发现什么了？我好像没看出什么不正常的地方。"

"问题就出在那条道路上。我仔细观察了后院铁门至石壁间的那条道路，路面与前院停车场的青石条一致，从路面的迹象来看，人气十足，显然不仅是他一家人所踏出的。再说，那条青石路到石壁前绝不是尽头，而是深入石壁背后，里面肯定有暗室。那块大岩石不是自然形成，而且还有移动的痕迹，我判断应该是一扇能上下或者左右移动开启的电动石门。"

"夏运石不是说那后面没路吗?"

"他当然不会承认，这石门后面一定有见不得天日的猫腻儿。"

"您是说这石门后面的暗洞里隐藏着比变异蛇更狠毒的亡命硕鼠?"

"当然，这只是猜测，还得进一步查证，方能最后下结论。"

"这么一说，我倒是开了窍。这里是有很多不合常规的疑点，需要一一解开。"

"这样吧，我们先不声张，回去找两套防毒服装，防止受到变异蛇突然袭击，躲在后山，观察几个晚上，看看这里究竟有些什么人进出，再做打算。"

"好吧，我这就去做准备，今晚就去后山。"

杨向荣、西国安穿着防护服装，天一黑就躲进山后，仔细观察夏运石这个特殊院落的动静。大约在晚上七八点钟，小轿车就陆续地开进来，下车来的人手里都提着密码箱，大摇大摆向后院走去，铁门边有几个五大三粗的凶煞汉子把守，手持电棍，检查着进出人的证件，也许是规矩。铁门向里就是那块岩石，果然是扇电动石门，门口也有几个彪形大汉，有人提箱过来时，他们就开门，人进去后又自动关上了，里面是什么场面，从外面看不见。进去的人大部分是边城的熟面孔，还有一部分曾是出入彼得堡赌场的赌棍，是端掉彼得堡赌窝时的漏网之鱼。其他的不认识，看样子好像是外地来的，不知是哪路神仙高手。杨向荣对西国安说："黑洞里进行着什么样的交易，我们不得而知，但这黑洞一定是一个见不得天日的黑窝。"

"可惜我们进不去，掌握不了真实情况，还不好随便动他们。再说，据我观察，进出黑洞的人有些是边城公安局的场面人物，恐怕不是那么好对付的。"

"你说得对，看来要捣毁这个黑窝，不能惊动边城公安局，还得请省城特警队。”

杨向荣、西国安在山后观察了三个晚上，基本情况每天都类似。他们两人又去了一趟省城找省长刘长远，跟上次一样，在常委会上刘长远决定由省公安厅特警队负责侦察处理，特警队马腾飞队长带着二十几位特警秘密进驻边城。据杨向荣、西国安介绍的情况，进出夏运石后院的有不少是边城公安局的人员，省厅特警队为了不走漏风声，没有与边城公安局联系，而是采取单独行动的方案。

杨向荣恰好也在此时想出了捕杀变异蛇的办法。杨向荣请边城公安局李大勇局长到办公室，说出想法：“李局长，我给你出个主意，不需要任何人冒风险，更不需要政府承担责任。方法很简单，古人陶侃在长沙用弓箭和毒药消灭了妖蛇，我杨向荣只需一把刮胡子用的小刀片就可以了。我给你准备好了三片刀片，你派人找三块小木板，把刀片插入木板，只露出刀锋在木板表面上。”

杨向荣怕李局长听不明白，还特意将刀片插入中指与无名指的指缝中，露出一点刀锋给李大勇看，李大勇一看有点明白了。杨向荣接着说：“刀片用木板固定好后，在变异蛇常出入的三个洞口各开凿一个小孔，把插上刀片的小木板嵌入小孔里，最后在小木板上撒点干水泥，与石洞颜色一致，就不会引起蛇的注意。这样安放好后，变异蛇不论是出洞还是进洞，都会碰在刀片上。而且蛇有一个特点，它只会前进，不会后退，当刀片划破它的肚皮，感觉到痛时，它还会加速前进，瞬刻间就可将变异蛇的肚皮全部划开，破了肚皮的蛇还能活吗？”

李大勇一拍脑袋，惊喜地说：“哎呀，真是好办法，我怎么就没有想到呢。好，我这就回去布置，你就等着吃蛇肉吧。”

话分两头。李大勇回到局里，立即按照杨向荣叙述的办法向下属布置，亲自带领下属前往法相洞天蛇洞安放小刀片。刀片木板固定好了，李大勇亲自检查了一番，看是否安装牢固，还用一根塑料管做了试验，果然有效。下令公安人员后撤，站在远处观察，等待变异蛇上“刀”。

另一边，省厅特警队在法相洞天远处布控，杨向荣和西国安坐在特警队的警车上，眼睛注视着警车上的电视监控屏。两个便衣特警埋伏在通往黑洞的马路边，等一辆黑色的轿车向黑洞驶来时，警车突然横在路中，把黑色轿车拦停，特警上去将车上的两名参赌嫌疑人带回到警车上。特警搜出他们的手机和进出通行证，还有密码箱。一个便衣打开密码箱点了一下，一扎一万元，密码箱里的钱整整一百万元。两个便衣特警带上他们的手机、通行证、密码箱，开着那辆黑色的轿车直闯黑洞。进铁门时，将通行证拿在手上，一个把守铁门的人见了高叫着："哟，是大老板的人，请进。"

两个便衣特警也不答话，高傲神气地往里走，有点大老板的风度，进石门时，两人放慢了速度，一个观察把门人手中的遥控器，一个观察石门的结构。两人进门后，石门就关了，里面灯火通明，向下走的路不宽，是天然通路略加修整，但脚下的石阶却装修得很豪气。下了十几米的石阶，就来到了一个几米高、二十几米宽的溶洞大厅，装修得很豪华，感觉不是在溶洞里，而是身在宾馆的豪华大厅。大厅周围是一间间的工作间和休息间，未开赌时，赌徒们可在各自的休息间吸烟品茶，开赌时，赌徒们就会从各自的休息间提着密码箱走出来，坐到各自的位置上。两个便衣特警没有急于上场，而是仔细观察周围的环境，他们发现除配电房外，还有临时发电房，一旦停电，应急灯就会自动亮起，配电房的值班电工就会开启油机发电，配电房和油机发电房都是双套设备。据杨向荣、西国安介绍，法相洞天有八洞相通连，又各自独立，形成洞中有洞、洞外又有洞的法相洞天，可是这洞与外界各洞不相连，似乎是特意封闭了。特警分析，即使封闭了，也会有暗道机关，在紧急情况下通行，只是不易被发现而已。但是特警此时也来不及细看，再不上场，也许会引起怀疑，对行动不利。两个特警往台边一坐，把密码箱往台上一放，其中一个叫板说："他妈的，你们玩得太小，没意思。本赌爷我今天高兴，想玩玩大的。老弟你上去给老板打个电话，要老板再送两箱来，就说我输了要翻本，去去去，快去快回。"

另一个特警完全明白其意，因为在洞中发不出信号，他出洞后钻进汽车，向队长发出里应外合的信号，二十几名特警在队长的指挥下，闪电般的扑向黑洞。发信号的那个特警返回洞里，在进石门的时候，用麻醉枪击倒了两个把门人，夺得洞门遥控器，把住洞口。把守铁门的那几个大汉，还未反应过来是怎么回事，就被戴上了手铐。特警队没有下洞前，洞里就知道来了警察，夏运石立即站出来说："各位老板，洞外来了老K，大家不要慌，跟我来，从暗道机关逃出去。"

夏运石的话还未说完，提密码箱的那个特警说时迟，那时快，一支枪顶住了夏运石的脑门，另一支枪对准赌徒们，大声喝令："不许动，都不许动，我就是你们说的老K，省厅特警队的警察，谁动我就打死谁。"说着还向洞顶开了一枪，赌徒们听到枪声，一个个抱着脑袋蹲在地上不敢动弹。洞口的特警以迅雷不及掩耳之势，冲到了洞内，冰冷的手铐咔嚓嚓戴在了赌徒们的手上。夏运石的眼睛望着那支枪，神志都集中在枪口上，什么时候被戴上了手铐，都全然不知，等特警把手枪收起，他才感觉到双手冷冰冰的，卡在横八字手铐里不能分开了。

那条变异蛇大概是受枪声的惊吓，像发了疯似的，从蛇洞中猛然窜出，肚皮早被从头到尾划开了，蜷缩在洞口前，垂死挣扎了几下，一命呜呼了。

李大勇见变异蛇消灭了，兴高采烈地赶紧向杨向荣报功。杨向荣告诉他："省特警队今晚捣毁了夏运石后院赌博黑洞，请你立即赶去收拾残局，看看你手下的人是一些什么样的货色。硕鼠比长蛇更加可怕，而硕鼠与长蛇一块完蛋了，不知你又作何感想？"

李大勇赶到黑洞时，他手下的几位要员和赌徒们已被押上了囚车。特警队长对李大勇说："对不起，李大局长，没跟你打招呼，你的人和赌徒们，我们带走了，这个黑洞就交给你去处理了。"

特警队长开车走了，李大勇望着远去的警车，呆呆站在那里，半晌还未回过神来……

12

杨向荣经过跋山涉水，深入农家、工厂、学校考察，将边城的基本情况摸得八九不离十，西国安也将各乡镇村寨上报的最想做的事归类整理成册，杨向荣根据这些情况拿出了一个整体发展初步意见。但真正要实施起来并不容易，必须得到领导班子的同意和支持，可再难也得办。杨向荣首先需要一名得力助手，选一个能干的办公室主任。就像顾武生把持边城朝政，他选中的得力助手邓明宽，兼任县委、县政府两办主任于一身，当然这在某种程度上说也是不正常的。杨向荣想要改变这种局面，也为自己选一个好助手。自从他走进这边城衙门，他看清了三部分人的思想，一部分人认为他杨向荣是省城来的，怕是有些来头，主动向他套近乎。杨向荣认为这样的人是想找靠山的，乃投机取巧之辈，不可重用。第二部分人是顾武生的亲信，不会帮他杨向荣，此乃帮倒忙之人，用则反倒坏事。第三部分人乃是远离他的人，此乃看风头之主，那就让他们看个够吧。杨向荣最后还是选定了西国安，他不远不近，不卑不亢；问他的问题，只要他知道的，毫不保留说得透彻，令杨向荣佩服；他领路考察时全心全意、吃苦耐劳，全县情况心中有一本细账，群众关系又好，熟悉他的人都叫他 7（希）6（啦）3（咪），虽然不雅，倒也听得亲切，没有取笑之意；他还是边城的故事大王，在边城流传的故事，他都能说出来龙去脉。既敬业又有较高的思想水平，这样的人是可靠的，选他做助手，担任县府办主任一定称职。杨向荣相信自己的眼光，肯定自己的判断力。

杨向荣想好后，首先找到县委书记顾武生征求意见。顾武生一听，连连摇头，摊开两手说："杨县长，你来边城不久，不能一下子就把人看准，这我能理解。我在边城土生土长，又主持工作多年，什么样的人我心中都有一本活账。你另外提个人，也许我会同意，却偏偏不信西国安，他任办公室主任是万万不行的，咱这政府的衙门不能滥竽充数。如果他行，我早就把他提上来了。何必要邓明宽身兼两办主任呢。西国安当个秘书还算称职，不是我夸他，在边城衙门里写文章还算得上是一把刷子。但是办公室主任他就不能胜任了，这个职位要有综合协调能力，上跟领导，下系干群，这样的工作不是靠写文章写得出来的，西国安恰恰在这方面极其欠缺，上下左右关系都比较紧张。他眼里除了他自己没有第二人，这样的人岂能任办公室主任，你还是另选高明吧。”

“顾书记，正像您说的，我来边城不久，一下子不能把人看准。这样吧，邓明宽不能兼任两办主任，不是能力不及，而是不能心挂两头。我暂时又没有看准人，就临时要西国安代理吧，不正式下令，口头通知，看他工作成效后再作打算如何?”

顾武生心想，杨向荣还是给他顾武生面子，没有坚持到底，主动退了一大步，我也得给他一点面子才是啊。顾武生不求书记、县长一个心眼，但也不能太糟，得过且过就行。不能叫下面人看他们的笑话，更不能让上面领导认为他顾武生不容人。顾武生笑着说：“那好吧，杨县长点将，我总不能不给面子吧。你建议口头令我同意。既然是口头令，就不用召开常委会讨论了，这件事就到你我这里为止，由你口头通知就是了。”

杨向荣主动退一步，也是出于处理好一二把手之间的关系考虑，他也不想把关系搞僵。杨向荣讲求的是实际，只要事实存在，一张纸和一句话又有多大的不同呢。杨向荣找到西国安，开诚布公地说：“西国安，我想要你把县政府办公室的担子挑起来，给我当助手。我和县委顾书记交换过意见，他基本同意，只是条件还不是完全成熟，暂时以口头令的形式，让你代理县府办主任。等会儿顾书记和两办主任邓明宽就过来宣布，他们无论怎样说，你都不要发表什么意见，听明白了吗?”

“您放心，我明白了。”

不一会儿，顾书记、邓主任就带领县委办公室的工作人员集中到县府办。顾书记先说话：“今天把两办工作人员召集到一起开会，是为了安排下一步的工作。邓明宽同志一直身挑两办主任重担，杨县长到任后，为了更好地开展两办工作，邓明宽同志不再兼任政府办公室主任。县府办主任由西国安同志临时代理，希望两办工作人员各尽其责，共同做好工作。”

顾书记说完后，就带领县委办的工作人员走了。县府办的工作人员留下，县长杨向荣说：“同志们，我杨向荣从省城来到边城不久，可以说还不完全了解情况。原来两办主任都是由邓明宽同志一人担任，在某种程度上说不利于工作，因此，县府办的工作暂时由秘书西国安同志负责，希望大家支持他。我经常说，在一起工作就是缘分，希望大家珍惜。下面请西国安同志给大家说几句话。”

西国安既不激动，也不紧张，不慌不忙地说：“领导、各位同事，我西国安在这边城衙门工作可是有些年头了，大家对我也很了解。说句心里话，当不当主任，我没有想过，一切顺其自然。既然要我临时负责，我只有一句话，我尽全力，请同事们全力支持我。”

杨向荣着手思考边城整体发展思路，他要在县委扩大会议上，阐述自己的观点。顾书记通知县委、县政府各大局委负责人参加会议。杨向荣经过精心准备，在会议上慷慨陈词：

“同志们，我杨向荣来到边城也有些日子了，既然坐到县长这个位置上，就要为民办实事。我经过实地考察，了解到了边城人民的一些想法。我不喜欢长篇大论地作报告，喜欢面对面与大家交流，今天就采取研究讨论的形式，我作中心发言，大家审议的办法。

“我先提几个问题，针对问题，我们找出解决的办法来。我首先要说的是稳定民心问题。如果边城人民连个稳定的生产生活环境都没有，还谈什么发展呢？人民的政府，如果不能保护人民，这样的政府还有存在的必要吗？因此，政府当前首要的任务就是消灭土匪、打击黑势力、取缔迷信神仙团伙，还边城人民一个安定的正常的生产生活环境。前些日子我是动用了省公安厅和武警的力量，才打掉了边城最大的土匪黑势力，但是否边城就风平浪静了呢？政府不能高枕无忧放任不管，要巩固稳定的局面，防止黑势力死灰复燃。这里我要提醒各位，我在两次打击黑势力案件中发现，边城政府官员中，有不少人与黑势力有着不同程度的扯不清的瓜葛联系，希望这些人好自为之。老百姓把我们这些政府官员称为父母官，我看父母官指的不仅仅是书记、县长，在座的县机关干部、各大局委的局长们在广义上说都是百姓的父母官，是父母官就要为百姓办事，而不是去欺压、愚弄百姓。夏运烨利用职权霸占彼得堡事件、何双桂罡仙愚弄百姓事件虽然都作了处理，但在座的父母官们，该吸取什么教训？请深思。”

邓明宽很聪明，听到县长点了小姨子的名字，立即站起来表态说：“杨县长批评得对，大家也知道我为这事多次公开作检讨，我再次保证，我邓明宽的家人绝不会再犯这种低级错误，请大家相信我。”

其他人都低着头，不敢说话，生怕扯到自己头上，弄个不好看。杨向荣见大家不说，也不深究，这种场面只能点到为止，目的是引起足够的重视，继续发言：“我再讲投资环境问题。边城最缺的就是投资建设资金，有人到边城来投资，作为政府的父母官就应该创建良好的投资环境，为投资者服务。可是你们这些父母官们做得怎么样呢？据我所知，很多人想投资却不敢投资，张青云的彼得堡宾馆和王少雄的铜鹅馆就是典型，被我们的父母官们活活地吃垮、敲诈垮。就拿铜鹅馆来说，你们白吃白拿还嫌人家对你们招待不周，工商、税务、环保、劳动局、公安局，甚至派出所、街道办、居民小组等单位部门，二十多人高举查封条，气势汹汹地要查封铜鹅馆。铜鹅馆老板王少雄站在大门口，高高兴兴地迎接说：谢谢你们二十多位，不用劳驾你们了，铜鹅馆我已经开不下去了，你们请看，我自己就把它封了，我的封条要比你们手里的封条大得多。王少雄自己做了一个特大的封条，要比那二十多人手里的封条大十倍百倍，这是怎样的讽刺？而且今天在座的局长大人们，你们的人就有在那二十多人中的。我想问一句，你们面对铜鹅馆老板自己的特大封条，作何感想？我还知道，县政府、各大局在铜鹅馆白吃白拿有据可查的就有近百万，这近百万怎么处理？今天不细说，下一步再作专题研究，希望拿封条的父母官们做好思想准备。今天我们是谈投资环境问题，在座的父母官们请扪心自问一下，谁敢在高举封条的环境里投资？”

杨向荣这一问，各个局长大人们你看看我，我看看你，一时不知怎么回答。顾书记心里对查封铜鹅馆的事情是清楚的，只是冰冻三尺非一日之寒，不是一下子能解决的，他没想到的是杨向荣来到边城时间不长，情况掌握得如此清楚。顾书记本来很想讲话，但在杨向荣还讲问题的时候，他不想多接话茬，话茬接多了总显得被动，沉默不语就是最好的应对。杨向荣也知道，这种时候不直接点名是没有人往枪口上撞的，也没有打算要他们接茬，还是自己接着往下说：“下面我再讲寻找投资项目问题，重点讲国家政策扶植项目问题。农副产品、农林种植、节能减排等项目是国家政策扶植的范围，国家拨付扶植资金到发改委，明文通知各省市县发改局立项申请。我现在只举一个例子，我在梁山界考察时，70多岁的老村长梁三棍向我咨询，听说国家推行节能减排项目，禁止生产白炽灯，大力推行节能灯，国家给购买节能灯的农民一个灯补贴一半，我们边城农民怎么没有得到国家的节能灯补贴费用？我回到县政府，找到发改局伍厚民局长询问此事，伍厚民竟然一问三不知。国家实行节能灯补偿政策已经三年了，农民都知道国家有补偿政策，我们的父母官们竟然不知道。我查了一下资料，根据国家节能部门公布的统计数据计算，目前我国13亿人口每年用于照明的电力约2500亿度，若全部采用电子节能灯照明，一年可节约照明用电2200亿度，相当于三个三峡电厂年发电量的总和，等于新建了三个三峡大电厂。边城有近百万人口，按全国平均用电量计算，使用白炽灯每年用电约2亿度，使用电子节能灯可节约照明用电1.5亿度，节电80%左右。按一度电一元钱计算，这个项目一年可以为边城人民创造1.5亿元的节能效益，请问边城有没有能创造利润1亿元以上的企业？没有！这可是边城最大的效益项目，百姓受益最广泛的项目，发改局竟然不知道？百姓说国家给钱，边城政府都不知道去要，有政策补贴的项目都不知道去要，还能去发现寻找其他项目吗？发改局的父母官们，你们的心思用到什么地方去了？这不是我空口无凭，而是有根有据。边城有一个农民，承包了一个果园，按国家扶植政策立项，省里批了30万元的扶植资金，经过发改局层层剥皮，最后转到那个农民手里仅剩10万元，为了拿到那10万元，还倒贴了1万元的招待费，好狠呐。现在我就点名让发改局局长伍厚民站出来说说，我说的是不是实话？”

伍厚民在杨县长说到发改项目时，心里就很不是滋味，没想到县长还点他的名，让他向大家证实县长说的是不是真实的，怎么说啊？说是真实的，丢了自己的面子，说不是真实的，又说不过去，因为杨县长情况摸得相当准确，在他面前是赖不掉的，只好硬着头皮说：“县长批评得对，发改局的工作很被动，主要责任在我，不过我相信，有杨县长的正确领导，定会扭转乾坤，更上一层楼。”伍厚民说的都是场面上的话，他不说是真实的，却说批评得对，这叫不承认地承认了，还借机表了态。

杨向荣本来也没想在这样的会议上追究发改局什么责任，他只要发改局局长证实他考察的情况是准确的就行，伍厚民接受批评，表明自己说的就是真实的。杨向荣继续往下说：“下面我要讲的是发展教育问题。孩子是祖国的未来，自古说再穷不能穷教育，再苦不能苦孩子。据我调查所知，全县中小学危房占40%之多，有的教室真是空无四壁，孩子们在寒风雪雨中上课，特别是七步石小桃源古庙小学，连教室都没有，在山洞里上课。老县长的女儿在这样的环境中教书二十多年。请问在座的父母官们，如果是你们的孩子在这样的环境中学习，你们又作何感想？”

杨向荣问到这里并没有让教育局局长钟文韬站出来回答之意，可钟文韬很机灵，他担心等杨县长点名时再来说清楚，岂不被动？在杨县长还没有点名之前，主动站出来，讲点表态之类的话题，就可光彩地过关，不至于弄个被动不好看。想到这里，钟文韬满脸笑容地说：“各位领导，关于边城中小学校危房问题，也是我们教育局最棘手的问题，杨县长给了我们批评，也给了我们指示，更给了我们动力。过去我们一味地追求升学率，忽略了学校安全的硬件建设。现在我们已经确定了软件、硬件双重并举的方针，规划了两年消灭危房校园计划。此后如果再有危房校园，拿我是问。”

顾书记听到钟文韬的表态，心里顿生不满，忍不住出语讽刺说：“钟局长不要站着说话不腰痛，县里不是没有拨付你们教育局解决危房资金，钱花了，危房还没有解决，早就该拿你是问了。”

钟文韬见顾书记对他的表态不满，也不解释争辩，用沉默应对。

杨向荣也不去跟他们分辩，继续往下说：“下面我要讲的是医疗卫生问题。首先说我不懂医，据我所知，边城的医疗赔偿事件发生率是全国较高的，甚至可以说创造了世界水平。医生看病水平低，对病人不负责任，医疗事故居高不下。另一方面，百姓风气不正，法制观念淡薄，不管是不是医疗事故，只要死了人就去医院闹赔偿，不给钱就把死人摆在医院院长办公桌上，围攻医生，甚至将医生活活打死。我先不讲是医院方有理还是病人方有理，单就拿尸体闹事，打伤打死医生的事来说就是违法行为，不是解决问题的办法。我要问的是以卫生局牵头、公检法参加的医疗事故处理委员会该起什么作用？怎么控制闹剧局面，如何公正处理纠纷？卫生局和公检法部门要引起重视，再也不能这样闹下去了。讲到这里，我不想点名要谁来回答此类问题，就医疗事故纠纷问题，我给大家讲个医生给病人治病的故事：

“说古时候有一个以扁鹊为代表的医生世家三兄弟，老三扁鹊的医术名气最大。有一天，魏王问老三扁鹊说：你们三兄弟谁的医术最高明？老三扁鹊回答说：老大第一，老二第二，我老三最差位居第三。魏王不理解地反问说：不对吧，老大、老二根本就没有名气，仅闻名乡里而已，只有你扁鹊名扬天下，怎么你的医术反倒位居第三呢？扁鹊回答说：你们有所不知，老大医术高明在于病人有病尚未发病时就能看出发病的原因来，开点预防处方，调理一下，就把病根消除在发病之前，所以找老大看病的人都认为自己没病，只是需要调理的人才找老大看病。老二医术高明在于病人刚开始发病就能看出发病原因来，对症下药，很快就能药到病除，所以找老二看病的人都认为自己是小毛病，也就认为老二只能看小毛病。而我只能等到病人病入膏肓了，甚至死到临头了才能看出发病的原因来，所以找我看病的人都是疑难杂症、死到临头的人，重病下猛药，药到病除，人们都认为我有起死回生之术，因此我名气最大，闻名天下。实则不然，老大、老二的医术比我高明得多。魏王听了高兴地赞扬扁鹊说：你说得好极了。

“扁鹊三兄弟行医的故事告诉我们，治病要于未病之先，未雨绸缪，防患于未然。一分预防胜于十分治疗，不论是算经济账还是健康账均是如此。我们的医疗事故处理委员会处理医疗纠纷事件，为何不能尝试防患于未然呢？只要提前介入调查，公正处理纠纷，就会避免闹剧悲剧发生。”

杨向荣认为医疗闹剧问题太复杂，涉及面太广，一时说不清楚，只能通过这个故事来说明问题。卫生局局长和公检法的负责人也不敢接茬回答，他们心里明白，这些年大闹医疗纠纷事件，已经成为一种习惯势力，不论谁有理，都是以死者摆在医院办公桌上，病人家属围攻殴打医生，医院最后赔钱而告终。医疗事故处理委员会有名无实，没有真正出面解决过一次纠纷问题，医疗纠纷闹剧越闹越凶，形成难以控制的局面。这种局面谁来负责呢？谁都负不了责任，谁都讲不清楚，因此没人接茬去说此类问题。杨向荣讲到这里，觉得不能再过多摆问题了，不能只讲问题，不讲规划设想，当即改变方式说：“下面我要讲讲发展交通的设想问题。交通闭塞是制约边城发展的根本原因，目前边城的交通格局是：西不能与老铁路相接，东不能与新建铁路相靠，南不能与319国道相通，北不能与新建高速公路相连，是一个典型的交通死胡同。我们也不是完全没有办法，要打破这个死胡同的格局，我认为只要抓住两条线就可以冲出胡同，与大千世界路网连通。北面的新建高速公路从我县擦边而过，距县城不到50公里，建议修建双向行驶的高等级公路，与高速公路相连接。东面的新建铁路也从我县边沿擦肩而过，距县城70余公里，建议也修建双向行驶的高等级公路。有了这两条线，北可上高速路网，东可上铁路网，边城开放搞活的这盘棋就能走活了。”

顾书记听了杨县长关于交通发展的设想，当然有话说，但他知道杨县长要讲的不仅仅是交通发展问题，肯定还有其他设想，就开口催促说：“杨县长，我知道你还有很多设想计划，你就一次性说完，然后再讨论研究如何?”

杨向荣点点头，接过顾书记的话茬说：“好，顾书记的建议我采纳了，下面我就专讲设想方面的问题。我认为交通是边城腾飞的翅膀，旅游就是边城发展的龙头产业。据我考察，边城还真是一个藏在深闺的大家闺秀，一旦向世人展现，一定会成为旅游热点。边城在历史上声名显赫，要充分发挥文化遗产的作用，更需要进一步保护和修缮。我的主张是：按内、边、外三个层次布局进行保护开发。内层以边城古雅为基础，恢复小街青石板、鹅卵石路面，修复古城城墙，完善东西南北四大弧形拱门。内城街道两边的房屋按秦汉、唐宋、明清各朝代风格改造修复，特别是要恢复岷王府宫殿，还岷王府真面貌。疏通护城河，既保护环境，又美化城市。如果按这种设想，恢复古城风貌，我敢断言，边城将成为中国第二大电影城，成为又一个古代特色的影视拍摄基地。再说外城，也就是我说的内、边、外三层次的边层。边层以西塔、东塔、南塔为主要景点。三塔现仅存东塔，要按原貌恢复西塔和南塔。特别是西塔，乃是世界上最大的斜塔，比意大利的比萨斜塔还要早一个世纪。当然恢复西斜塔需要精心设计，留待下一步研究。最后说边城外层，以云雾山、七步石、法相岩、威济水库、西施故居、屈原渔父亭等为景点，打通上山通道，保护自然风光，打造边城旅游品牌，大有希望。

“紧接着我要讲因地制宜，发展养殖和加工业问题。据我考察，边城的种植和养殖是很有基础的，问题是没有形成规模。我主张，分散与集中相结合，开办‘三场’，即养殖场、种植场、加工场。将分散的送往三场集中，形成规模，冲出边城，先打入港澳台，再走向世界。出路还是有的，我相信边城能走出以上几步，就会有较大的变化。”

杨向荣既讲出了边城目前存在的问题，又没有深究问题的原因，只是点到为止。有针对性地说出了自己的主张，高度概括，抓住重点，集中要点，不长篇大论。在座的都觉得杨向荣抓准了问题，提出的发展方向也是正确的，只是看起来实施不那么容易，一时没有人接着发言。

县委书记顾武生也看出了门道，他认为自己是“一把手”，别人一时不好讲，他要带头讲，而且还要引导大家讲，这才是“一把手”的职责和风格。顾武生笑了笑说：“今天召开县委县政府扩大会议，在座的是边城的局长、乡镇长和公检法的负责人。刚才大家也听到了杨县长的发展方略，说句心里话，我听了也很激动，作为县委书记，又何尝不希望边城迅速腾飞起来，可是边城不比省城，用省城的眼光去看边城，肯定是不习惯的，省城的发展思路用在边城这小地方，更是有些不切实际。办学建校、修路架桥、发展旅游都是要钱的，钱从哪儿来？县财政发工资都困难，上星期离退休老同志到县委来吵闹工资的事，还未平息呢，我恨不得天上掉钱下来。可是可能吗？天上永远也不会掉钱，还得要靠我们的双手，一点一滴去挣，问题才能一个一个地解决。这些年边城不是没有发展，还是有所发展的嘛。只是一下子要跨那么大的步子，实乃力不从心。就拿学校来说吧，县财政拨了不少钱，逐年也解决了一些危房改建问题，可总不能在一夜之间全县几百所中小学都建成高楼大厦吧？再说修路问题，我的想法更大，只是敢想不敢做而已。现在修高等级公路造价差不多两千万一公里，70 公里加 50 公里，120 公里就是二十几个亿，对于边城这个小地方简直就是天文数字，吓死人的。还有旅游业，我也知道边城在历史上有些显赫的文化遗产，但大部分已遭破坏，要重新恢复谈何容易。一句话，不是我顾武生唱低调，边城的事情，还真的只能是小脚女人，走一步看一步，不能热血沸腾，更不能头脑发热。”

杨向荣听了顾书记的意见，想了想说："顾书记讲的是有一定道理的，也是实际情况。困难总是有的，可以说世界上还没有不存在困难的事情，关键是我们怎么去克服困难。改革开放的经验告诉我们：大发展小困难，小发展大困难，不发展更困难。因此，我们要有高起点，长远考虑，不能被困难吓倒，要在困难中求发展。我提出的这几个发展方向，不是我杨向荣头脑发热，凭空想象的，而是经过深入调查研究，针对客观实际提出来的。我强调一点，今天我提出的发展战略，是要大家明确边城的发展方向，朝着目标去努力，不是要大家今天表态，明天就开工建设。真正要实施，必须采取各个击破的战术，具体问题具体对待，那就不是一朝一夕，一两句话就能说得清楚的。但是我们必须要明确一个观点，那就是不能等到口袋里有多少钱，才去考虑求多大的发展，而是要去求发展，让口袋里的钱多起来。为了说明这个问题，我不想作更多的理论阐述，我给大家讲个故事。

"话说有一个中国老翁与一个外国老太太，在临死时，有这样一段对话：

"中国老翁说：我这辈子最大的心愿是建一座房子留给我的子孙后代，只可惜我没有钱，我攒啊攒，一直到我临死前，才把建房钱攒足了，等房子建好后，我也要死了。但我死不瞑目，新房子我没住上一天。

"外国老太太说：我这辈子最大的心愿也是建一座房子留给子孙后代。可惜我开始的时候也没有钱，于是我就借钱建了座房子，我拼命挣钱还了几十年的债，到我临死时，我终于把欠债还清了，死也瞑目了。

"这个故事说明了两种不同的观念，得出的也是两种不同的结果。我们从中能得到什么样的启示呢？"

边城人大主任陶大成本不打算发言，现在他忍不住想说两句。顾武生的话他听得多了，自然没有什么感触，倒是杨向荣的话对他触动很大，特别是那两个老者的故事，令他耳目一新，一向保守的观念中也燃起了新的火花。他有点激动地站起来说："诸位，本人想借此机会也说几句心里话。我干过多年的常务副县长，还代理过一年的县长，如今年纪大了，在这人大常委会主任的位置上也干了好几年，可以说是干一天算一天的人，激情燃烧的岁月对于我来说是永不再来了。但是，我还想为边城人民说句话。

边城人民盼发展求致富，可以说是盼穿了双眼。改革开放的春风吹遍大江南北，春天的故事像雨后春笋，可咱边城这小地方就是春风不度玉门关。当然我不是全盘否认边城这些年来的成绩，正像顾书记说的那样，边城还是有所发展的。我要说的意思是发展的步伐与他人相比的差距，说与发达地区相比落后一个世纪，也许有点夸大其词，但是落后于人的事实我们总不能否认。是我们这些坐在县衙门里的老爷们不努力，白吃干饭，还是我们比别人愚蠢呢？我看都不是。顾书记说了，边城穷，办事困难，这也不可否认。可是这么多年来，我们一直没有找到切合边城实际的发展思路，杨县长新到边城不久，通过深入调查研究，提出了几个方面的发展思路，我认为比较切合实际。他不但找准了问题，更重要的是针对这些问题，提出了解决问题的思路和方法。说句实在话，这些年，边城老爷们天天在找问题，解决问题，可就是没有一个能提出如此系统的、因地制宜的、比较完整的思路。大家要明白杨县长不是在毫无根据地乱唱高调，他并没有提出要把边城建设成国际大都市，更没有提出要在边城发展现代化工业的宏大目标，而是立足现实地提出多个方面的发展规划。当然，要实现这些大目标，也是有困难的，这又要回到顾书记的困难问题上来了，就看巧妇怎样找米下锅了，还是请大家接着发言吧。”

陶大成最后说了一句巧妇怎样找米下锅的话，意在提醒各位，杨县长是省城下来的，向省里好要钱，要到钱不就好办了么？陶大成心里这么想，但他不好意思说出来，希望有胆大的点破这个话题，逼杨向荣向省里伸手要钱，边城才能真正有希望。

县政协主席竺臻武干咳了两声，接着陶大成的话题说：“诸位、诸位，边城人都这么说，县委用权，县政府用钱，人大开会举手，政协会上发言。我呢还是老规矩，继续发言。书记、县长、主任都谈了意见，各有侧重，又都有道理。特别是陶大成这个老滑头，话讲了一半，还有一半是留给我的，我就把他没有说完的巧妇怎样找米下锅的那一半，说给大家听听。陶大成的意思是说，就看县长向省里能要多少钱了。咱边城地方小官小，省里的大官老爷们瞧不见我们这些穷酸鬼，如今不同了，杨县长是省府下来的，又是省长的红人，伸手向省里要钱我看没问题，要多少就看杨县长怎么哭了，俗话说会哭的孩子多奶吃嘛，有了钱还怕边城建设不好？

诸位，我可说的是大实话，没有半点说风凉话的意思，请原谅我直来直去的性格。”

紧接着副书记卢仙丹、副县长侯继书先后在会上发了言，问题大同小异，说法不离其宗。最后顾书记总结发言说：“会议开得很好，很多人都说出了诚恳的意见。杨县长的到来，给边城带来了新的希望，能向省里多要点钱，是我们梦寐以求的事。大家的意见集中在一个钱字上，只要有了钱，我相信我们这些边城的父母官，一定能够把边城人民的事情办好。我更相信，省里会给我们边城极大的关照，边城就有希望了。如果省里源源不断地向边城拨款，到时候就不是几个方面的发展规划了，而是遍地开花!”

顾武生说这番话，是有所指的，边城的官员们都明白，边城发展缓慢是因为省里不给钱，现在要发展也依靠省里给钱，不是仰仗个人的通天能力。顾武生的潜台词，就是他相信省里也不会给很多钱，杨向荣所谓几个方面的发展规划可不是一点点钱就能解决问题的。他最后甩出一句叫板话，意在告诉大家，多个方面的发展规划算得了什么，有钱我顾武生也能叫它遍地开花。

散会后，杨向荣也在思考，边城的发展，资金乃是首要问题，有钱好办事。向省里要钱也是办法之一，凭他和省长的特殊关系，要点钱起步在情理之中，边城人把希望寄托在省里也不无道理。他杨向荣向省里要点钱，也算是给边城人民一个见面礼。想好后，杨向荣带着县府办代主任西国安踏上了去省城的道路。

杨向荣熟门熟路，进出省府仍和以往一样，一路笑脸打着招呼，直奔省长刘长远的办公室。刘长远见是杨向荣到来，起身握手，拍着杨向荣肩膀说：“你小子还记得来看看我这老头子，你坐下，这位是?”杨向荣忙介绍说：“他是县府办代主任西国安同志，跟我进省府讨钱来了。”

“我说你小子不是来看我老头子的，是冲着钱来的哟。好啊，请坐。”刘长远热情地说。

杨向荣见省长高兴，直奔主题：“刘省长，边城实在是太穷了，请您从计划厅那里批转几千万元给我们，也算是对老少边穷地区的扶持嘛。”

刘省长停了停，拉长语气说：“小杨啊，这些话在你上任之初我就说过，你是从我的秘书位置上下去担任县长的，我大笔一挥，批给你几千万元去搞建设，当然完全可以做得到。可是你想过没有，如果你从省城带着我批给你的巨款去一个山城搞建设，省里那么多的干部怎么看你？全省一百多个县的书记、县长们又会怎么看你？特别是你们边城的干部们会怎样看你呢？你把事情干好了，人家不认为是你杨县长的功劳，而是省里关照的结果。事情办不好，人家就会说你省里给钱都干不好，真是没用啊。不是我不批给你钱，批了也起不了好作用。我还是那句老话，要在复杂的环境中，困难的情况下，依靠自己的能力，动员一切力量，去解决问题。在困境中崛起，别人就会正眼看待你，你也心地坦然，踏踏实实。你看我说的是否有道理？”

杨向荣没有立即回答，他知道省长说的句句在理。但现实与道理往往是有差距的，就眼前的道理与巨款而论，杨向荣宁愿舍去道理，他不怕别人怎么议论他，有钱就是硬道理，钱对于开发建设来说实在是太重要了。但刘省长只会考虑道理，不会去体会无米之炊的痛苦。杨向荣了解刘省长的性格，道理讲完了，就自己去体会，他不喜欢讨价还价。话说到这里，杨向荣起身告辞说：“那好吧，我们回去另想办法。”

刘省长也不多留，起身上前握着杨向荣的手说：“办法是人想出来的，我相信你会有办法的。记住，在困难面前一定要坚强。说句实在话，哪个地方没有困难？没困难我就不让你去了。越是困难的地方越能锻炼人。”

杨向荣无功而返，心里有一种说不清缘由的乱糟糟的味道，是怪刘省长要求过高太苛刻？不是。还是刘省长不理解他的难处，不善解人意？也不是。是他杨向荣没把困难说清楚？都不是。西国安见杨向荣心里乱，也想劝劝他，必须绕开烦人的资金话题，因为资金不是凭嘴说就能得来的，越说心里越急。西国安想了想说：“杨县长，依我看，刘省长对您用的是逼将法。”

“何以见得？”

“他的话听起来柔和亲切，句句为您着想，可字字都是逼您出征的号角。要我理解，这开发建设在某种程度上也和打仗一样，必须破釜沉舟，背水一战。”

“你是说在绝境中求生存和在困难中求发展是一个道理？”

“可以这么理解。当年韩信领兵攻打赵国，数日间损兵折将，屡攻不下。韩信无奈之下，在井陉口用背水阵，前面是强大的赵军，气势汹汹地杀过来，后面是深不可测的水域，前进是死，后退更是亡。韩信说：后退一定是死亡，前进与敌人拼个你死我活，说不定还有一线生机，弟兄们，要死要活在此一举。将士们以一当十杀向敌群，大破赵军，取得胜利。在庆祝胜利时，将士们不解地问韩信，这是什么道理？韩信笑着说：兵法里有‘陷之死地而后生，置之亡地而后存’的战法，吾用之，故而胜利。边城要发展致富，虽不同于打仗，可我们是不是能从背水一战中得到一点启示呢？”

“有道理。就看我们如何拼搏创新，在困境中寻找出路。”

“既然是困境，就要借东风，建议县政府成立招商办，利用边城在海内外的名人志士，激发他们爱国爱家乡的热情，政府搭台，让他们比着唱戏，或许能开出一条路。”

“我也正在考虑这个问题，说办就办。”

13

杨向荣下一步要考虑的是建设开发边城的具体实施，他要让闭塞落后的边城尽快跟上时代发展的步伐。修路、发展养殖业、开发旅游，都需要资金。可惜边城缺的就是资金，没资金如何运作？这是杨向荣最头疼的问题。为了解决发展资金，杨向荣向省里求援无望，省府下拨资金这条路对他来说已经堵死了。此路不通，杨向荣只好另谋出路，他首先想到的是借鸡生蛋。他想，边城虽小，也总出过大神仙，肯定有离开边城在外发了财的名人志士，激发起他们热爱家乡的热情，这可是一笔巨大的财富啊。如果有千百个边城赤子回乡投资，边城的建设开发一定会插上腾飞的翅膀。杨向荣去找县委书记顾武生，商量具体的招商办法，特别是要确定招商引资办公室的人选。杨向荣把自己的想法向顾书记作了说明，顾书记听后既没有发表反对意见，也没有积极支持，只是不轻不重说了句："这倒也是个办法。"

可是在人选问题上顾书记却与杨向荣有着意见分歧。杨向荣的意见是：招商领导小组组长由书记顾武生担任，杨向荣任副组长。杨向荣的这个意见是从两个方面考虑的：一是县委书记是"一把手"，按照惯例，"一把手"是要挂帅的，县长这个职位是"二把手"，是副组长，不能违背这个游戏规则；二是让顾书记挂帅，自己挂帅唱戏，总不能拆自己的台，一二把手意见一致，事情就好办了。顾武生的意见却与杨向荣相反，他让杨向荣任招商领导小组组长，自己甘当副组长。顾武生心想，这是很麻烦的事情，这些年他就是不想在麻烦圈子里转，不求有功，但求无过。你县长激情满怀，你就激情燃烧去吧，反正我顾武生只求平稳了。他心里知道自己这辈子是冲不出边城了，可他在边城经营了几十年，谁也别想动他。只要边城存在，他顾武生就不会消失，边城这块小天地就还姓顾。只要天不变，地亦不变，炒地皮的事情谁想干就干去吧。他知道杨向荣想把边城这块地皮炒活，就让他去吧。炒好了，功劳也有他顾武生一份，他是边城的“一把手”，谁敢说他不是功臣么？炒不好，过失算不到他头上，因为他挂的是副组长。县长嘛自然是抓经济的，引不进资金，搞不好经济建设，自然是杨向荣的政府工作不力，找不了他顾武生多少麻烦。同时还表现了他高姿态的谦让。因此，顾武生一定要杨向荣挂帅任招商领导小组的组长。杨向荣也看出了顾武生的心思，既然书记谦让，杨向荣也没有必要过多地推辞，只好答应了。

在招商办人选上，顾武生寸步不让。杨向荣提议由县府办代主任西国安任主任，县发改局局长伍厚民任副主任，再抽调几个有经验的办事人员。顾武生则坚决主张邓明宽任主任，伍厚民任副主任。杨向荣让西国安任主任是为了便于工作联系，他要亲自上阵主抓，西国安是个好帮手。而顾武生考虑的是不能叫西国安太出头了，同意他任县府办代主任就已经很客气了。西国安的代主任是副主任，而发改局局长伍厚民则是堂堂正正的大局长，怎么能屈尊其下任副主任呢？邓明宽就不同了，他是县委常委、县委办主任，他领导伍厚民名正言顺，谁也无话可说。杨向荣也没有更多的理由去说服顾武生，也没有必要去说服他，更没有必要去较那个真。杨向荣以商量的口气说：“顾书记，您的意见有道理，这样吧，招商引资是项大行动，党政、人大、政协都要齐上阵。人大主任陶大成，政协主席竺臻武，主管工交的副县长侯继书，县委办主任邓明宽，都放在领导小组里，发改局伍局长任招商办主任，西国安任副主任，这样您看如何？”

顾武生听杨向荣这么一说，再也挑不出什么毛病，只好同意。

杨向荣按讨论确定的方案执行，叫西国安与伍局长去商量抽调工作人员。杨向荣说了一句没头没尾的话：“只要肯干工作，不在乎主任副主任的。”

西国安自然理解杨向荣的意思，笑了笑说：“我从来就不看重什么主任副主任的，有工作干就行。”

“那就好，有点像我的性格。”

“那可不一样，你驾驭全局，工作激情燃烧，拨弄的是大算盘。而我呢，只想做点具体工作，眼睛只盯在手头工作上，看到碗里瞧不见锅里。”

“你抓紧以县招商领导小组的名义起草一个文件，把开发建设项目和投资的优惠政策，都清楚列明，吸引开发商。首先在报刊媒体发布广告，再扩大联系面。”

广告一刊出，最先联系的是香港亚太银行行长陶源生。

西国安与伍厚民一起，带着县政府招商引资的文件，去香港找到了陶源生老先生。

陶老先生年岁已高，退养在家，亚太银行行长的职务交给了小儿子陶台生。陶老先生一听说家乡政府要招商引资搞开发建设，心里高兴极了，立即答应联络在港澳台的同乡会成员，并寻找在国外有成就的边城人士。西国安、伍厚民与陶老一起在香港筹划了一个多月，回到了边城，把情况向招商引资领导小组作了汇报，领导小组肯定了西国安、伍厚民等人的工作。

西国安从香港回边城作了官方汇报后，又单独向杨向荣作了不便在官方公开的有关说明。西国安说：“杨县长，招商引资在陶老先生的帮助下，进展很顺利，我要单独向您汇报的有这样几个复杂情况。第一，就是彼得堡事件，这您是知道的。张青云在解放时是人民政府要镇压的大土匪头子，解放大军开进边城时，他逃往香港，在香港发了家，成为大资本家。香港回归祖国后，他回家乡投资建了彼得堡宾馆，交给了后人张继云经营，后被边城公安局副局长夏运烨霸占，成为边城的黑窝。夏运烨虽然被正法了，但张青云对边城政府持怀疑态度，他担心一个夏运烨倒下了，还会有第二个甚至第三个冒出来，不但要霸占他建设的项目，还要查他祖宗三代，他祖宗三代为匪，生怕边城政府算历史旧账，再也不敢回边城来了。陶老先生做了很多工作，并以自己是国民党军政要员，也是边城政府算旧账对象的亲身经历说给他听，他虽然相信陶老先生，但还是心有余悸。”

“他的担心也是有道理的，有机会我亲自向他解释。”

“第二个情况就更复杂了，在边城济水河下游有个叫‘许家大屋’的地方，许家大屋本不是个地名，它是边城最大的地主许仁喜的庄院，也是边城最大的庄院，全部为木质结构，很有古代建筑特色。在边城，一提许家大屋，无人不知，那个地方的地名却慢慢被人忘记了，后来人们就自然而然地以许家大屋取代了地名。1949 年 10 月 10 日，人民解放大军打进边城，大地主许仁彰被镇压，其弟许仁喜闻风而逃，躲过了政府的镇压。许仁喜逃到澳门，做起了小买卖，虽然没有大发，但日子也还过得轻松。他有个儿子叫许家城，其名意思是老家在边城许家大屋。许家城在美国留学，毕业后留在美国，成为美国颇有名气的科学家，他研究的高科技产品在世界贸易中有着举足轻重的地位，成为非常富有的大资本家；此人对政治也有极为浓厚的兴趣，凭着资本撑腰，投身美国政坛，当过美国一个州的州长，集科学家、资本家、政治家于一身。他的父亲许仁喜生前与陶源生先生有深交，他与陶老先生也有着密切的关系。陶老先生引见时，他对家乡的建设积极支持，愿意出钱出力，但提出了一个难以处理的问题——要求政府把他家的老庄院许家大屋归还给他，给我们出了个大难题。他爹当年是政府要镇压的对象，侥幸逃脱了。许家大屋土改时化整为零，分别分给穷苦大众居住，几十年的风雨沧桑，有的已拆屋重建，也有的搬出庄院另建新屋，几家盖不起新屋的农户仍然居住在许家大屋。许家大屋虽然七零八落，但总的楼角仍然依稀可见。这里面有两个棘手的问题，一是当年的边城政府没收许家大屋，分给穷人居住，可现在的边城政府又要收回归还给他，恐怕找不到政策依据；二是就算能找到新的政策依据，也不可能还他一个原貌完整的许家大屋，那些仍然住在许家大屋的人如何安置？这是政府要慎重考虑的两个问题。”

“嗯，这个问题是有些复杂。好，你接着说，说完再寻找解决问题的办法。”

“第三个问题嘛，说来是一段荒唐的笑话。您听说过海南岛关于南霸天庄院的故事吗？”

“不就是《红色娘子军》电影里的南霸天吗？”

“我说的不是电影故事中的南霸天，而是电影背后现实生活中发生的关于南霸天庄院的故事。《红色娘子军》的故事发生在海南岛万泉河边，电影导演谢晋到实地考察，发现万泉河边乃至海南全岛都没有南霸天这样一个真实人物，更没有南霸天的豪华庄院。但是为了剧情的需要，谢老就把中国大陆上的东霸天、西霸天、北霸天的人物特点移植到海南岛，改成南霸天，这在戏剧创作中也是顺理成章的。可是在拍摄时谢老又遇到了麻烦，既然是南霸天，就要有南国海南的风光特色啊，总不能把冰天雪地的北霸天大庄院搬上银幕吧。于是谢老就在全海南岛寻找，终于在海南凌水县找到了一个不太起眼的庄院，因为当时海南全岛都是穷苦大众，没有人有钱盖得起像电影里的南霸天那样的理想化大庄院，就这不起眼的庄院还是清朝政府一个在朝廷做了大官的人留下的，他的后代几经衰落，到解放大军解放海南岛时，这个没落家庭的后代早就变成了穷苦大众了。按当时的土改政策，给这家划定的成分是贫农，唯一的祖业就是这小庄院。庄院坐落在椰林的怀抱中，倒是很有南国海岛的风格。谢老找不到理想中的豪华庄院，只好用凌水县这个不起眼的小庄院作替代，把电影拍完了。《红色娘子军》在全国一放映，海南凌水县的人一看，南霸天的庄院不就是那个没落的官僚庄院么，原来他家就是南霸天啊。‘文化大革命’时期，凌水县的造反派冲进庄院，把主人赶出家门，没收了这个庄院。一直到改革开放落实政策，庄院的主人才向海南人民政府提出归还庄院的申请。政府经过调查，这个庄院才终于回到了主人手中。故事讲完了，可我要讲的第三个问题才刚刚开始，我们边城也有一个类似南霸天庄院的荒唐故事。”

“是吗，说来我听听。”

“在边城独山乡有一个陆家庄院，是清朝政府财政大臣陆三宝所建。陆三宝是一个传奇人物，号称神算子，不但文章写得好，而且算数不用算盘不用笔，只要看一眼，立即知道结果，心算之快都快赶上计算机了，他是当时考进朝廷最年轻的大学士，被称为神童。朝廷用其神算之长，让他做了财政大臣，告老还乡后建起了这座陆家庄院，规模仅次于许家大屋。此人还有一个生理特点，被人传得神乎其神，说来您可别见笑。”

“说呀，我倒要听听他神在什么地方。”

“听说他的生殖家伙有一米多长，与小老婆隔床做爱。平时围腰一圈后绑在腰上，早晨起得早，常去后山锻炼跑步，把那长家伙从腰上解下来放在前面打露水，锻炼回来躺在太师椅上叫小老婆擦露水拔荆刺，一次要拔下半碗刺。”

“哈哈，你这牛皮也吹得太悬乎了吧。”

“反正边城人都这么传，好了，这浑话就不说了，还是回到他留下的那个大庄院上来。陆三宝死后，他的后代也开始衰落，到了 1949 年 10 月

10日解放大军解放边城时，陆三宝的后代除了那个庄院以外，衰败得一无所有，就那庄院还不够他的后人居住，因为他家子孙后代多。当时的政府土改工作队认为这个庄院毕竟是从前的官僚地主留下来的，必须没收，陆三宝的后人被赶出庄院。陆家庄院便成了当时土改工作队的办公场所，后移交给乡政府，成了乡政府的办公机关。刚才我说了，陆三宝后人衰败，但也并非后继无人，他的小老婆生了一个儿子，叫陆八贝，因为反抗父母包办婚姻，从小逃离家乡，闯荡江湖，最后定居香港。陆八贝有个孙子叫陆九鼎，毕业于英国剑桥大学，早年曾做过英国驻香港总督府的特别顾问，后定居英国，成为英国有名的大资本家，与陶老先生也有交情。他对边城的开发建设同样有浓厚的兴趣，也提出要边城政府归还他祖上的陆家庄院。目前，我掌握的情况就这么多，您看这些问题如何处理?”

“问题还真有点复杂，我一时也说不清如何处理，必须召开常委会讨论决定，我相信，总会找到解决办法的。”

杨向荣听取汇报后，想这些问题都必须交领导层集体研究解决，因为涉及历史方方面面的政策问题，不是一两句话能说清楚的。杨向荣建议顾书记召开常委会研究解决。

常委会一开，杨向荣首先摆出了有关招商而引出的彼得堡、许家大屋、陆家庄院三个问题。县委顾书记首先发言：“听杨县长提到的问题，我感到很惊讶，说句心里话，要是过去，整他们还找不到机会呢，可现在看来，却又有一定的复杂性，请各位常委发表意见。”

顾武生不轻不重地点了一句，他知道会议开始他只能蜻蜓点水，最后才是他总结定音，他的压台戏集中在后面。政协主席竺臻武心里明白，这些问题都与政协工作有着极为紧密的关系，他先发言有利于问题的解决，就最先发言说：“从这些问题的性质来说，与统战关系最大，因此，我得先说。这三处房屋的先主，曾经都是边城政府要镇压打击的对象，他们的祖先田地房产也都是要没收的。可是客观上他们又从政府的枪口下逃脱了，由于历史久远，也就不追究他们了，可这些人又在外面发了财，现在呢愿意为家乡的建设投资，说明他们还有热爱家乡的一面，也可以说他们的先人过去对边城人民犯过罪，现在有将功补过的表现。边城政府既往不咎，重在当今表现，这也就得了，干吗还要揪出历史老账来算呢，这不是没事找事吗？如果要反攻倒算的话，政府还能饶过他们吗？再说他们这些人有的是钱，那几个老屋旧宅能值几个钱？我想他们醉翁之意不在酒，也许各人有各人的算盘。当然啰，我说的是大道理，其实三个问题说起来，还是有各自不同的情况，需要具体分析。下面我就讲具体一点……”

“且慢，且慢，我知道你想讲什么，你那个具体的分析就交给我吧。”人大主任陶大成打断竺臻武的话，主动接着话题往下说：“各位常委，这三个问题具体分析起来，我们边城政府还真有理亏的一面。首先说彼得堡吧，建彼得堡的张青云是边城解放前三大土匪头子之一，他逃脱了边城政府的枪口，在外发了财，改革开放后，他回到边城投资建起了彼得堡宾馆，交给了远房亲戚张继云经营，生意不算很红火，但也经营得下去，还解决了一些下岗职工就业。从客观上讲，彼得堡的建设经营对边城只有好处，没有坏处，而且他还答应在其他项目上投资。可是彼得堡经营还不到三年，却戏剧性地易主了，成了败类官员夏运烨等人的发财黑窝，人家这会儿有所顾忌也是合理的，我认为当今的边城政府应该给他吃颗定心丸。

“再说第二个问题，关于陆三宝大官僚地主留下的那个庄院，按照当时的土改政策是不应该没收的，因为他的后代几经衰落，已经衰落到与边城的穷苦大众同在一个贫困线上。虽然庄院比较大，可陆三宝的后代很多，一家分一间都不够，当时土改分田分房，也是力争每家每户两间房以上，按土改政策还要补分房屋给陆三宝的后代，又怎么还要没收那个庄院呢？当时的土改工作组没收这个庄院，实属偏激行为，后又移交乡政府办公，更是违反政策的行为。他的后人陆九鼎只申请归还庄院，还没有找政府收取使用费呢。既然海南省凌水县的假南霸天庄院已物归原主，我认为我们边城政府应该像海南政府那样，实事求是，高姿态地把陆家庄院归还给他。别说他积极向家乡投资搞建设，就是不投资，也要物归原主。做错了的事，就要勇敢地纠正错误，那才是人民真正拥护的好政府。”

“好，说得好。”杨向荣拍着手赞美陶大成的观点。

“您先别急于叫好，我还有第三个问题没有说，等我把第三个问题说完了，也许你们就笑不起来了。第三个问题，也是最复杂、最头痛的问题。大地主许仁喜是边城的刘文采，是土改时边城政府要镇压的对象，他的田地房屋按土改政策是要全部没收的。他在澳门病死了，如果还活着，治他的罪都不过分。可是现在申请要回许家大屋的人是他的儿子许家城，许家城是集科学家、资本家、政治家于一身的大人物，对待他可要慎重，最起码他没有罪，有罪的是他的老子。解决他的问题，既要尊重历史，又不能违背政府的一贯政策。许家大屋归还给他是没有任何道理的，如果无原则地归还，那就是政府自己打自己的嘴巴，会在边城人民中留下笑柄。我认为原则要坚持，政策不能改变，哪怕是不要他的投资，也不能把许家大屋归还给他。这样的无理要求，是向政府示威，是严肃的政治问题。”

陶大成这么一说，各位常委都认为有道理，就连顾书记都无话可说，杨向荣也真的笑不起来。陶大成见大家一时不做声，又逼他们说话：“别听我一个人的，你们还有更高明的见解，说出来大家讨论讨论，说不定能议出好办法来。”

陶大成话落，一时没有人接茬，会议沉闷了很久。杨向荣想了想，接上话茬说：“我倒有个想法，你们看这样处理是否妥当。把许家大屋里现在居住的农户搬出来，由政府统一安置。然后将许家大屋按原貌整修一下，作为边城的教育基地。把许仁喜的田地、家产、房屋、大小老婆、佃户家丁以及生平等情况制作成画展，功过是非不夸大，不缩小，实事求是。我听西国安介绍许家大屋说过，许仁喜平时像守财奴严监生一样，重财如命，剥削农民大斗进小斗出，阎王爷不嫌鬼瘦，人称边城的刘文采。可是他也有善良的一面，听说有一年边城闹饥荒，他叫家丁在大门口煮稀饭，免费救济饥饿的灾民。后来成群结队的灾民涌向许家大屋，许仁喜把粮仓打开，让灾民一人背一袋回家度荒，灾民感动得高喊许老爷万岁。这些事都展示出来。许家城回家一看，大屋还是过去的许家大屋，没有人居住，而屋里展现的又是他爹生前的功过是非，客观事实。对许家城来说许家大屋是个保留物，谁也搬不走，不存在归还的问题。平时对外又是一个教育基地，展现的都是历史上的阶级斗争。这岂不是两全其美，谁也说得过去，说不定还会成为边城发展旅游的一个好景点。你们看，我这主意如何？”

人大主任陶大成拍手称好，首先表态赞成说：“杨县长的主意就是比我的高明，既不违背政策，不失政府权威，又堵住了许家城的嘴。保留物不存在要归还给谁的问题，他也不可能把许家大屋拆了移到美国去。而边城又多了个教育基地，增加了个旅游景点，两全其美。依我看，就这么办。”

大家都表示赞同杨向荣的这个处理办法。顾武生本来是反对杨向荣的观点的，他认为按50年代土改政策没收地主田地房屋，是理所当然的，根本不存在归还的问题，居住在许家大屋的农户，也是按政策得到的，同样不存在退还的问题，群众会怎样看待这件事，恐怕不好做工作。好在用“教育基地”的牌子，可以把归还问题掩盖起来。大家都同意，只要不是大原则问题，也就那么着吧。因此，顾武生也没有更多的意见，最后说了一句总结话：“既然大家都同意，这三个问题就这么处理吧。”

顾武生正准备宣布散会时，杨向荣又说：“还有个问题，想在这里提一下。我还没有完全考虑成熟，也还没有来得及与顾书记等领导同志商量，因此，我仅仅是提议，不一定要讨论研究出一个结果。招商引资的前期工作进展比较顺利，遇到的麻烦问题今天也研究出了妥善解决的办法。下一步我准备召开招商引资洽谈会，为了把招商会搞得热闹一点，想借这次会议的东风，搞一台演唱会，让明星名人看看边城，也是一次宣传，更是一次广告会。大家看意下如何？”

顾武生心中闪过一阵不悦，在心里埋怨，这个杨向荣，就你事多，事先也不商量，也不知道哪个时候就冒出问题来。但会议也没有规定不让人提问题。顾武生一时不好提出支持或者反对意见。在这样的时候他往往表现的是以静制动，以不变应万变，看看他人怎么说，他再从中寻找对策。杨向荣说完，没人发表见解。因为都没往这方面想过，不知从何说起。杨向荣见没有人发言，自己找个台阶说：“我说了还没考虑成熟，也没有提出具体的办法，仅仅是想法而已，这次就算跟各位打声招呼吧，等我考虑好了再讨论研究。”

杨向荣这么一说，反倒有人说话了。政协主席竺臻武首开先河说：“既然提出来了，就不妨议一议。是件好事嘛，明星名人聚会看边城，边城人也开开眼界，一睹明星名人的风采。至于具体的实施办法，我看也没有必要在今天就讨论清楚，真要搞起来，我相信杨县长自有办法。”

政协主席竺臻武几句简短的话，却像定了乾坤一样，大家都附和着说：“竺主席说得对，咱边城人平时只能在电视里看看明星名人，如果能与明星名人面对面，也算土包子开了洋荤。”

顾武生见大家都赞成，也不好说反对的话，这毕竟是一件好事，只好顺着大家的话茬说：“既然是件好事，就要好事好办，这资金来源怎么解决，没有想过吧？”

杨向荣笑了笑说：“演唱会的资金不成问题，俗话说羊毛出在羊身上，就在这次招商会上一并解决，实际上还是用他们自己的钱。这叫政府搭台，明星带着企业家名人高唱招商引资的大戏。”

顾武生最后决定说：“那好吧，那就名人招商洽谈会和演唱会同时登台，唱他两曲好戏。具体的方案杨县长你就多操心了。”

杨向荣提出的问题，在会上转了一圈，又回到了他的身上。杨向荣在心里想，只要顾书记等人不反对就行，他自己多操心也是应该的。他提出的问题当然最终还是要他解决。

经过两个多月的准备工作，招商洽谈会、演唱会终于开锣了。明星名人有一种格外的魅力，收到了比预期还要好的效果。只是忙坏了杨向荣，每个重点项目他都要亲自上阵。明星名人都安排在彼得堡宾馆，杨向荣干脆也住在彼得堡办公，还请陶老先生做他的特别顾问，西国安做记录，顾武生等领导小组的成员轮流参加，一些比较小的项目则由伍厚民等人负责洽谈。杨向荣要亲自洽谈的第一个人是许家城。杨向荣见到许家城，首先没有谈及投资话题，而是会同顾书记、陶主任、竺主席等人陪同他去了许家大屋。许家城是在他父亲许仁喜逃到澳门后出生的，没有见过许家大屋的实际模样，但他见过许家大屋的图。因为他父亲在他乡怀念自己的大屋，特意学习画图，把他家的祖屋庄院，凭着记忆描绘出来，挂在自己的家里。因此，许家城小时候在家里见过许家大屋的图，依稀有点印象，今天终于见到真实的了。许家城踏进许家大屋的大门，见院落很干净，里面没有住着人，并不是像他父亲说的那样，被一帮泥腿子穷光蛋瓜分了。杨向荣也不多说，先让他看完。许家城转了一圈，最后来到大厅，让他大吃一惊，这里展现的是他父亲一生的功过是非，以及有关许家大屋的神奇传说。特别是他家祖先发家的传说故事，深深吸引了他。

话说许家祖先是边城一个在洛阳、开封东西之都做生意的商人，赚到了一千两银子，高高兴兴地回边城。在他走近边城地界时，看到一群人正在追打一条蛇，就上前劝阻，说蛇也是一条生命，快放了它。打蛇人说除非你花三百两银子买下，许商二话不说，立即掏出三百两，那蛇才免于一死，放生了。许商继续前行，到济水河边时，又发现一群人在追打一条狗，上去劝阻时，打狗之人也是说除非你花三百两银子买下，许商只好又掏出三百两银子，将狗放了生。许商行到家乡村口时，又发现一群人在追打一只猫，他再次上前劝阻，结果还是掏了三百两银子，才将猫放了生。许商最后只剩下一百两银子到家。被救的蛇、狗、猫为了报答许商的救命之恩，蛇变成了一个美女嫁给了许商，狗给他看家，猫给他抓老鼠，保证许家夜无鼠窃食。蛇给许家带来了三粒护命发财仙丹，使许家人财两旺。后来许商有一个在京城做官的朋友想当大官，请求许商将仙丹送给他去讨好皇上，皇上见了仙丹非常高兴，许商的那位朋友也因此官升三级。可是许商哪里知道仙丹乃是他夫人的护命符，失去仙丹的许夫人一病不起，许家也一天比一天穷困。猫和狗就商量要把仙丹从皇上那里弄回来，于是狗变成了一个相貌堂堂的郎君，猫变成了一个小童子，两人一路跋山涉水来到京城。夜深的时候，猫抓住一个老鼠精，要老鼠精到皇宫去将皇上珍藏的仙丹偷出来，老鼠怕猫，乖乖地将仙丹偷出来交给了猫童子。狗郎君、猫童子得到仙丹，一路奔跑出京城，路遇一河流发大水，猫童子不会游泳，狗郎君就背猫童子过河，游到河中间时，一个洪峰大浪打来，仙丹掉入河水中，上岸后，狗郎君在河边抓到一条鲤鱼精，就命令鲤鱼精到河里把仙丹捞上来。狗郎君和猫童子复得仙丹后，拼命往回赶路，将仙丹交回到许商手中。从此许夫人又恢复了往日的健康，许家又重新兴旺发达起来。发了财的许商修建了边城最大的庄院，取名许家大屋。许家为了纪念狗郎君和猫童子，就在家先神龛两边写上“招财童子”和“进宝郎君”八个大字。从此，边城家家养狗，户户养猫。边城人也学着许家在自己的家先牌上写上“招财童子”和“进宝郎君”八个字，一直流传到今，家家户户家先牌上都写着那八个字。

许家城看完后大有感慨，他从心眼里佩服边城政府，如此实事求是地评价他父亲的一生，就是他这个做儿子的也从未想过，更不知道他家祖先的传说故事。而且这个庄院也没有像伟人故里那样，每间房屋都标明用途，仅仅是一间间房屋而已，更不是文物保护对象，可见边城政府把握政策的尺度很准确。许家城原来提出要回许家大屋的原因，是听他父亲说被一帮穷光蛋瓜分了，想收回也是想作为保留物留在那里，如果有人居住在里面，他愿意出十倍百倍的高价给他们建造新屋搬出去。看来现在完全没有必要了，边城政府做得比他想象的要好得多。许家城当即表示：“我原先提的要求那是我想错了，早知道是这个情况，我谢你们还来不及呢。项目的事没说的，根据我的能力范围，我承担加工业项目，边城食品加工不是被停产了吗？我给你们引进一套自动生产线，从加工到质量控制全部一条龙，技术水平在世界也是领先地位的，也是我的科研项目之一。加工业的启动，又会带动养殖业，农民就会很快富起来。边城交通方便的话，我再增加一个冷冻项目，建个大型冷冻库，从冷冻线走向世界。如果条件允许，我再给你们一两个高科技项目。当然不仅限于我今天答应给什么项目，想要的项目，你们考虑成熟了，随时都可以来找我。”

杨向荣听了许家城的表态，心里很高兴，立即与许家城签订了已定项目协议。保留项目找机会进一步洽谈。

第二个要洽谈的是张青云。张青云最初回到边城是想帮助他的远房亲戚张继云。因为他曾经是大土匪，边城人包括他的亲戚都恨他，远离他。只有张继云记挂他，取名继云，就凭这名字，起码他还知道有个青云叔在他乡。其实张继云他爹当初起名字并没有想要记住青云匪叔，更没有想要继承匪业，只是随便起的名，没想到多年后，起者无心，听者有意。张青云见张继云家里贫穷，就拨巨款修建了边城最大的宾馆彼得堡，交给他经营。没想到后来却被夏运烨等人强夺而去，虽然彼得堡最后还是回到了张继云手中，但陶老先生刚开始联络他时，他仍心有余悸，不过想通后他比陶老先生还急，第一个回到边城，住在彼得堡。杨向荣找他，他高兴得很，还未等杨向荣说话，就直奔主题说：“杨县长，我的兴趣是建造高楼大厦。你不是想把老城搞成旅游城、电影城，新城搞成开发区吗？我建议您把县衙门从老城岷王府搬到开发区去，我投资给你们建造两栋大楼，一栋给县委、县政府，一栋给县人大和县政协，您看意下如何？”

“英雄所见略同。我也这样想过，既然张老对建楼有兴趣，那就一言为定。”杨向荣的目标中，就想把古城打造成旅游城、电影城。特别是县衙门，明朝时立过岷王府，明代最后一个逃亡皇帝永历帝立过都城，还在这个衙门王府立过临时皇宫，他要恢复昔日皇宫的风采，打造一个旅游品牌。把县委县政府搬迁到新城开发区，也是带动新城发展的龙头。张青云这么一说，正合杨向荣的心意，一拍即合，没谈几句就签订了项目协议。

第三个洽谈的是陆九鼎。杨向荣去请他的时候，却发现他不见了，就问负责治安保卫的公安局局长李大勇，李局长告诉杨向荣："昨晚陆九鼎请了一个边城小姐'三陪'被抓住罚了款。陆九鼎这会儿不辞而别，跑了，现正在赶往省城机场的半路上。"

杨向荣一听肺都气炸了，对公安局局长李大勇说："你马上把他追回来，我今天务必要见到陆九鼎！"

"是，县长，我立即通知前方警务站拦截扣留陆九鼎的汽车。"

"胡说，什么扣留，要请回，请回懂吗？告诉警务站的同志要穿便服，别吓着人家。"

"明白了，县长。"

李大勇命人快速追赶，又会同杨向荣开车在后跟随，杨向荣要亲自去请，担心他们再弄出什么麻烦来。警务站的人拦住了陆九鼎的汽车，笑脸相迎上去，说杨县长有请。没多久，杨向荣的车就赶上来了。杨向荣上前拉着陆九鼎的手说："我的工作没做好，给你添麻烦了，回去吧，回到宾馆我们再交换意见。"

陆九鼎见杨县长诚心诚意，又亲自追来请他，也没有多说话，向司机说了句："调头回城。"

车头刚调过来，县委顾书记、人大陶主任、政协竺主席、县人武部政委赵振武等人也赶过来了，杨向荣上了陆九鼎的车，上车后杨向荣笑着说："你看，边城政府五大家都来了。"

陆九鼎打开车窗，伸手摆了摆，示意自己要调头回城。大家的车也都调头跟上，一溜烟又回到了彼得堡宾馆。在会议室坐下，大家只用笑脸热情相迎，都不提昨日不快的事，就是陆九鼎也不想提，因为这类事不宜说得太清楚，更不能较真，人生嘛，就那么回事。

杨向荣特意跟陆九鼎坐到一起，以示亲切，和善地谈起了投资项目。

陆九鼎选择了旅游项目，他对边城的历史文化很感兴趣，他从小就听说过边城斜塔堪称世界第一斜塔的事。这次陆九鼎对恢复斜塔有着浓厚的兴趣，并决定对斜塔、古城、云雾山、西施故居、屈原渔父亭等历史名胜考察三天……

最后一个洽谈的是陶老先生，杨向荣本来是打算让陶老先生选择通往高速公路或通往铁路方向的高等级公路修建项目的，陶老从小生活在世外桃源，吃尽了无路可走的苦头，他应该对修路情有独钟。但是出乎意外，他没有选择修路项目，而是选择了通往威尼村的乡村道路和威济河拦水坝水库工程。杨向荣知道，在威尼村的公路没有修通前，县水利局曾有过方案，要在威尼村的出村河道上建一座拦水坝，既能发电，又能控制山洪危害下游村落，但却切断了威尼村通往山外的唯一水上通道。为了这事，威尼村的人抬着棺材到县里闹过，威济水库没有建成拖延了下来。修路、修建水库该是时候了，因此，陶老先生选择了威尼村乡道和威济河水库工程。这样一来就还有两个大项目落了空，一是向北通往高速公路的通道，二是向东通往铁路的通道。尽管还有一些小有名气的边城人士参加洽谈会，但他们的经济实力并不雄厚，无力承担大项目，只是向家乡建设捐献了有限的钱物，他们的心意到了，力不足当然不能强求，看来有些事还得寻找机会慢慢来，一口吃个胖子是不可能的。不管怎么说，这次招商的成功，杨向荣总算松了一口气。但杨向荣也清楚地认识到，这仅仅是个开端，困难还会有很多，边城的建设并不是靠一次招商就能彻底解决问题的，艰难困苦还在后面，还得加倍努力。

14

招商引资洽谈会结束后，杨向荣清理项目，心里还是充分肯定这次招商的巨大成效。但他并没有太乐观，世界上并没有完全顺着自己理想意愿发展的好事，特别是在两条交通干线项目上落了空，这是一个最大的遗憾。杨向荣原本以为陶老先生会承担修路的项目，他把希望寄托在陶老先生身上。在联络之初，杨向荣就向陶老先生吹过风，请他选择交通项目。可是陶老先生是个实用主义者，他要解决自古困扰山里山外村民的道路和水坝问题，也是顺理成章的事。陶老先生最后选择水库项目，他认为不应要求陶老先生去理解自己，相反应该是自己理解陶老先生才是。当然杨向荣也的确理解陶老先生的用意，作为县长，他认为威尼、太平两村山里山外的村民，抬着棺材去政府闹事的问题是该了断解决了，要不然就该威尼村下游河道边的村民去闹了。尽管每个项目都该上，但杨向荣认为一个地区的发展，交通是基础，是龙头，没有交通的便利，就没有经济的腾飞。边城之所以贫穷落后，主要原因就是交通闭塞，自古靠两条腿出门。当年的解放大军修建了唯一一条通往边城的简易公路，让军车大炮开进了这座古城，这个自古封闭的世外桃源，才有了与大千世界连接的大路。解放大军的大炮轰开国民党守军的城堡，让边城从宁静中苏醒，边城人才知道天外有天。这时，杨向荣想起出省城去边城上任前，干爹田振海的父亲田海军对他说过的一段话："干孙啊，你去边城上任，我想跟你说几句心里话，五十多年前，解放大军的大炮打下这座古城，我第一个带领尖刀班冲进去。90年代我离休时，我申请去战斗过的地方看一看，几十年了，这座古城丝毫没变，我这个尖刀班班长的心凉了。我在想啊，大炮只能打下这座古城，建设古城还得靠经济大炮啊。我离休时是你干爹田振海任边城的县长，我骂他不是搞建设的材料，别占着那个茅坑不屙屎了。回省城后，我就建议组织部门换人，把你干爹田振海换下。如今轮到你去边城，干爷衷心希望你带着21世纪的经济大炮，轰开沉睡的边城，让边城跟上时代发展的步伐，在我闭眼之前，我想亲眼看见你带头建设起来的边城新面貌。”

杨向荣在心里一直记着干爷的话，他不能叫干爷失望，他要让老爷子在闭眼之前，看看边城开放腾飞的新变化。他也知道那句话：要想富，先修路，要大富，修铁路。边城这个交通死胡同没有修铁路的机会，可通往铁路的公路不可不修，通往高速公路的联络线不可不通，只是资金从哪儿来？杨向荣首先想到了挪用资金，他认为陆九鼎投资的旅游资金数额较大，完成项目工期较长，除了重建斜塔的资金不能动用外，其他项目资金可以暂时动用，特别是古城城墙和衙门皇宫恢复项目资金。陆九鼎问起来也有充分的理由，因为张青云的大楼开工建设需要时间，他的大楼建成了，县委县政府才能搬出去，明皇宫才能恢复。对陆九鼎来说，张青云的大楼在开发城区兴建，他的旅游随后而动也在情理之中。杨向荣由此又想到了张青云的两栋大楼项目可以合二为一，边城政府几大家集中在一栋大楼里办公，先拥挤几年，往后再做打算。一栋大楼的建设资金节省下来投入到公路建设。杨向荣又想，是不是东向和北向两条线同时开工建设呢？当然最理想的是两条线一齐上。可是毕竟资金不够，就是上一条线，资金还是挪用过来的，且还不能完全满足，也就是说无论如何，眼下只能上一条线。上哪条线呢？杨向荣反复比较，最后确定先上东向通往铁路的通道，可是在这个问题上却与顾武生产生了意见分歧。杨向荣向顾武生陈述的理由是：“第一，通往高速公路的北线，已经有一条由当年解放大军修通的简易公路，几十年修修补补，总算还能走车，能用的先将就，总比没有的要好。而东线则是自古无路，打通东线通道，就等于飞翔的大鹏长上了两个完整的翅膀。第二，东线通道开通，连接的是铁路干线，带动物资流通，有利于边城的开发建设，也打通了边城客流的新门户，也可以说是火车拖来的发展机遇，抓住了这个机遇，就等于抓住了边城快马加鞭的龙头。第三，东线的人民自古就受无路的困扰，修路的积极性高，我们的目标是要在三五年内村村通公路，如果东线的主干道不修通，各村乡道也难以修建。而东向的主干道一旦打通，将带动整个东部地区联动发展。”

顾武生听了连连摇头，叹着气说：“杨县长，你的想法是好的，可总不能凭想象办事吧，现在可不是五六十年代那样子了，政府一个号召，民众齐上阵，不花一分钱靠行政命令办大事。如今政府就是发一千个号召，没钱谁来响应？现在不是发号召就能解决问题的年代了。谈到钱，我就更有话说了。如果有钱，眼下摆上几十个亿在这里，别说是东线那70公里的公路要修，我叫他东西南北遍地开花，甚至我还想在边城修建一个通往世界各地的国际大机场，可这显然是力不从心嘛。靠从其他项目中挪用过来的那点钱，开汤吃饭都少了，哪能办宴席。我的意见，现实一点，有多少钱，办多少事。把钱放在北向的既有线上，将原公路扩宽三五米，改造后相当于高等级公路水平，作为高速公路的连接通道，也就蛮不错了，你就按这个办吧。”

“顾书记，还请您支持，不能再修修补补地搞了，您想想看，北线自从解放大军开路以来，已经修修补补五十余年了，再继续补下去意义不大，修通一条新干线，远比修补的效果要好得多。”

“好了好了，这些道理我都懂，如果要讲修新路的好处，我可以给你讲三天三夜，讲好处有用吗？最终还是要落实在资金上，没资金寸步难行嘛。”

“您只要同意这个项目上马，资金的问题我想办法。”

“怎么想？你把招商的项目资金全部挪用到交通项目上？那是不行的，挪用一部分还不能时间太长，我也就不说什么了，全部挪用，我不会同意的。我们要对项目投资人负责任，不能强行取消人家的投资项目，否则怎么向投资人解释？怎么向边城人民交代？”

“您放心，招商的项目一个也不会少，我仅仅是调整调整而已。”

“那修路资金能从天上掉下来？”

“当然天上不会掉。我找到一个借鸡生蛋的办法。”

“借谁的鸡，能生如此大的神蛋？”

“此人你认识，还记得老县长田振海吗？他调回省城后，在省路桥集团公司工作，如今他是董事长兼总经理。”

“记得，我还知道你认他做干爹呢。不过我要问，他能生出一条路大的神蛋来？当年他在边城当县长时，咋不把这大神蛋生出来呢？”

“是这样的，这几年省城建设发展很快，他承建了很多项目，积累了雄厚的资金，目前他又有几个大项目在手，资金可以调整周转。我们把边城东向70公里的高等级公路项目交给他承建，只提供少部分的启动资金给他，大部分资金由他垫支，等政府筹集到资金再慢慢付给他，而且时间不限。”

“他会承建这没钱的工程？”

“我找他谈过了，他说当年他在边城当县长时，就动过修通东干线的念头，可惜无米下锅，只能是想想而已。现在既然政府有决心要修这条路，他也借此机会出出力，了却当年的心愿。”

杨向荣说到这里，顾武生想起来了，田振海任县长时，提出过东线修路方案的事，他说东部地区是一片无路的死区，要让这片死区活起来，必须先修路。当时他只提议修一条能走拖拉机的乡村公路，但他提的方案路线恰好路过顾武生祖坟所在地，顾武生借故没有资金来源，坚决反对，结果山还是那座山，路还是山道弯弯的羊肠路。如今田振海的干儿子又要修这条路，莫非又要动他顾家的祖坟？不行，不能叫杨向荣坏了他家的风水，就是要修路，也必须另选方案，绕开他家祖坟地。想到这里，顾武生放慢口气说：“杨县长，既然田振海总经理答应先修路后付钱，那就先修起来再说吧。不过，请县公路局先做设计方案，待方案审查通过后再实施，你看如何？”

“那当然，我会尽快督促公路局提交设计方案。”

“那就先试试看吧。”顾武生说完，以为杨向荣没事了，就伸手拿文件夹准备看文件，还未来得及打开，杨向荣又说开了：“顾书记，我还有件事要跟您商量一下，新城区的建设我们已划定了开发区，县委、县政府搬迁到开发区，您也同意了。张青云援建的两栋大楼，我提议合二为一。”

“那我不是同意了吗？”

“是，可我要说的不是二合一的事情。”

“又有新问题？”

“是，前几天，我要城市规划部门做了两个城区的发展方案，一个是老城区恢复古朴原貌的方案，一个是新城区发展规划的方案。我粗略地看了一下，很不理想，必须重做，是不是请规划部门的负责人把方案送来，我们先统一意见，再让他们重做？”

“不用啦，方案嘛，是你叫他们做的，基本的调子是我定的，我很清楚。就那么着吧。”

“不，有问题，先说新城区吧，应以现代风格为主调，还要留有发展余地。比如三纵两横主街道定为20米，其他街道15米宽，我认为太小了，新城不能像老城那样，一条街道两栋楼，一个警察两个岗楼，一辆公汽跑两头。新城区就要有现代化都市的格局，主要街道必须定为30米以上，其他街道20米以上，并预留扩建余地。街道两边的房屋建设必须在预留扩建线以外，最低层限制在五层以上，五层以下的房屋不得批准建设。再说老城区，不扩建，以古老的边城风格为主调，以打造旅游品牌为主。街道恢复鹅卵石和青石条路面，疏通护城河，恢复吊脚楼，重建东西南北四大青石弧形拱门，连接城门的青石条城墙可暂时缓一缓，等找到资金来源后再说。百姓房屋保持原木质结构，突出古代建筑风格，不得在老城区扩建高楼大厦。世界上完好的古城太少了，我要让边城完整地保存下来，叫它变成中国继无锡后第二个电影拍摄城，湘西南的旅游城。”

“好，太好了，你的这种精神和丰富的想象力令人振奋，我敬佩。但是我要投反对票，为什么好的东西我还要反对呢？因为我们政府的工作不是凭想象干出来的，要凭实际，要有实实在在的东西给人看，还得合情合理，以实用为准。比如说你把未来共产主义社会的标准搬到当今社会来套用，那就不合理。只有当今社会允许存在的，才是合理的，才是实用的。先讲你理想中的新城区，什么三纵两横街道，设计30米宽以上，再加上留有余地，岂不是50米以上？那么宽的街道看上去当然气派，可是在边城实用吗？你把它当省城建设，把省城的城建标准搬到边城来，那是不实际的，多用了土地，还预留闲置之地，更是极大的浪费。一个小县城，什么三纵两横，三五十米宽，我看就是一条街道，充其量20米宽。我这样说，你杨县长恐怕要笑话了吧。其实没什么好笑的，小县城嘛，它就是小县城，怎能向省城大都市看齐呢？还是实际一点好。”

杨向荣见顾武生坚决反对，在心里想着对策，要力争，可又不能强行作对，因为以后还有许多工作都要他支持，毕竟他是“一把手”。可自己的目标又要实现，怎么办？杨向荣退了一步，采取以退为进的策略，退是暂时的，乃缓兵之计。杨向荣想了想说：“顾书记，您的意见也有一定的道理，我的观点有点超前。这样吧，把我们两个人的意见综合一下，您看这样好不好，新城区县委、县政府办公大楼所在地的这条新街，按 30 米设计不变，两边预留 10 米发展空间，与县委、县政府办公大楼同时修建。其他三纵一横街道，只作红线规划图，也就是说仅限于纸上谈兵，不开工建设，给将来的发展建设提供参考资料而已。这样咱们的看法就合二为一了。”

顾武生一听是纸上游戏，也就不好再说什么了，既然是纸上的规划，那就让工程师们画图吧。顾武生半认真半讽刺地说：“你那个大都市的所谓三纵两横规划，你我这辈子恐怕是看不到了，留着给孙子辈，甚至是龟孙子辈的人去搞吧。”

杨向荣笑了笑说：“顾书记很幽默。规划嘛是人定的，至于什么时候实现，什么人去完成，那可就说不准了，管他什么儿子孙子的，眼前的事都说不清，将来的事谁说得准呐。”

顾武生不想在这个问题上说得太多，心里有些不耐烦了，草草地说：“好了，这事就这么着吧。回过头来再来说你那个老城区的设想问题。你想把它打造成一个旅游品牌，而且又有人投资了这个项目，这点我不反对，不准再在老城区建造高楼大厦，保持古城风貌，这点我也赞成。但是在一些无关紧要的小项目上，还是要本着节约的原则，不花冤枉钱。比如说，街道地面，古代一直是用鹅卵石和青石板铺成，年久失修，早已损坏，前些年政府投资换成了如今的水泥路面，没几年工夫，现在又要清除水泥地面，重新恢复过去的鹅卵石和青石条路面，有必要吗？路嘛，就是叫人用脚踩的，人踩着什么路面不都一样吗，干吗非要改呢？这可是天大的浪费啊。”

“顾书记，您的这种观点，放在一般情况中是有道理的，但放在特殊环境中就不一定全对了。看起来是浪费，可在有些时候却是花点小钱，收到大效益。您听说过古代有个‘冯谖客孟尝君’的故事吗？冯谖代替孟尝君到薛地去收租债，租债未收回，还把债券给烧了，说是替孟尝君买了义举。当时孟尝君不以为然，多少还有点责怪之意。可事隔几年后，当孟尝君被贬到薛地时，薛地的百姓却在沿途欢迎他，孟尝君这时才清楚地看到冯谖当年替他买义的效果。也就是说有些事做了，不能立即看出效果，或许能在整体效果中体现。边城既然要恢复古朴原貌，突出古雅之美，就要从整体效果考虑，要展现边城的古朴特色，打造边城别具一格的旅游品牌，以旅游品牌带动经济发展，才能收到事半功倍的效果。”

“大道理谁都会讲，在具体的事情上还是实际一点好，比如说你计划要恢复长达10公里的青石条城墙，你要知道，边城城墙虽然有甲天下的美称，可它是从宋代开始修了几个朝代才完工的，你现在要全部恢复起来谈何容易？我的意见是只恢复东西南北四大城门，城门两头延伸100米就可以了，北京的长城不也只有八达岭吗？山海关的长城不也只恢复老龙头一段吗？按照你的说法世界看中国，中国的万里长城就得恢复一万里，完全没有必要嘛。如果要全部恢复边城城墙的话，恐怕又要发生边城孟姜女哭长城的故事了。”

“此话怎讲？”

“你没听过西国安讲的王寡妇起义杀朱王的故事吗？王寡妇的丈夫就是修边城城墙，掉入济水河淹死的。什么地方的城墙都好恢复，唯独济水河岸边长达3公里的城墙不好恢复，河水水深流急，岸上民房鳞次栉比，现代机械上不去，全靠人工两双手，要是掉下人去，可就没命了。据说当年为修筑这段城墙，像王寡妇丈夫一样落水身亡的就有一百多人。传说王寡妇也哭过城墙，万一弄出个当代‘孟姜女哭长城’的悲剧来，你我可就是千古罪人，遗臭万年了。如果这一段不恢复，就算其他地段恢复了，岂不还是不完整？朱王修城墙要一块48丈长的天下第一长石，去堵那个48丈长的城墙缺口，至今还缺着呢。边城城墙自古就没建完整过，既然如此，我看就以四大城门为象征，再延伸加长点就行了。”

“困难总是有的，不能因为困难就取消项目而不上，虽然也并不是说要全部取消。您看这样行不行，这个项目本身就是分期施工的，第一期恢复工程就按您说的以东西南北四大城门为主，每个城门两头的延伸，暂按各500米恢复。济水河岸的城墙放在最后一期工程中考虑，叫城建局按三期工程做设计规划。我还是那句话，除第一期列入施工计划外，后两期列入城建发展规划红线图。”

顾武生一听又是红线规划图，又是没有确切年限的纸上谈兵，也就不勉强了。他知道，规划规划，纸上画画，何时实现，历史尾巴。边城的城墙可是从宋朝开始，修了几个朝代，历经上千年的漫长历史。我顾武生等不到那一天啰，他杨向荣也照样等不到。等红线变成城墙的时候，我顾武生早就变成黄土了，要划红线，就让他去划吧。

杨向荣也有他的主意，反正是分三期施工上马，先完成一期工程再说，一期工程完成了，还怕后续二、三期工程上不去？就这样两人的意见也算统一了。

新老两城发展的基调确定后，杨向荣还是念念不忘北向通往高速公路的那条50公里的高等级公路联络线。这条线有一个特点，只有30公里在边城境内，还有20公里在邻县高山乡境内，不用说，一听这名字就知道是高山峻岭中的山镇，这高山乡镇与边城的梁山界都是贫困地区，历史上还是边城的辖区，虽然解放大军开辟了一条简易公路，但仍然还是受交通不便的困扰。杨向荣决定找邻县的县长，他要与邻县共同开辟新的道路，对边城来说差不多减轻了一半的压力。杨向荣找到邻县姚县长，两人一拍即合，并决定原简易公路保持不变，另开辟一条新道，比在原道路上改造效果更好。最后姚县长说：“修路是好事，如果要靠县里财政拿钱恐怕不好办，这样吧，我们两县联合向省里打报告，把设计路线、工程概算都做出来，请求省里批复这个项目，不就解决问题了吗？”

“好，就这么办。”杨向荣伸手握住了姚县长的右手。

回到了边城，杨向荣心里想，多亏有邻县政府出面，要不然他杨向荣签发的报告送到刘省长手里，一定是竹篮打水一场空。刘省长早就跟杨向荣讲过，他是不会批给杨向荣资金的，要靠他自己想办法。

边邻两县修路请示送到刘省长办公桌上，刘省长一看是两县共建联络线的事，且工程量不大，就提笔批了，列入高速公路附属工程项目。批复下来后，杨向荣高兴了，一颗悬着的心总算落了地。刘省长总算批了他一大笔建设款，还是借了邻县政府的光。他从内心感谢邻县政府，感谢姚县长，帮他解决了一个天大的难题。

事情就那么碰巧，邻县高速公路一段的中标单位是省路桥集团公司，边邻联络线的中标单位恰好也是他们。总经理田振海拿到中标书，连夜赶往边城，他要把这个好消息第一个告诉边城县长杨向荣，他有一肚子的话要对杨向荣说。

凌晨1点，田振海的小车停在了云雾山脚下的“王少雄铜鹅餐馆”门口，杨向荣、西国安早就等候在这里了。田振海一下车，杨向荣就迎上前去，拉着田振海的手说：“真是人不助我天助我啊。您在半路上打电话告诉我，是你们中的标，我就别提多高兴了，咱爷俩今天好好喝几杯。”

“好，今天谁不醉谁就是孬种乌龟。”

“一言为定，陪您一醉方休。”

西国安见新老两个县长如此激动，也不好插嘴，只好在后面傻跟着，一路上楼来到天鹅雅座。

王老板听见汽车声，就把准备好的拿手好菜端上了桌。田振海还带着一个秘书兼司机，四个人见这么一桌好菜，早就等不及了，酒还未开，四人先拿起筷子，大口大口吃起来。田振海最喜欢吃粉蒸鹅肉，第一筷子就冲着粉蒸鹅肉横叉平端了一大块，一边吃，一边叫着好，还打着手势叫秘书上酒。三杯酒下了肚，田振海举着杯子说：“今天咱们四人喝酒，不敬不劝，想喝就喝，想醉就醉。杨向荣喝酒前就表了态，要一醉方休，我这老家伙今天醉了也不休，喝到找不到酒杯为止。”

秘书贺海平和西国安都了解田振海和杨向荣的性格，也不劝解，让他们喝个够。田振海喝了个半醉半醒的时候，话匣子就打开了。“荣子啊，不是干爹我无能，我在边城当了几年县长，你现在的这些规划目标，当年我也想过，可就是没钱啊，巧妇难为无米之炊。就拿修路来说吧，东向、北向两个方向的公路就好像边城发展的两个翅膀，缺一不可，因为东部地区的路不通，就等于边城长期是独翅飞行，飞不动啊。我拿出东线方案，顾书记不支持我，他那点歪心眼我知道，他是怕修路动了他家祖坟地，坏了他家风水。省里又不给钱，我有什么办法？孤雁难飞啊，我独翅飞行了几年，终究力不从心，没能从根本上改变边城的局面。你爷离休前到边城一看，还是他当年带领尖刀班第一个冲进的边城的老样子，他骂我无能，他训我占着茅坑不屙屎。你爷强行把我调回省城，把茅坑让了出来。我到了省路桥公司，情况就不一样了，承接一个项目，就有一个项目的资金周转，有了钱我也会办事。路桥公司个个项目都是优质工程，员工人人过上了小康的日子。我敢在这里吹牛，我的公司是省里最好的企业。多少人见了我，都要敬重我三分。可我就当不好那个小小的县长，我愧对边城山乡父老，也愧对老爷子，没有建设好老爷子用性命打下来的边城江山，没有改变边城人民的贫穷面貌。我该骂，该打！荣子啊，如今这个茅坑轮到你占着了，你再屙不出屎来，边城人民不饶你，老爷子他也死不瞑目，你可要争口气啊。荣子啊，干爹是不是在说醉话？”

“干爹，您没醉，您的话，荣子铭记在心。位卑未敢忘忧国，更不敢辜负边城人民，不改变边城面貌我杨向荣誓不回省城。”

“好，有你这话，干爹我就放心了。干爹也会助你一臂之力，我保证用最好的施工队伍，最好的机械设备，全面快速施工，与高速公路同一天完工剪彩，绝不落后一天，让边城的两个翅膀同时振飞起来。”

“干爹，不要说了，拿酒来，一切尽在酒中。”杨向荣拿过一瓶边城特有的都梁糖壳壳酒，这酒度数不高，可上头醉人。杨向荣先给田振海满满地斟上三杯，又给自己满上一杯，放下酒瓶，端起酒杯喝干说：“您说过的，不敬不劝，我不敬您，也不劝您，喝不喝由您，反正我要喝……”

田振海也不多说，端起三杯酒倒进嘴里，又打着手势叫杨向荣接着倒酒，三杯倒满，田振海又喝了下去。杨向荣再去拿酒时，这手就不听使唤了，摸了几次没摸着，再伸手时不由自主地就倒在了桌子上。田振海毕竟上了年岁，早已醉倒了。贺海平想去扶，西国安示意他不要动，让他们静静地休息一下，这时扶起来反而容易呕吐，只要不动，过一会儿就没事了。鹅店王老板急了，他担心新老两位县长在他店里喝出问题。贺海平以为老板急的是没人埋单付款，就跟老板说：“老板，你别急，我没醉，田总喝酒前就跟我说了，付现钱，不签单。”

西国安也接上话茬说：“王老板，我们再也不会签单了。上次我们来你店吃饭时，你反映县政府几年签单欠下近百万的问题，杨县长要你清理一下，列出详细清单，写个报告，你写了没有？”

“我写好了，就是不敢送出去。”

“那你就交给我吧，杨县长会给你做主的，你等着吧。”

“那好，那好。那今天的这餐就算我请客了。”

“那哪能呢，你小本经营也不容易。”西国安说着就要掏钱，贺海平早把钱准备好了，把钱往老板手上一放说：“拿去，多退少补，开个票。”

杨向荣、田振海这时已发出了甜甜的鼾声……

15

杨向荣解决了交通主干道问题，下一步准备解决村村通路的问题。杨向荣听西国安说全县通路最艰难的地方要属威尼村小桃源。威尼村原本叫威水村。威水村的人唯一通向大千世界的路就是那条济水河水路，顺溪水划船出山，乃是他们的必由之路，恰似当年武陵渔翁摇船溯流而行之道。但两岸山势陡峭，无路绝道，经常突发性暴发山洪，形成威猛的冲击波，向下游咆哮而去，所以人们叫它“威水”，那个村自然也就叫“威水村”了。也正因为如此，有人戏称其为东方的“威尼斯”。只可惜它没有西方威尼斯那样发达而被称为水城，充其量也只能叫水泽威尼村。久而久之，人们就叫它威尼村了，连县地图册上也将威水村改为威尼村。为了修路还是建水坝的问题，上游威尼村与下游太平村的人就曾经抬着棺材到县政府闹过。杨向荣决定实地考察，将陶源生老先生的修路建坝好消息告诉他们。

杨向荣、西国安站在威水河蔡家港，准备坐渡船进村，几个船老大上前就拖，都说让他们上自己的船。西国安不耐烦地说：“你们知道我们要去哪？不问一声就瞎拖。我们要去威尼村，你们送吗?”

那几个船老大一听去威尼村，都撒手走了。杨向荣不解地问：“刚才还都争着拉我们，怎么你一说去威尼村，就都走开了呢?”

“您有所不知，他们以为我们要去对岸，上他们的船是要收费的。要去威尼村，必须坐威尼村的船，威尼村进出的船是不收费的，那些收费的船自然也就不会去了。您跟我来，靠上游一点的那几只船就是去威尼村的，是威尼村派出的水上交通船队。”

杨向荣、西国安登上一只比较大一点的船，船老大主动上前招呼：“好面熟，您是县政府那个7（希）6（啦）3（咪）吧，您曾经坐过我的船，还记得么?”

西国安想了想，点了点头说：“哎，哎，有点印象，有点印象。”

“二位坐好啰。”船老大用竹竿把船往河中一推，船立即向河水中冲去，只见船老大收回竹竿，扦入水中，一个撑杆跳，人推住竹竿头在空中划了一个半圆，稳稳地落在船头上。杨向荣看得傻了眼，他想起电影《渡江侦察记》中女游击队长救侦察连长时，也是这样一个动作，还真的要有点功夫咧。船一走，船老大就唱起了水上山歌：

十里长滩放木排，脚下朵朵浪花开。
哎呀一声音未落，一篙撑出青天外。

西国安从船舱里找出两条小板凳，招呼杨县长坐到甲板上去，观看两岸的美丽风光。西国安说：“杨县长，您坐到甲板上来，我有话跟您说。您看，这条河直通边城，从边城政府大门前奔腾而过，是边城的母亲河。您再往前看，巍巍桃花威溪山高耸险峻，白狼、马鞍两山夹一口，此山口间的河道最小，不足300米，山口里面的是威尼村，山口外面的叫太平村。对此美景明朝诗人曹一夔有《登威溪山》诗赞：

选胜来百里，威溪山境僻。
大块迭层峦，嵌岖石磴窄。
两足披浮云，所挟青邛策。
瀑水溅衣凉，溪潆成带萦……

“其实太平村并不太平。因为威水常发洪水，把下游沿岸村落淹没。太平村的人希望上游不发洪水，为求太平，才取名太平村。可天不遂人意，年年发，年年淹。太平村的人明白了，靠天是求不得太平的，只有靠人才能真正求得太平。于是太平村的人就联名写信给县政府，建议县水利局在威水两山夹一口建一道拦水坝，坝上就成了大水库，既能灌溉，又能发电，还可以人工控制排洪，给太平村等下游村落一个真正的太平。这个建议很好，其实县水利局也早有这个想法，不能实施的原因是威尼村的人坚决反对，还抬着棺材到县政府闹过。因为此坝一建，威尼村的家园和大片的良田土地将被淹没，出村唯一的水上通道也被堵死了，要飞没有了翅膀。是建坝还是不建坝？议了多少年，没有结果。威尼村的村长彭路也是一个通情达理之人，尽管带领乡亲们去县政府闹过，但他知道这坝迟早还是要修的，闹过之后，他又建议县政府出面先修出山路，再建拦水坝，这样上下两村的人都能够接受。只可惜为了修那条出山的路，几代人发生过令人哭笑不得的事。”

“怎么？有故事？”

“要村长、村民讲的话只能讲一方面，我就会讲得比较完整，我讲给您听好了……”

话说威尼村老村长彭路家住桃花山，四周都是千米以上的高山，过着自种自食的生活，几乎与世隔绝，不知有汉，无论魏晋，只有那威济河水是唯一通往山外的水路。小时候，他想像愚公那样，搬掉村前这座大山。长大些后，知道那不可能，神话毕竟不是现实。上帝是感动不了的，山也是搬不动的。明朝诗人潘应斗写《威溪卜筑》诗叹曰：

移山无力买山难，且与山灵乞剩残。
曲岩声先穿一水，各呈头目布诸蛮……

既然搬不动山，那就搬家，他笑愚公为什么不搬家呢？搬家比搬山容易得多。他坚定信念绝不做愚公搬山的蠢事。但是搬到哪儿去呢？离开了这养育他的山村土地，何处是安身之地？他乡的土地能让他们去安家吗？方圆百里的桃花威溪山的山民们都能搬家吗？他明白了，搬家也是不可能的，也不是智者之举。于是他想到了修路，只有靠山民们集体的力量，开山修路，才算得上是智者之举。他开始酝酿修条羊肠小道通往山外，把这世外桃源与大千世界连接起来。

彭路20岁那年，终于下定决心行动。他约请了几个青年朋友商量：“咱祖祖辈辈生活在这大山里，没条出山的路，靠山下那条溪水河流渡水出山，总不是个永久的办法，这种世代无路的局面也该改变了。咱山里人虽然贫穷无钱，但我们年轻力壮，靠如狼似虎的力气，靠愚公挖山不止的精神，发动全体山民，我相信定会开挖出一条通往山外的弯弯山路。”

彭路的提议，得到了青年伙伴的热烈响应。叫得最欢的要数外号柴棍子的王根树：“路哥，不用商量了，说干就干，你领头，谁不出力的是他妈的龟孙子！”

大伙你一言，我一语，把彭路说得心里热乎乎的。第二天，彭路就带领几个青年伙伴山前山后、一家一户动员，组织起一支200余人的开山修路队。彭路被推举为青年开山修路队队长。腊月寒冬，大雪把桃花山染得白茫茫的，像铺了一层厚厚的白地毯。俗话说雪落高山，霜打平原。积雪的山坡冻得像斜放着的镜面，叫人立足不稳，白了顶的松树像老人一样弯腰驼背，只有那落了叶的满山遍野的桃树挂不上雪花，冻得像一点就着的柴棍子，觅食的鸟兽不时窜出闪过，在雪地上留下一排排爪印。开山修路队就在这冰雪封山的时节破土动工了。开工一个多月，就有两公里长一米多宽的山间小道成型了，青年们充满了信心。可是就在一天中午，修路队员们干得最起劲的时候，天祸发生了，一棵两人才能合抱的千年古松被大雪压断，顺着山坡滚下来，砸在工地上，把青年王根树和彭路压在树下，王根树被当场压死，彭路断了左脚。年长的山民说云雾桃花山是观音菩萨的座基山，惹怒了菩萨才遭此厄运，如再挖下去整个山寨就会遭灭顶之灾，硬是不准动土。一群老太太、老爷子手持拐杖摇晃着来到工地，横躺在新形成的路基上，高声叫喊：要动土就先把我们活埋了！

说完，一个个抽风似的手舞足蹈，嘴里还念念有词：天灵灵，地灵灵，观音菩萨快显灵……

开山修路的青年队员们，将群老闹工地的事告诉正在医院治伤的彭路。彭路气得牙齿咬得咯咯响，一拳砸在自己的伤腿上，怒吼着："什么观音菩萨的鸟座基山不能动土，要不是我这条腿呀，就是玉帝太岁的头顶，老子也要挖他个底朝天！"

但是，王根树的父亲说了一句话，当时就把彭路给震住了："如果再挖山就找他彭家要人，他彭小子不唆使去挖山，根树怎么会死？"

彭路觉得对不起根树兄弟，从小一起长大，没能帮助他，反倒害了他。彭路对着苍天呐喊："老天爷无眼呐，为什么死的不是我彭路呀！"

为了不再伤及根树兄弟父母的心，他只好鸣锣收兵，修路的期望就这样化为了泡影……

一晃10年过去了，彭路去县里参加"三级干部会议"，抽空向县长提出建议："我们桃花山七十二峰，方圆百里，满山遍野都是水果、木材、药材等宝贝。每年出果时节，遍地桃、李、梅、柿，腐烂发臭，叫人心痛可惜呀。只要修一条几十公里的简易盘山公路进山，便可发挥山宝的经济作用。咱们山里人祖祖辈辈没条出山的路，请县长给想个法子吧。”

县长当场拍板，会议结束后组织有关方面人员考察桃花山。考察中，县长等人对桃花仙境赞叹不已。回去后，田县长亲自整理出一份考察桃花山的调研报告，并在县常委会上慷慨陈词：“桃花山可以说是人间仙境，比陶渊明笔下的桃花源更优美、更广阔、更壮丽，具有开发的实际意义。桃花山方圆百里，森林资源1亿多立方，年增长与砍伐保持平衡可年伐100万立方米；果树500余万株，年产鲜果100万吨，尤以仙桃为盛，个大味美质鲜，堪称桃花山一绝；还有一时难以统计准确的野生药材；据初步探明，地下还埋藏着煤、锡、铁等矿藏。”

县常委会最后讨论决定：县财政拨款投资，组织民兵，开山修路，开发桃花山资源。县公路段勘测设计很快就完成了，县里组织了一个民兵师，数千之众，浩浩荡荡进军桃花山。成立了修路指挥部，田县长兼任总指挥，县公路段长任常务副总指挥，彭路被推举为副总指挥。按设计图施工，进展顺利，两个月就形成了5公里的毛坯路基。正准备全线铺开大干的时候，天有不测风云，史无前例的“文化大革命”开始了，田县长被打成走资派，关进了牛棚。那份桃花山考察调研报告成了罪证，大字报铺天盖地。彭路在大字报里则被指控为黑爪牙、桃花山地霸、王根树血案的罪魁祸首。

县革委会成立后，向桃花山派驻了工作组，一是继续清查彭路的罪行，二是把握世外桃源村的社会主义方向。

彭路对城里派来的工作组寄予了极大的希望，他认为城里人有知识，眼界开阔，对改变桃花山面貌会起到根本性的作用。他掏心窝子说：“只要能改变桃花山的面貌，自己就是下地狱也在所不惜。”

他是天生的犟脾气，认死理不转弯，在批斗会上，指控他的罪行他都认罪，唯独“开山修路破坏森林罪”坚决不认。会上他激动地辩述：咱们山里人祖祖辈辈没条出山的路，正因为没有路，才成为被遗忘的世外桃源，难道修条通往大千世界的路也是罪过吗？你们城里宽阔的街道，又算谁的罪过？修路的有罪，走路的有功，这是哪家的道理？

后来工作组为了把握社会主义方向，大割资本主义尾巴，屋前屋后，见果树就砍，见牲畜就打，白天打了家禽晚上开会用篝火烤着吃。彭路望着工作组烤得香喷喷的烧鸡烤鸭，心中不解："养鸡鸭的是资本主义，吃鸡鸭的是社会主义？"

就这样，彭路修路不成，反倒落了一身罪过。第二次修路的尝试又化为了泡影……

西国安正说着，小船已到了威尼村村口。西国安向船老大打听说："你们村长彭路是否在家？"

船老大听他们要找彭路村长，忙回答说："你们要找村长啊，嗨！怎不早说呢。刚才我们进山口的时候，他的船恰好出山口，这会儿怕是到了蔡家港了。我听他说，今天要赶到县城去找新来的县长，听说是县政府发了什么通知，他急着赶去县里，八成又是为修路的事。"

西国安用商量的口气说："船老大，这位就是新来的县长，你们村长比县长还急啊。这样吧，你能带我们去追赶村长吗？"

"没问题，我这就调转船头。"

"那就谢谢你了。"船刚调过头来，西国安的手机就响了，是县委顾书记。听完电话，西国安放好手机，转头对杨向荣说："顾书记要你下午3点赶回县委开会。"

"那就先赶回去开会，等开完会，我们再继续考察。"

"那就这样好了，船老大把我们送到蔡家港，蔡家港有班船去县城，比船老大的小船快。我呢，上岸去牛市桥乡政府办完你交办的事再回县政府，等你开完会再做下一步的打算。"

小船来到蔡家港停靠。告别了船老大，杨向荣在港口准备换乘班船回县城。此时正是晌午时分，天上突然乌云翻滚，电闪雷鸣，暴雨倾盆。杨向荣为避雨，在渡口一家饭店坐下，顺便吃午餐。

彭路和同行的村民王二虎船到蔡家港时，发现天色低沉，估计要下大雨，比杨向荣先行一步上岸，已经坐在小饭店的一角，向店家要了一碗汤，现在正啃着自带的烧饼。杨向荣已经注意到两人，主动搭腔："二位乡亲坐过来一起喝杯酒吧，下着雨去去风寒。"

彭路不抬头不搭腔，心想："谁稀罕你那杯酒，咱山里人天天都在风寒里。"

杨向荣见他二人不理睬，就起身走到彭路、王二虎面前，和蔼地问：“二位乡亲从哪儿来呀？”

彭路还是不做声，用手指了指渡口的小船，算是做了回答。

杨向荣又问：“你们的船要上哪儿去呀？”

彭路不冷不热地回答：“去县城。”

“正好，我也去县城，搭你们的船走可以吗？”

“随你的便。”

“好，一言为定。”

船离开了蔡家港渡口，杨向荣亲切地问：“二位从哪儿来，到哪儿去办事？”

“山里人的事跟你们城里人说了也白说。”

“不见得吧，说不定我还可以帮你们出出主意咧。”

“拉倒吧，你们城里人关心的是位子、票子、房子、儿子，哪能对山里人的事感兴趣。”

“山里的事不愿说，到城里想办什么事跟我说说不要紧吧，我在城里熟人多，说不定还能为你们说上什么话呢。”

彭路一听还能为自己说上话，一下子来了劲，急忙说：“不瞒你说，咱们是进城找新来的杨县长的，听说他是从省政府调来的，我估计他是来镀金的，如今的城里人谁舍得闹市的花天酒地生活，到这边远小镇来当小县官。但是我们还是想试试，看他能不能像老县长田振海那样为我们山里人办事。”

“你们认识田振海县长？”

“何止认识，他为我们山里人修路，‘文革’时我还跟他一起挨过批斗呢。后来听说他调省城去了，就再也没见了。”

王二虎在旁插话说：“听说新来的杨县长是老田县长的干儿子。”

彭路晃着脑袋叹息说：“这个家伙不知道有没有田县长那样好讲话？能不能像田县长那样为民办事？要是花花太岁，找他也没用。”

杨向荣听后不由得笑起来。“这个家伙我认识，我带你们去找他。你们先将情况给我介绍一下，需要解决什么问题？”

彭路一听说眼前这位城里人如此热心地要带他们去找县长，毫不顾忌，将修路的事和盘托出。

杨向荣听完彭路的叙说，又想起西国安讲的起起落落的修路故事，基本情况都了解，也清楚了二位进城的意图。他爽朗地说："你们二位今天就听我的，晚上先在彼得堡宾馆住下，有人接待你们，明天一早我就带你们去见新来的那个杨县长。"

彭路一听要带他们去见杨县长，急忙解释说："我们乡下人说话没高低，信口胡诌的，你可别到杨县长面前说我们骂他了。"一句话说得杨向荣哈哈大笑。

杨向荣回到县政府，第一件事就是给彼得堡宾馆总台的余晶发了封电子邮件，要余晶安排好彭路两位同志，由县政府来结账。

晚餐时，余晶叫服务员送上四菜一汤和一瓶都梁香老酒。彭路和王二虎不敢吃，对服务员说："我们带着烧饼，给碗菜汤或开水就行。"

余晶赶紧说："这是杨县长请的客，你们不吃，我们可交不了差。"

彭路纳闷，十几年前田县长请我吃过饭，新来的杨县长怎么也请我吃饭。他怎么知道我们来了？对了，一定是中午搭船的那个小兄弟报的信，他说过认识杨县长。既然是县长请的客，咱就放心大胆地吃吧。两人你一杯我一杯，把那瓶老酒喝了个底朝天，晚上呼呼睡了个好觉。

第二天清晨，杨向荣赶在余晶上班前就来到了彼得堡宾馆。彭路和王二虎看见他，便快步迎上前去，感动地说："小兄弟，你真讲信用。"

三人一路谈笑来到县政府，县公路局的吴局长早坐在小会议室等候了，见杨向荣进来，主动上前打招呼："杨县长您好。"

彭路先是一愣，然后恍然大悟，想起昨日出言不逊，脸刷的一下红到了脖后根。

杨向荣笑着说："如果办不好边城人民的事，还真是该骂咧。好了，言归正传，今天我给你们当红娘。彭村长你先说说，打算修条什么样的路？"

"我们山里人没有太高的奢望，只要山里的宝贝能运得出去，城里的旅游车开得进村就行。咱山里人搞不清什么路是国道还是省道，是县道还是乡村道，还是公路局吴局长讲吧。"

吴局长停了停说："杨县长，我就长话短说。这条路经历过三代人，到该修的时候了，结合旅游业的开发，至少要按县道或省道等级修建，正像彭老村长说的，山里的宝贝要运得出来，城里的旅游车要进得去。县公路局做过几次设计，关键是三个隧道，资金不足是最大的问题。在高山上修路，再加上隧道的造价，总造价超过一千万一公里。也就是说我们修的是县道，花的是国道的造价，30 公里就是 3 个亿，县财政拿得出这么多钱吗？按简易公路修建也要 500 万一公里，总价一个多亿。你们村再加上个人集资的钱也是九牛一毛，还不够打通一个出山隧道的钱，修条人行道倒是足够了。”

杨向荣接着说：“彭村长，吴局长没说清楚，现在不是资金问题，香港有位陶老先生负责投资修路建坝，县政府就是要问你们还有什么好建议。还有陶老先生要求与你们村上签订投资协议，你们有何打算？我们先统一意见，再和陶老先生见面谈定，这叫政府搭台，你们自己唱戏。”

彭路听明白了，立即表态说：“这还有什么商量的，有人出钱，当然是挑选最好的方案嘛。”

杨向荣接着说：“那好，就由彭路先送一份县公路局的修路设计书给陶老先生看一看，让他有个初步的了解。然后再到县城找家最好的酒家，要有卡拉 OK 的包厢，再找家最好的舞厅，晚上为陶老先生接风洗尘，具体要求请你问一下陶老先生的秘书赖丽小姐。”

彭路未等杨县长说完，一团无名火涌上心头，心里嘀咕：“他娘的，如今怪事多，吃饭还唱歌，出门办事还带小老婆。”想到这儿，彭路毫不客气地说：“要这等伺候还是你去，我还是啃自己带的烧饼。”

“不，要去，你是唱主角的，如今办事谈生意往往是在酒桌上解决问题的。你要知道我们面对的是香港老板，要尊重他们的生活习惯，我们的目的是促成他向山区投资搞建设，何必计较小节。”杨县长解释说。

彭路只好很不情愿地去做了，在彼得堡宾馆酒楼订了一桌 5000 元标准的甲鱼宴。

酒席上，陶老先生借酒打开话匣子：“桃花路设计书我看了，合资建路合同书文稿我也看了。我的意见是不要搞那么复杂，其实很简单，按设计 30.5 公里需投资 3 亿元，我全部承担，只要签订一份投资协议就可以了。就算我在有生之年为家乡人民做点贡献吧，因为我也是桃花山人呐。

我今天高兴，赖秘书你就为我唱一首‘谁不说俺家乡好’。”赖秘书虽然没有歌唱家的基本功，但也唱得情真意切，唱得陶老先生心花怒放。赖秘书心里最清楚，不是因为自己的歌唱得好，而是故乡情思引人入胜。西国安随后高唱的“在那桃花盛开的地方，有我可爱的家乡，桃树倒映在宁静的水面，桃花映红了姑娘的脸庞……”的歌声，更是撩动了陶老先生怀恋故乡的情怀，不禁老泪纵横。

陶老先生将一杯酒敬在了地上，然后一只手拉着杨县长，一只手搭在彭路村长的肩上，激动地说：“我有个请求拜托给各位，帮我找到五六十年前离散的儿子陶山高和妻子彭腊梅。”

回到宾馆，陶老先生久久不能平静，陷入沉思中，回忆将他引回到多年前盛夏的一个深夜。陶山高和母亲彭腊梅正在熟睡中，突然闯进了三个全副武装的大汉，为首的就是离家多年未归的陶山高的父亲——国民党少将师长陶源生，另两个大汉是陶师长的警卫。陶源生自从找了个美丽漂亮的小老婆，早把结发妻子彭腊梅忘了，但儿子是自己的，在国民党败退台湾前夕，他冒死回乡是来接儿子去台湾的。彭腊梅被丈夫抛弃，唯一的希望寄托在儿子身上，儿子就是她的命根子。年仅几岁的陶山高很理解母亲的心，死活不肯跟父亲走。陶源生一气之下打了儿子两记耳光，拂袖而去。

这天夜里，陶老先生翻来覆去不能入睡，一闭上眼，妻子那孤独苦难的身影便浮现在他眼前。梦里，儿子拿着木棍横立在桃花山前，不准他踏入半步，他完全明白，这是自己几十年前欠下的孽债。陶老先生泪流满面地说：“孩子呀，当年你爸逃离这世外桃源，是为了到大千世界寻找活路，只要有口饭吃就行，国民党部队把我抓去，我还感到好笑，竟然还有抓人吃饭的好事。后来我在战场上拼杀，提着脑袋干，九死一生，用命换来个师长。国民党败退台湾后，我退役在香港当了银行家。为了小老婆，发过誓，不再回那世外桃源去，抛弃了你们母子，我有罪，对不起你们，对不起你那死去的娘，只求孩子原谅老爸，好吗？”

梦中的儿子一点也不为之所动，反而厉声说：“你以为几句漂亮话就能抹去我心灵上的伤痕吗？你以为有几个臭钱就能买回我们母子几十年的忧伤吗？你以为几滴眼泪就能洗刷你一生的罪孽吗？”

“孩子呀，你……”陶老先生几乎晕过去。

“不要说了，你走吧，你走!”儿子气愤之极，怒吼着。

陶老先生无奈，沿着当年出走的路，流着泪离开了生他养他的桃花山，一步一悔过，三步一回头。他想找到妻子彭腊梅的坟墓，去痛痛快快地哭一场，但就算泪水也洗刷不掉他心灵的悔恨。他一口一个爱妻，一声一个儿子，一步一呼唤……

噩梦醒来是早晨，陶老先生急出了一身冷汗。

第二天，在杨县长主持的投资建路项目签字仪式上，彭路突然宣布：“协议不签了。”

“协议不签了?”杨向荣感到不解，这应该是件很严肃的大事，怎能当儿戏呢?想修路想了一辈子，为修路奋斗了几代人，盼路盼了多少年。为了筹款修路动了多少脑筋，牵动了多少人的心，好不容易熬到了这个节骨眼上，他倒打起退堂鼓来，叫人难以理解。“这个老彭啊，到底是小农意识，办不了大事。”杨向荣自言自语。但杨向荣转而又觉得不对，老彭好像不是这样的人，虽然是一个村夫，但办事认真，不怕吃苦，为了大家的利益，不惜个人安危，这么草率从事不是他的性格。是什么原因导致了他急剧的变化?一时又琢磨不透。杨向荣只好劝说：“老彭啊，不管怎么说，投资修路协议不能不签，有问题再协商解决。”

“不，这个协议坚决不签。”彭路的回答毫无商量余地。

“这么说路不修啦?”杨向荣追问说。

“不，路是要修的，一年修不了两年，两年修不了十年，十年修不了一百年，子子孙孙修下去，我就不信修不通那条连接大千世界的路。”

“那这么好的机遇，为什么要放弃?能大刀阔斧干的事为什么非要用愚公移山的方法去办呢?愚公的精神可佳，愚公的方法不可取。今天你就听我的，先把协议签下，有什么问题，我再出面协调解决。”杨向荣说。

“说不签就不签!”

“你能告诉我是什么原因吗?”

“没原因，也没问题。”

“这么说这协议你是真的不签了?”

“真的不签，不签!”

“好，那你以后无论什么事都不要来找我了!”杨向荣赌气起身就要走。

谁知，这句话却把彭路镇住了，他想，从前的事，今后的事，没有县长的支持，必定一事无成。彭路急忙上前拦住了杨县长的去路，说：“等等，让我想想，明天给您答复。”

“那好，明天我等你好消息。”

第二天，在杨县长主持的投资修路签字仪式上，彭路出人意料地宣布：“我彭路，也就是陶高山，从今天起，不再担任桃花山威尼村的村长了。由彭达，不，应该说是由陶达与香港亚太银行陶老先生签订建路协议吧……”

杨向荣这才明白，原来陶老先生要找的儿子就是彭路，两代人的恩怨难平，彭路只好叫儿子，也就是陶老先生的孙子陶达来签这个协议。

一年后，公路修到了桃花山威尼村。又是一个桃花盛开，红云翻滚，赤霞飘飞的春天，在桃花山将举行通车典礼仪式。大快人心的时刻终于来到了，但是彭路的心情反倒十分沉重。为了那条通往大千世界的路，山民们盼了多少代，那一幕幕情景又如历史画卷般展现在他的眼前……

晚霞西挂的时分，彭路拉上王二虎，来到王根树的坟前，烧上香，嘴里喊着：“根树兄弟，我和二虎看你来了，你知道吗？你盼望的那条路，明天就要举行通车典礼了，那条你用血祭的路……”彭路哽咽了，他有很多很多的话要对根树兄弟说，可就是堵在胸口，说不上来。夜深了，他不肯离去，二虎生拉硬拖把他拉回了家，可他没有睡意，一闭上眼睛就看到王根树那生龙活虎的面孔……

第二天，朝霞刚爬上桃花树梢，彭路就来到了通车典礼台上，晨风吹拂，彩旗飘扬，松柏翠绿，喜庆的气氛洋溢在山民们的脸上。他抬头望了望典礼台正中的“桃花路通车典礼”会标挂得正不正，最后把目光停留在杨县长写的那副对联上：

世外桃源接轨大千世界武陵渔翁寻找理想之路梦成现实

桃花仙境通达五湖四海山乡人民筑起康庄大道功在千秋

他觉得那对联写出了他全部的心思。面对典礼台，几辆崭新的旅游车停靠着，车上插满了彩旗。看着面前这一切，彭路心潮澎湃，思绪潮涌。

上午10时，红日当空，阳光洒泻在这片神奇的土地上。祖孙三代戴上大红花，站在通车典礼剪彩仪式台上，满面春风。顾书记、杨县长和施工单位的代表出席了剪彩仪式，沿线群众蜂拥而至，期待这大千世界与世外桃源紧密相连的康庄大道的通车。彭路主持通车典礼大会，他向人群高声宣布："桃花路通车典礼现在开始。"话音刚落，汽笛、锣鼓、礼炮、音乐、欢呼声交相辉映，响彻云霄，群山沸腾。陶源生、顾书记、杨县长、彭路、彭达、王二虎等人在欢呼声中张开了剪彩的剪刀，彭路媳妇雪莲，王二虎媳妇山英向人群中抛撒糖果。一阵欢腾之后，彭达村长致辞：

"乡亲们：桃花威尼村民盼了多少代的路，今天通车了，终于圆了这桃花路梦。藏在山里的水果、木材、药材等农副产品有了出山的道路，我们山里人也能用上城里的工业品了，自种自食的世外桃源生活终于结束了。还有桃花山走向世界，世界观光桃源的旅游业也将依托桃花路发展起来，桃花山山民致富的时机已经来到了。现在我宣布，世外桃源第一辆奔向大千世界的旅游汽车——出发！"

喇叭一声长鸣，汽车在掌声、鞭炮声、锣鼓声、欢呼声中，穿过桃花山石门隧道，向大千世界飞奔而去，喇叭声在山谷间传来一声声回荡……

16

可以说水是人类生命的起源，没有水恐怕就没有人类社会的存在。杨向荣翻开地图一看，地球上大小河流就像人的血脉布满全身一样。越是水源充足的地方，人口密度就越大。威济河是边城的母亲河，边城也以威济河两岸居住的人口为最多，利用开发威济河，是边城发展致富的关键性工程之一，有人说威济河的文章做好了，边城人的问题就解决了一半，可见威济河在边城的重要地位。但是威济河也是一条灾难的河，它常常闹洪灾，就像它的名字一样，咆哮发威，弄得两岸人民家破人亡，流离失所。自古以来，边城人就多次提出过治理威济河的要求，但由于种种原因，未能如愿。边城政府也曾几度提出过治理方案，要治理开发威济河。第一次提出治理方案是大跃进时期，县政府要水利电力局拿出治理方案。水利电力局有一个水利专家叫郭春海。说起郭春海的身世，颇有传奇色彩。他的母亲邓美英长得像西施一样的美丽，爱上了一个能挑200斤重担的庄稼汉高大中，不料地主李崇欢看中了她，强行抢亲做了小老婆。在抢亲时，邓美英说：必须用八抬大轿来抬她，否则她就去死。其实邓美英心里明白，穷人高大中是斗不过地主李崇欢的，所谓八抬大轿之说也是缓兵之计，就在李崇欢八抬大轿到来的前一天晚上，邓美英把自己纯洁的身体献给了心爱的庄稼汉高大中。第二天，地主李崇欢派了两路人马，一路勾结国民党军将高大中抓壮丁去了部队，另一路用八抬大轿把邓美英抬到李府成亲，做了李崇欢的小老婆。事隔十几天，天有不测风云，黄桥梁山界的土匪洗劫李府，土匪头子陈大炮也为邓美英的美色所动，将她抢上山去做了压寨夫人。真是自古红颜多薄命，邓美英就因那张美丽的脸蛋，前后不足一个月，却被两个男人强行占有。事情还没有结束，邓美英更苦的遭遇还在后头。因为她的美色，李崇欢不忍心失去她，于是勾结国民党军队攻打黄桥梁山界，土匪头子陈大炮被打死。可是巧就巧在攻打黄桥梁山界的队伍恰是高大中所在的部队，山头打下来后，李崇欢接走邓美英，恰好碰上高大中，高大中一见李崇欢气就不打一处来，新仇旧恨涌上心头，开枪打死了李崇欢。高大中也因此犯了军法，被就地正法了。这样一来，邓美英的三个男人都命归黄泉。邓美英回到威济河畔娘家，发誓不再嫁人。就是要嫁也没人敢要，因为边城人讲她命中克夫，一月连克三夫，谁敢娶？谁娶她谁就会死，高大中、李崇欢、陈大炮就是榜样。邓美英因为美丽而被男人抢来抢去，又因为克夫，再美怕死的男人也不敢要她，她将一辈子没有男人。好在她肚子里还留有一个小孩，于是邓美英把希望寄托在这个小孩身上。可是这个小孩生下后取名字却让邓美英犯了难，她确实不知道这个小孩究竟是谁的骨肉。她内心希望是高家的，因为她是真心喜欢高大中的，也是心甘情愿把自己的圣洁贡献给高大中的。但高家可不认这个账，高家没有明媒正娶过她邓美英，而且高大中已经去世，怎么会接受这个不知是谁的种的孩子呢？况且她邓美英也不能肯定这小孩就是高大中的，当然不能姓高。姓李吧，邓美英也不情愿，姓陈吧，那就更不能了，邓美英左思右想不得其解。最后在小孩百天的时候，邓美英请八字先生算了卦，八字先生一听小孩的身世，给邓美英出了个主意，取高字头，李字尾，陈字留半边，此乃三姓合一，组成一个郭姓。名春海。于是邓美英生下的这个小孩就叫郭春海。郭春海天生聪明，邓美英省吃俭用供他上学，在学校读书时恰好跟地主李崇欢大老婆的小儿子李小韦在一个班。李小韦知道郭春海的母亲邓美英曾经是他父亲李崇欢的小老婆，父亲李崇欢虽然死了，李小韦却认准郭春海是他的兄弟，在学校不但不欺负他，反倒成为好同学、好兄弟，在经济上常常接济郭春海。中学毕业后，郭春海考上了省立水利学院，李小韦上了黄埔军校，从此两人失去了联系，没有往来。大地主李崇欢虽然死了，其财产田地掌管在李崇欢的大老婆彭秀梅手上，解放大军解放边城时，彭秀梅被划定为地主家庭成分。而李小韦呢，黄埔军校毕业后参加了共产党的部队，后来成为了很有名气的将军，由于怕地主家庭影响了他的前程，一直隐瞒了自己的出身，自从出了边城，就再也没有回边城认过他那地主婆的母亲。

再说郭春海，郭春海大学毕业后，回到边城从事水利工作，后来成为边城唯一的水利专家，有关水利技术上的资料都出自郭春海之手。但是郭春海的命运却不好，就因为他的母亲做过地主李崇欢的小老婆，他也被无情地扣上了一顶地主崽子的帽子，这紧箍咒戴在头上那可不是好玩的，那年月，他无论做什么事都被蒙上政治色彩，他做的威济河坝方案当然就是地主资产阶级的货色，岂能让他得逞！当年首先站出来反对的就是威尼村的村民，全村唯一的出路却被一个地主资产阶级的孝子贤孙给堵塞了，那还了得，岂不是堵住他们通往社会主义的光明之路吗？当时县里确实考虑到威尼村没有出山的路，这唯一的水上通道真要堵塞了，那可就真成了世外桃源了，于是县里决定先给威尼村修路，后建水坝水库。结果路没有修成，水库也就更没有建了。

到了“文革”时期，郭春海的命运有所好转，那是因为他的兄弟李小韦从京城回到边城。当时边城一片大乱，到处都在武斗，造反斗地主的大会天天召开。好在军队还没有乱。李小韦到边城后首先去了边城武装部，这是边城唯一一块没有受冲击的净土，李小韦把身份一亮，武装部一看是京城来的将军，立即派武装人员跟随保护。李小韦和警卫员穿着便服来到威济河畔的沙港村老家。那天沙港村正在召开批斗大会，台上跪着两个人，脖子上挂着牌子，李小韦走近一看，一块牌子上写着“打倒地主婆彭秀梅”，另一块牌子上写着“打倒地主崽子郭春海”。“文革”一开始，郭春海就被县水利局的造反派遣送回沙港村，所以沙港村每次批斗会都少不了他，而且他还比彭秀梅多一顶臭帽子，那就是“资产阶级学术权威黑专家”。李小韦见自己的母亲和兄弟都在挂牌挨批斗，几十年的骨肉情深涌上心头，李小韦也不隐瞒自己的身份了，共产党人也是血肉之躯，不是天上掉下来的神仙。李小韦冲上去跪在母亲彭秀梅的面前，警卫员眼疾手快，上前取下彭秀梅和郭春海吊在脖子上的批斗牌摔在地上。沙港村民兵营长见来了两个陌生人解救地主分子，这还了得，立即下令持枪民兵把这两个不明身份的反革命分子抓起来，谁知民兵营长的话还未落音，警卫员说时迟那时快，手枪早顶住了民兵营长的脑门。还未等持枪民兵反应过来，手中的枪早被武装部的战士下了。这时的彭秀梅被李小韦叫了声“娘”，一时莫名其妙。儿子李小韦出家门几十年，说是上了黄埔军校，参加的是国民党军，又听说在战场上被打死了，她根本就没有想过儿子还能活在世上，还是共产党的大官，哪里敢认。这时，台下群众一片混乱，高喊打倒地主婆彭秀梅，打倒地主崽子郭春海。警卫员见势不妙，朝天开了两枪，台下才静下来。警卫员抓住机会解释说："乡亲们，请不要乱，听我说。共产党有一句名言，叫做出身不由己，道路可选择。彭秀梅是地主，可他的儿子李小韦投奔了革命，打日寇，打老蒋，求解放，枪林弹雨，出生入死，为人民打天下，为建立新中国立下了汗马功劳，是共和国的开国功臣，英勇盖世的人民解放军将军。他是革命的大人物，他的母亲、他的兄弟就是革命将军的革命家属，你们批斗革命家属，就是反对共产党，反对毛主席，你们知罪吗？"

警卫员几句话一说，沙港村的乡亲们这才知道当年的少东家，如今是解放军的大将军，没想到这小村还出了共产党的大官，以此为荣还来不及呢，哪还敢再批斗革命家属。彭秀梅被李小韦接去京城，郭春海又回到了县水利局工作。从此，边城人对郭春海的看法转了一百八十度的急转弯，都知道他有个兄弟在京城当将军，郭春海也成了响当当的革命家属。县里第二次要郭春海做威济河水库的建坝方案时，方案一公布，威尼村的村民又抬着棺材到县政府闹开了，村民高喊口号，谁要是挡住威尼村通往社会主义的康庄大道，就砸烂谁的狗头！并散发传单，说郭春海不是地主李崇欢的儿子，当然也就不是共产党将军李小韦的兄弟，他是大土匪头子陈大炮的杂种。这土匪杂种的帽子一戴，比地主崽子更臭，更可怕。郭春海又重新被列入戴了帽子的二十一种人之列。尽管他的经历复杂，又被重新戴上坏人帽子，但毕竟有个共产党的大官认过他这个兄弟，边城人看面子，只是让他靠边站，没有人再去批斗他，怕惹上批斗革命家属就是反革命的麻烦。可是他做的威济河水库建坝方案又一次搁浅了。后来他给李小韦写过一封信，写了他内心最深刻的感受。他说："我在一本书上看到一个'二战'时期的故事，得胜国战士议论战后怎样处置战争首犯希特勒，有的说要判处绞刑，有的说要将他五马分尸，有的说要把他关在铁笼子里，到各国巡回示众。有一个美国黑人士兵沉痛地说：只要将希特勒的面孔涂黑送到美国，就足够他受了，比判什么刑都难受得多。其实要我说呀，还不如给希特勒戴一顶出身不好的政治帽子，送到中国来，那远比涂黑脸去美国要凌辱得多，恐怕要算对希特勒最大的惩罚了。"

其实威尼村的人抬着棺材去县政府闹腾，搬出做方案的郭春海是非之说，只不过是找借口而已。真正的原因还是出村道路问题，要求先修路，后建水坝。如今道路问题已经解决了，陶源生老先生投资修建了威尼村多少代人为之梦想的大路，眼下就是有千万个郭春海，威尼村的人也绝不会抬着棺材再去县政府闹事了。可是水库建多大，水坝建多高的问题却与威尼村的人有着千丝万缕的关系。先不说威尼村的人是怎么想的，单是县委、县政府的意见就不一致。

杨向荣找到县水利局，要求郭春海重新设计，以多功能开发为原则考虑。了解到郭春海已退休，杨向荣便请他当顾问。郭春海非常高兴，说他做了一辈子的威济河水库设计方案，在他退休以后终于得以实施，他修改了曹操的诗句，来表达自己“老骥伏枥，志在威水”发挥夕阳余热的愿望。郭春海也很赞同杨向荣以防洪、灌溉、发电、养鱼等多功能综合开发的意见，修改了自己的原设计方案。新方案一抛出，县委常委在审查方案时，却引发了新旧方案之争。

杨向荣首先介绍了新方案的几大功能：“威济河坝必须建100米高，才能保证210米的蓄水位，在这个基础上，才能够最充分地发挥水力资源的作用。先讲防洪功能。据我所知，边城人最早提出修建威济河坝的设想，就是从防洪角度考虑的。每年洪水造成沿河两岸的损失有多严重，你们比我更清楚，我就不去细说了。这个水位的确定，可将20年一遇的洪水流量1520米削减至安全泄量710米，相当于50年一遇，沿河两岸20多万人口和30多万亩良田可免除洪水威胁。再说灌溉功能。边城的地形是周高中低，典型的小盆地结构。威济河坝一建，水位升高，在河坝东西两侧的半山腰上修建两条灌溉水渠，几乎可以形成一个灌溉闭合圈，可以灌溉全县50%以上的农田。洪水到来之时，还可以起到分洪的作用。再说发电功能。据我调查，全县还有2/3的山村没有通电而点油灯。威济河坝的建设，先期可安装两台发电机组发电，完全可以解决全县的照明问题，再预留两台发电机组以备动力发展用电。最后再说养鱼功能。水库建成后，大力发展养鱼业，可年产鲜鱼二三十万公斤，成为开办‘三场’最大的一个水产养殖基地。还可以发展旅游景点，成为湘西南的北戴河。基本情况介绍完了，请各位常委发表意见。”

杨向荣的话音一落，顾武生就反对说："杨县长的这个方案我只赞成一半，理由很简单，郭春海原先做的设计方案就很好，这次他头脑发热，很不切合实际，杨县长盲目赞成他的新方案，属于不了解全面情况，情有可原。原方案大坝只建50米高，蓄水位105米，恰是新设计方案的一半。也许有人说这是小打小闹，可这小打小闹切合实际。实际就实际在只淹没威尼村的部分良田耕地，也只搬迁部分农户。如果按新设计方案施工，水库建成后就要淹掉整个威尼村，淹掉该村的全部耕地，这个村就要全村移民，新的进村公路将完全失去作用，早知道有今日，当初又何必修路呢？还不如当时就移民出山，还省了修路钱。如果不移民，那么威尼村的人就会被赶到山顶上，耕地吗？如何生存？这工作做得通吗？恐怕村民们又要抬着棺材到县政府来闹腾了，到时候可就真的是不见棺材不流泪了，这样的问题你们想过吗？"

组织部部长黎云山心里赞成顾书记的意见，嘴上却提问说："顾书记提出的问题还真烫手，我是做人事工作的，对人员安排最敏感，我想请问一句，新的设计方案对威尼村的问题是如何考虑的，有没有安排？"

"有，考虑了两条出路，一是移民，全村搬出，安置在威济河两岸各乡镇。二是就地安置，农村改渔村，农民改渔民。水库建成后，养鱼的任务就交给他们，我相信他们会算这笔经济账的，养鱼的经济效益要比他们原来的农作经济收入高得多，就看他们愿意走哪条路了。"杨向荣补充方案解释说。

政协主席竺臻武接上话茬说："既然有安排，问题就好解决了……"

政协主席竺臻武话未说完，县委书记顾武生就又提出反驳，他很是气恼："你们站着说话不腰疼，就一句好解决那么简单吗？如果按新设计方案，水坝100米高，蓄水位210米，淹掉的仅仅是一个威尼村吗？当然边城管辖的只有一个威尼村，可威尼村上游的村落是邻县的辖区，你建水库淹了人家的一亩三分地，你怎么安置人家？威尼村改渔村，邻县淹掉的村寨也改渔村吗？鱼在水里怎么划分责任区？叫鱼自己站出来说话吗？"

县委副书记兼纪委书记卢仙丹接过顾书记的话题，笑着说："顾书记一句让鱼站出来说话的问话，倒是让我想起一个神话寓言故事来。

"边城威济河里有一种长不大的小鱼，一般只有一两左右，最大的也不过二三两重，边城人叫它港水子，其肉质鲜美胜过有名的武昌鱼。这种鱼有一个特点，最喜欢追赶洪水潮头，威济河常发洪水，这种鱼就迎着洪水潮头往上冲，洪水退了，它们还不肯离去，结果常常搁浅在河道岸边。古时候，边城有一个进京赶考的书生，发现威济河岸边有一条从未见过的特大港水子鱼，足有五六斤重。那条鱼向书生求救，请书生把它放回河中，并向书生保证，以后威济河里的港水子鱼都像它这么大。那位书生对鱼说：‘我救你可以，可是我现在要急于进京赶考，等我赶考回来，一定到这里来救你下水。’那条鱼说：‘书生赶考回来时请不要到这里来找我了，你就到边城街上的干鱼店子里来找我吧。’从此威济河里的港水子鱼再也长不大了，永远是一两那么小。而那个进京赶考的书生也名落孙山，落榜回到边城。

“我讲这个故事不知各位得到一些什么启示。现在我们还是回到鱼的问题上来，这威济河坝一建，威尼村改渔村，鱼要是都像港水子鱼一样，往上游河道上冲，谁去追得回？邻县的渔民在库区打鱼，与我渔村发生纠纷，那我们就有事做了。说句实在话，这种纠纷还真不好处理，就像党员犯错误，你说是犯了党纪还是犯了国法，有时很难区分界限。这威济水库库区的渔业与邻县之间的责任区域如何界定？新设计方案上有无定论？”

副县长侯继书接着其问话解释说：“这个问题我来回答。郭春海做的原方案和新方案我都清楚。杨县长这次委托我到库区上游做过实地考察，就有关问题也和邻县的领导人进行过初步协商，说句实在话，人家姿态比我们高，眼光比咱看得远，我可是受了一次深刻的教育。现在我就讲具体一点，如果按原方案，建坝50米高，蓄水位105米的话，库区就全在我边城辖区境内，那么就不怕肉烂在锅里，自家的问题自家处理，自家的责任自己扛。如果是按新的设计方案，建坝100米，蓄水位210米的话，那么就有1/3的库区在邻县，好在邻县库区没有整体村庄，全是林区山冲，只有少量的耕地需要复垦，少数几户人家需要搬迁，且费用不大，我们在建坝工程中一并考虑，由邻县政府去做工作。至于库区责任区域问题，邻县保证只在自己的责任库区作业，也可以建立联合渔业养殖公司，就看我们是什么态度。”

侯副县长一说完，第一个提出反对意见的仍然是顾书记：“侯副县长说得也太简单化了吧，如果像你说得那样简单的话，那威尼村的人当年就不用抬着棺材到县政府来闹了，我敢说，现在威尼村的人也不愿离开他们祖祖辈辈休养生息的地方，这叫故土难离嘛，更何况邻县的村民因为你边城人要修水库，就心甘情愿地让地方？我看未必。我们还没有深入到实际，革命革到自己头上，就不那么好受了。说实在话，首先我顾武生就想不通，为什么小坝能解决问题，却非要建大坝呢？当然，你们可以说建大坝有很多的好处，这点我也认可，可是带来的好处背后，隐藏着许多负面影响，你们想过吗？先不说与邻县有着千丝万缕的关系理不清，就说咱坝外的沙港村，也就是郭春海的家乡，单就洪水问题，你们也许会说出许多所以然来，用所谓的20年一遇、50年一遇的数据说得天花乱坠，可是假如百年一遇的特大洪水，大坝顶不住，垮堤垮坝，一百多米高的洪峰向沙港村猛扑过来，毁灭的仅仅是沙港村吗？距沙港村不远的县城也将顷刻间毁灭在汪洋大水之中。到时候，边城流传的赶考书生与港水子鱼王的神话故事，恐怕就要故事新编了，因为边城再也不会有干鱼铺子了，一切都化为泡影了。如果真的发生了，在座的各位都将成为历史罪人，我顾武生就是罪魁祸首。我顾武生没有好下场，我看你们也好不到哪儿去。”

杨向荣见顾武生提出新问题，只好自己亲自作番解释了，他不慌不忙地说：“顾书记，您担心的问题，我们也考虑了。副县长侯继书到水坝上游考察时，我也带着郭春海、西国安到水坝下游考察过，为了保证大坝安全渡洪，郭春海提出了一个三条途径的方案。第一条途径是在大坝至县城几公里的河道两岸，修筑钢筋水泥堤岸，扩展加深河道，增大排洪流量。第二条途径是在大坝左右两条干渠中，将右边向东流的干渠前5公里渠段扩大成小运河，等于在县城至威济河上游开辟了一条小河流，一旦威济河上游发洪水，新开辟的小运河就会绕开县城排洪，不排洪水的时候，保持原有灌溉功能，做灌渠使用。还有第三条保险途径，那就是在库区上游，也就是在边城与邻县交界处，开凿一条5公里的‘边城灵渠’，将威济河与龙溪河连接起来，平时起灌溉作用，发洪水时起排洪作用。这三道保险就是为县城安全考虑的。这样一来，边城赶考书生与威济河港水子鱼王的神话故事，恐怕真的就要故事新编了。我想，如果当年进京赶考的书生有先见之明的话，他会立即效举手之劳，把港水子鱼王放入河中，那么今天的威济河港水子小鱼，一定会条条都有五六斤鱼王那么大。”

杨向荣话音一落，顾武生仍然反对：“你说的那些途径，仅仅是纸上谈兵而已，要实现了才能算数。在保障措施没有完成之前，绝不能修建100米大坝，我要替古城负责，我要对得起古城几千年的历史。古城是边城几千年来行政、文化、政治中心，我要誓死捍卫它。只要我顾武生还在边城当县委书记一天，就绝不允许有危害古城安危的事情发生，如果你杨向荣硬要修建100米高大坝的话，那就请你等到我顾武生不当边城县委书记的那一天。”

杨向荣见顾武生的态度如此坚决，为了缓和局面，笑了笑说：“顾书记的意见主要侧重于稳妥起见，办事稳妥，也是好事，以防万一嘛。我将大家的意见综合一下，威济河水库大坝和三条排洪河道开凿工程分两期工程完成，一期工程先建50米大坝，但基础施工按100米设计建设，两台发电机组在一期工程中完成，同时扩展坝下主河道，修建右坝排洪灌溉两用并举的小运河。一期工程完成后，再组织二期工程施工，首先开凿威济河至龙溪河之间的连接小运河，等边城灵渠小运河开通了，再将水库大坝由50米加高至100米。这样一来，大家的意见都得到了采纳。”

顾武生见杨向荣说得这样诚恳，也不好再强行反对了，他在想，反正一期工程要几年工夫才能够完成，等二期工程开工，还不知是猴年马月呢，说不定还未等二期工程开工，他顾武生早就退休了，管不了那么长远了，到时候就让他们折腾去吧，老夫告老还乡去也。想到这儿，顾武生很不情愿地说了句：“就这么着吧。”

杨向荣将最终确定的方案交水利电力局组织施工，陶源生老先生的投资款也到了，第一期工程正式奠基开工……

17

杨向荣的修路、扩城方案得以实施，打造旅游品牌的项目也得到基本落实，他心里踏实了一点，下一步要筹划的是山乡集体和个体经济的发展。根据边城现有的基础条件，不可能发展大规模的工业产业，只能因地制宜地发展“三场”经济，即养殖场、种植场、加工场，这也是安置下岗人员的有效途径。以“三场”为中心，带动专业和分散农户小型经济的发展，形成“三场”中心带动指导分散农户、分散农户依托“三场”中心的发展格局。在招商引资洽谈会上，集科学家、资本家、政治家于一身的许家城选择了这个项目，他对食品加工很感兴趣，虽然他的研究领域是高科技，但他的企业则是食品加工业，他把在美国食品加工业的新技术投放到了边城，要创立他许氏资本集团的东方新品牌。许家城前期投资两个项目，一个是食品加工厂，另一个是大型冷冻厂。杨向荣心里清楚，这两个厂的原材料需要由边城人民提供，这不是农户家养三五只牲畜就能解决问题的，边城必须建有较大规模的供应基地，这个大基地就是“三场”。杨向荣在常委会上说：“据我考察分析，边城‘三场’在地域分布上应该有所侧重，东部地区的山势都不高，没有大片的森林，多为土山，有利于种植场的发展，因此东部地区以种植为主、松散养殖相配合。西部地区的山势比东部地区的山势略为高峻，沟沟坎坎较多，自然草料丰富，有利于养殖业的圈养发展，应以养殖业为主、种植相配合。南部地区山势高大险峻，有成片的原始森林，就以林场为主。以许家城投资的食品加工厂和冷冻厂为中心，把铜鹅之乡、卤菜之乡、脐橙之乡的文章做好。特别是在食品包装上要创新，再也不能用牛粪纸（边城人叫黄粗纸为牛粪纸）包着马屁股糖（边城人叫圆饼干为马屁股糖）去销售了。产品要货真价实，外包装要讲求时尚，这也是品牌广告。”

政协主席竺臻武接着说："我出生在西北部地区，我的联系点却在东南部地区，我要替东南部地区人民说几句话。东南部地区山势不高，多为茅草山，长期以来就是被道路困扰。我也曾经想过，这些山土质好，如果开垦种茶叶、种药材该有多好。开垦这些茅草山不能凭锄头，要把拖拉机开上去才行啊，可东部地区自古无路，拖拉机开不进去。如今东部地区的高等级公路正在紧锣密鼓地施工，这公路一旦开通，东部地区致富的日子也为期不远了，那些茅草山的面貌也该改观了。东部地区有这样一首山歌：

天上气云野鸡斑，野鸡落在茅草山。

翌里（白天）只怕鸟铳打，夜旮（晚上）更怕火烧山。

"如果东部地区的茅草山得到开发，我看这首山歌就得改词了：

天上气云野鸡斑，野鸡落在茶叶山。

翌里不怕鸟铳打，夜旮没有火烧山。

"东部地区的公路一旦修通，我第一个开着拖拉机冲上茅草山，开发这片沉睡的土地。"

顾武生听竺臻武这么一说，却听出了一肚子气。顾武生与竺臻武恰好相反，顾武生出生在东南部地区，联系点却在西北部地区。竺臻武高兴地唱着赞歌，他想泼点冷水，让大家的头脑清醒一点，别太忘乎所以了。顾武生干咳了两声说："关于开办'三场'问题，我得多说几句。可以说边城开办'三场'是有经验教训的，先说大跃进年代吧，那时叫人民公社共产化，家家户户锅碗瓢盆都收缴上去炼了钢铁，吃饭到人民公社集体食堂吃钵子饭，家庭不准开火，人人参加集体劳动，当然也就不准私家喂养和种植，由集体集中开办种植场、养殖场。结果呢？天天向上浮夸放卫星，人有多大胆，地有多高产，其实种没种出名堂，养没养出家伙，骗了国家，苦了百姓，害了自己。后来种植场自动解散，又回到了各家各户分散的自然经济状况。

"再说史无前例的'文革'时期。县里派工作组下去大割资本主义尾巴，大打出手，白天见鸡杀鸡，见鹅杀鹅，见狗杀狗。后来工作组有所醒悟，如此实行'三光'政策，养殖种植的都是资本主义，要消灭，剩下的可就只有社会主义的草了，总不能叫人也吃草吧。私家不能种养，那就只好集体种养，于是工作组又下令恢复大跃进时代的集体‘三场’。结果还是劳民伤财，没搞多久，‘三场’自动解散，又恢复到分散的自然经济状况。

“最后再说改革开放的年代，农村承包责任制一窝蜂似的，又恢复了‘三场’。发展倒是很快，可好景不长，在边城本地供大于求，运出去吧，一是交通不便，二是找不到销路，没销路的最主要原因是技术不过关，质量达不到要求。咱们不是铜鹅之乡吗，县里红红火火搞了个铜鹅罐头厂，想打出铜鹅品牌来，因为质量不过关，被迫关了门，‘三场’严重亏损，只好忍痛再度解散，还是回到分散的自然经济原始状况。边城这些年来，开办‘三场’三起三落，教训深刻啊。现在是四度重开‘三场’，是否真正能够开办得下去？说句心里话，我心里没谱，不知在座的各位有何高见？我顾武生愿洗耳恭听。”顾武生的冷眼相对，自然是给热血奔涌的杨向荣泼了一盆冷水。顾武生说得很有感触，经历过这些时代的人，自然体会深刻，杨向荣没有亲身经历过，只是听他的长辈们回忆过几次，讲得感慨，也只当是一种带有愚昧色彩的笑料。只有经历过的人才说得那么认真。

人大主任陶大成与顾武生一样经历过，他深有感慨：“关于边城‘三场’的三起三落惨痛教训，我是最有发言权的人之一，如果真要是一条一条地去掰开说，恐怕三天三夜也说不完。今天我们重提这个话题，是政府想让辖区的人民致富起来，可是你们想过吗？顾书记讲的‘三场’三起三落也完全是事实，同样是当时的政府引导的。我要总的说一句，世界上历史上任何一个政府都希望辖区的百姓富强起来，没有任何一个政府愿意人民越来越贫穷、越来越落后。人民政府为穷人打天下，也是让穷苦百姓翻身解放，脱离贫穷，走上富裕之路。既然每个时期政府的愿望都是好的，为什么又事与愿违，好心没有好结果呢？这就回到经验教训这个问题上来了。大跃进年代边城政府的政策左倾盲目，‘一刀切’下自然经济的发展，只认准集体开办‘三场’经济的单条腿走路，而且当时的指导思想仅仅是自给自足，根本没有向外发展的意思。用这样的政策，这样的指导思想去经营，是发展不下去的，必然以失败而告终。到了割资本主义尾巴的年代，情况有所不同，当时边城政府的政策是不允许私家养殖圈种，自然小经济被贴上资本主义的标签而被限制，集体的养殖场、园艺场、加工场又重新恢复起来。这时的情况虽然不同于大跃进年代，但它的最终结果是一样的，同样是因为以自给自足为目的，没有富足发展的要求。而改革开放后一拥而上开办‘三场’，目的则不是自给自足了，那是边城人民看到了发展致富的希望，也抓准了时机，但是缺乏现代市场化经验，没有加工质量检测技术，更缺少与外界的联系。结果肉烂在锅里，拿不出去，赔了，最终还是未能逃脱被迫关闭的下场。三个时期的情况不同，但最终的结局则是相同的，那就是‘三场’合一，散场！边城开办‘三场’留下来的不是财富，而是教训。如果当今四度重开‘三场’，那可真要好好研究研究，切不可再盲目行事了。产、供、销三个环节，必须环环相连，环环紧扣。实际上边城发展缺的就是销路，前两个时期仅供于自给自足，自然发展不起来，改革开放时期是找不到销路。三起三落，都落败在销路上，四度重开‘三场’，销路是关键，质量保证是根本。大家说，这两个问题怎么解决？”

副县长侯继书说：“关于四度重开‘三场’问题，书记、县长、主任、主席们这个经验那个教训的都说得很多了，我先讲个笑话吧，看能否从笑话中得到启示。中国有句俗话，叫做懒人有福。边城东乡有一个懒汉，小名叫狗子，他就相信越懒越有福，老天总有一天会降福给他，可他等了好多年就是没见老天降福给他，于是他怀疑自己还懒得不够，就四处打听，想要向比他还懒的懒汉学习懒经。有一天，他终于打听到边城西乡有一个懒得出奇的光棍汉张梁。此人身强力壮，人也聪明，就是懒得做事，四处讨米度日。木匠的祖师爷鲁班见张梁如此年轻而又高大健壮，却以讨米要饭为生太可惜，就收他做徒弟，教他拉锯：松木进一寸，紧木进一分。可张梁懒习未改，偷工减料，变成：松木进一分，紧木就用磨。气得鲁班骂他懒得不打转身。狗子来到西乡，当他好不容易找到张梁的住地时，隔壁邻居告诉他张梁出远门了，不知什么时候回来。狗子很遗憾地跟那位邻居说：那就改日再来吧，如果他回来了，叫他在家等我，我要向他学习懒经。狗子说完就退着回东乡。那位邻居不解地问他：你来时是正面走来的，回去时怎么退着走路？狗子说：我懒得转身了。邻居马上告诉他：那你下次不要再来了，等我那位邻居懒汉张梁回来了，我要他到你东乡去，向你学习懒经，因为你比他懒多了，他再懒得出奇，还知道打转身，你连转身都懒得转，世界上懒到你打止了。故事讲完了，各位领导是否有了一点笑意。但是，在我们边城政府里，这可是笑不起来的笑话，因为我们边城等着老天降福的地方太多了。现在再回到四度重开'三场'这件事上来，焦点已集中到加工产品的销路和质量保证体系两个问题上，如果是靠我们边城人民自己的力量，这两个问题恐怕一时难以解决，只得像东乡那个懒汉那样，等着老天降福了。当然老天是不会降福的，可是我们已经看到了人降天福的曙光了，美籍边城名人许家城投资的冷冻厂和食品加工厂，设备先进，有一套完整的质量保证体系，不怕出质量问题。再说销路，许家城在国际贸易中有一席之地，中国也加入了WTO，有许氏集团的桥梁连接，还怕找不到销路？这就是人降天福，福到眼前了，还有什么可怕的呢？"

县委副书记兼纪委书记卢仙丹接着说："我一般情况下不开口说话，有人说纪委书记说话，是人是鬼都害怕。今天我说话，你们就当是鬼话。为什么这么说呢？因为话叫你们说尽了，你们开办'三场'的经验也总结了，教训也找到了，四度重开的前景也说了，懒汉降天福也谈了，技术装备也有保证了，万事俱备了，那还缺什么呢？我看只欠东风了，那么东风是什么呢？东风就是改革开放的春风，就是新观念，就是政府的新政策，有了好政策，还怕没有好结果？好了，具体的优惠政策还是让政府制定和掌握政策的人去说吧，我这个纪委书记只能点到为止了。"

杨向荣见大家都说了一通，就连一般情况下不开口说话的纪委书记卢仙丹今天也发言了，他想该是收网式说话的时候了，便不慌不忙地说："各位常委，今天大家讲了这么多动人故事，摆出了各自的观点，叫人耳目一新，既然大家都讲故事，我也凑热闹讲一个，我听西国安给我讲过这样一个故事：

"从前，边城有一个穷人经过十几年的寒窗苦读，考中了状元，留在京城做官，因公务繁忙，几年没有回家，妻子在家十分想念丈夫，就打算去京城看他。可是家里穷，拿什么东西作为心意表示呢？妻子想起夫妻俩在家靠挖竹笋艰难度日的情景，带点竹笋去，既让丈夫不忘竹笋度日的岁月，又表明了心意。可是竹笋那么重不好带，妻子就想了个办法，把竹笋剥皮切开用开水煮一下，再捞出来晒干，又干净又轻容易携带。到了京城，丈夫见妻子给他带来干竹笋，极为高兴，立即要厨房师傅用水泡发后炒肉片吃，还让同僚们尝尝他妻子带来的竹笋美味。同僚们吃过之后赞不绝口，后来皇上听说了，立即派人叫状元公送一份来尝尝，尝过之后也大加赞美，就问状元公：叫什么菜名？状元公一看这竹笋片像玉兰花瓣，又想起自己的妻子名叫玉兰，就临时给干竹笋取了个好听的名字——玉兰片。皇上立即下诏，要状元公的妻子回边城制作玉兰片，向朝廷进贡。状元公的妻子玉兰领旨回到边城，为朝廷精心制作出桃片、春片、尖片和冬片四种玉兰片，成为边城继都梁香花和铜鹅之后的第三样朝廷贡品。这就说明边城还是有品牌文章可做，就看我们如何去打造了。故事讲了，该说的也基本上都说了，大家的意见大方向是一致的，但也没有完全统一，各种不同想法自然存在，忧虑担心也是很正常的，关键是看我们怎样去面对它。历史的经验要总结，历史的教训要吸取。但是我们不能把历史的经验，生搬硬套到市场经济中来，更不能把历史的教训看成是一种阻力障碍，相反应该是一种加油动力。千万不能一朝被蛇咬，十年怕草绳。一切都要向前看，向后看是为了更好地向前走，万万不可向后转，向后走。刚才听各位常委介绍边城开办‘三场’三起三落，我认为这对于四度重开‘三场’来说却是一件好事，说明边城开办‘三场’是有基础的，看政府如何去引导。如果政府再派割资本主义尾巴的工作组下去，我可以断定‘三场’生长出来的也一定是狗尾巴草。你们放心，我杨向荣派下去的一定是科技队伍，是帮助边城人民脱贫致富的点子工作组。政府的职责是下去帮助指导，而不是下去指责，只要政府的指导作用到位，重开‘三场’是大有希望的。”

杨向荣这几句话，既说清了道理，同时也是有所指的，他联想到在黄桥乡考察时，西国安给他讲过顾书记一贯喜欢在各乡镇村寨派驻工作组的故事。顾武生的联系点在边城西北黄桥乡，当然如今顾武生带领的工作组不是去割资本主义尾巴了，而是去抓社教，叫社教工作组。按顾武生的说法，他是挑选一个问题最严重的乡镇为联系点，黄桥乡在边城自古以来颇有些名气，边城人传说这里有匪气，所以自古出土匪。匪气之说，尚且不论，但边城历史上有名气的土匪头子大多出自黄桥。解放边城前，边城最大的土匪头子张云卿就是在这里占山为王，被人民政府镇压了。明代罢吏袁有志领导的农民起义就在黄桥爆发，攻打边城，杀岷王朱企烨。当代虽然没有大规模的土匪群，但这几年强抢豪夺三五成帮的小土匪时有抬头。顾武生的社教未能改造他们，村民对社教失去了信心。工作组不能指导村民致富，还白吃农家白饭，白喝农家白酒，留下一串串的白条。匪气旺的黄桥人一气之下，把顾武生关进地窖里。全国召开农村工作会议，要求县长、县委书记都要参加，顾武生没能进京参加会议，查问省里领导，省领导也不知道他的去向。省里又派人到县里去查寻，才得知他被关在农家地窖里，还是公安局的队伍赶到黄桥，把他解救了出来。但是黄桥人还不肯罢休，要跟顾书记清算白条细账。也许是黄桥人穷怕了的缘故，想立即发财致富想歪了脑筋，几个匪气的人聚在一起商量，听说明代朱王爷被袁有志、王寡妇起义军砍头后，朝廷为了保留全尸，做了一个黄金头完尸埋葬。他们想去挖黄金头发财，可是朝廷早有准备，用48副棺材同时出城，埋在远近不同的48处地方，究竟哪座坟是有真金头的，谁也搞不清。可他们为了发财，搞不清也要盗挖，一座挖不到挖两座，48座坟挖完了总会挖到吧？几个发财心切的人挖了3座朱王墓，没有挖到黄金头，却引出了文物保护案，县公安局要破案，一调查，乃是黄桥人所为。县委顾书记又是这个乡的社教工作组组长，公安局局长李大勇向顾书记汇报，顾武生气得火冒三丈，下令抓人归案。那几个盗挖古墓的人，听说顾书记亲自带领公安局的人到黄桥抓人，匪气更旺了，干脆来个一不做二不休，把顾武生家的祖坟挖了。他们说既然黄桥有匪气，出匪徒，那么顾书记的东乡肯定有官气，要不怎么出顾书记这样的大官？挖掉他家祖坟，断他的官气，看他还能为官几天。于是那几个偷盗古墓的人还未等顾武生和公安人员到达黄桥，就连夜跑出黄桥，前往东乡去挖顾武生家的祖坟去了。顾武生和公安局的人扑了个空。等顾武生回到县委时，公安局李局长又向他报告，他家的祖坟被黄桥偷盗古墓的人挖了，顾武生爷爷的老棺材被挖墓人摆放在边城东门外公路上，摆棺示众。棺材上还用白纸黑字写上“顾武生祖爷开棺断官是也”。顾武生气得两眼冒金星，下令公安局立即捉拿犯罪嫌疑人归案。公安局全局出动，全县布控，将6名盗墓挖祖坟的罪犯全部抓获，为首的都判了刑。公安局还派人将顾武生祖爷的棺材重新埋葬，古墓也恢复了原貌，一场发财闹剧就这样谢了幕。

当时杨向荣听完这个故事，长叹了一声，陷入了思考，他想，古代农民起义杀朱王，当今县太爷被农民气愤地关进地窖里，我杨向荣怎样为人父母官？如何做边城人民的新任县长？杨向荣心里有数，他知道他不会像朱王爷那样，被农民起义军砍下头来，他也绝不会像顾武生那样，叫农民气愤地关进地窖里。他要给边城人寻找一条致富的路，奔小康的路。四度重开“三场”，是杨向荣寻找到的致富门路之一，他要在大力发展自然经济的基础上，较大规模地集中发展“三场”经济，以“三场”带动指导自然分散经济的发展，又以自然分散经济依托“三场”稳步前进。杨向荣在常委会上最后那几句话，既是对四度重开“三场”的肯定，又用科技工作组代替了社教工作组，结束了社教工作组的历史。不去考究社教工作组的得与失，让它作为历史的一页轻轻地翻过去，大家的面子也好过，新的东西又悄然兴起。杨向荣正是看准了这个时机，这时甩出他的观点，可谓恰到好处。顾武生见大势已去，也不好再强调什么了，只好同意，那就重开吧……

散会后，杨向荣对西国安说：“县里四度重开‘三场’决策已经初步敲定，你给我讲的玉兰片进贡皇上的故事启发了我。你的夫人不叫于兰吗？玉兰、于兰同音……”

杨向荣的话还没说完，西国安就打断杨向荣的话说：“杨县长的意思是说古代的状元公的夫人都能制作玉兰片，我西国安的夫人也能？”

“你爱人不是下了岗没事做吗？何不趁四开‘三场’的机会，开个玉兰片的小加工厂，岂不是一条致富之路？”杨向荣直奔主题说。

西国安听了杨县长的主意，心里高兴起来，激动地说：“这倒是个好主意，您这一说，我还真的动心了。”

“据我考察，边城竹笋资源量大，原料不成问题。”

“只是销路没有把握，边城很多厂家倒闭就是倒在销路上。”

“销路问题可以想办法解决，省城超市多，销路不成问题，我相信皇帝都喜欢吃的东西，百姓们也一定喜欢吃。”

“那我回去跟她商量一下。”

西国安回到家里。一进门于兰就发现西国安满面春风，讽刺说："哟，新县长上任说梦话，你满面春风，说是把你当人看。今天又满面春风，八成是官升一级？"

"不是我官升一级，是你升级了。"

"废话，我下岗在家升什么级？只有坐在家里屁股生疮啰。"

"你不是说给你一个平台，比我干得好，给你一个支点，你能把地球撬起来吗？"

"怎么，你西国安的代理主任要给我当吗？"

"不跟你说那些废话。告诉你，今天杨县长说要你组织几个下岗女工开办一个玉兰片加工厂，你当厂长，三年免税，还帮你解决销路问题，启动资金他帮你向银行贷款。"

"杨县长上任第一天就说梦话，莫不是又在说梦话吧？"

"我西国安说话你不信，难道杨县长说话你也不信吗？"

"我信？营业执照、加工场地、加工设备、人员组织等，怎么落实？"

"这些当然是你去落实，拿出方案来，难道还要县长来帮你行使厂长职权吗？你以为厂长那么好当啊，虽然只有几个人，那也是实打实，这叫麻雀虽小五脏俱全，靠耍嘴皮子恐怕玩不转。"

"这真的不是梦话？"

"你就说你干不干吧？杨县长等你的消息呢。"

"谁说我不干啦？"

"那好，你就尽快拟订方案。"

"是，老公。"

这是几年来西国安第一次听到老婆亲切地叫他老公。

18

杨向荣将县政府从王城搬迁到新城，古城恢复原貌，按电影城打造，村、县、省道路网已基本形成，三场格局也初具规模，旅游品牌也打造出来，但就是缺电。虽建起威济水库，安装了两台发电机组，还是远不能满足实际需要，必须解决动力问题，否则，发展就没有后劲。县委书记顾武生说从三峡葛洲坝架条高压线路过来，就彻底解决问题了。顾武生实际上是将杨向荣的军，因为这不可能，就是把边城全部卖了，也不够架上千公里的电线钱，更何况局网也是不可能单独为小地方建架专线的。唯一的办法还是在自己管辖的范围内寻找出路，杨向荣决定再带西国安进行专项考察。杨向荣对西国安说："你去把郭春海找来，他是边城的水电专家，说不定能想出办法来，至少可以提供一些有参考价值的资料。"

西国安找来郭春海，杨向荣说明来意，郭春海摇着脑袋说："我说了，你们可能不信，这样吧，我陪你们实地考察，面对现实，也许更有说服力。"

杨向荣也想考察过后再作结论。三人一行首先来到了城南的龙溪河，杨向荣指着龙溪河说："郭老，您认为龙溪河有建电站的可能性吗？"

郭春海一边摇头，一边不慌不忙地回答说："杨县长，关于龙溪河能否建水电站的问题，一句两句话说不清楚，先说这河的神奇传说吧。

"话说边城自古靠天吃饭，天公不作美，边城人就要遭殃。远古的时候，有一年大旱，济水河断了流，百姓连喝水都成问题，庄稼地里颗粒无收，边城百姓成群结队聚集庙宇寺院，天天烧香拜佛许愿，请玉帝大发慈悲，下雨救灾。可是老天就是不下雨。有个年轻人火了，手指苍天破口大骂：'玉帝老儿，老子捅破天，杀它个天诛地灭，看老天下不下雨。'年轻人的骂声被顺风耳听到了，报告玉帝。玉帝暴跳如雷，说边城人如此刁蛮，竟敢辱骂玉帝老爷，真是不知天高地厚。于是玉帝要水淹边城，叫边城人死无葬身之地，看谁还敢辱骂玉帝老爷。玉帝命令雷公爷取三个龙蛋丢下边城去。三个龙蛋里是三条水龙，三龙闹边城，边城就会变成汪洋大海。可大慈大悲的观音菩萨看不下去了，想救边城百姓，但又不能让雷公违背玉帝旨意，使雷公为难，就假装为雷公下凡敬酒，偷偷在酒杯里放了瞌睡药。雷公三杯酒下肚，就趴在酒桌上睡着了。观音菩萨从雷公身上取下三个龙蛋，放在开水里煮熟，三条水龙被煮死了，然后再偷偷地放回原处。雷公爷醒来后告别观音菩萨，就下凡丢龙蛋去了。雷公醉意朦胧，胡乱将三个龙蛋一把甩下去，就向玉帝交差去了。这三个龙蛋第一个落在城内空地上，只听轰隆一声，一道青烟升起，人们一看，地上被龙蛋砸了一个两丈长、两丈深、一丈宽的大坑，顿时坑内清泉翻滚，人们久旱逢甘霖，纷纷到坑内打水喝。第二个龙蛋落在边城东北方向的石山上，砸出了一个大岩洞，清泉从岩洞里哗哗地往外奔流。第三个龙蛋落在边城西南方向的云雾山南麓山坡上，龙蛋顺山坡向下滚，滚出了一条河道，河水顺河道流淌。玉帝本想用三个龙蛋里的水龙发大水，淹死边城人，哪晓得观音菩萨大慈大悲，不但救了边城人，还让边城人得了好处。这一口井、一岩洞、一条河，无论老天怎么干旱，始终不断流。后来边城人为了感谢观音菩萨，将城内龙蛋砸出的水井取名攀龙井，后改为武陵井。龙蛋砸出的岩洞叫龙子岩，后也改了名，叫龙从乡。龙蛋滚出的河流，就叫龙溪河。当然这是神话，回到自然问题上来，这龙溪河水量不大，又是威济水库上游的泄洪通道，既不能建水库，更不能建发电站。还有沧浪水、七里河等河流，比龙溪河的水量还小，更没有建发电站的可能。”

杨向荣听得明白，接着说：“如此说来，边城再建水力发电站的可能性不存在了？”

“可以这么说，不过，水力不行还有火力嘛。”郭春海提出新的思路。

杨向荣一听有新的希望，急切地问：“您老是说用火力发电？”

“可以考虑用火力发电解决电力紧缺问题。”

“火力发电最主要的是燃料问题，这煤源问题怎么解决？”杨向荣问。

郭春海伸出两个指头说：“有两个途径可以考虑。一是在东线离铁路较近的地方建电厂，靠火车北煤南运到边城，但成本很高，可能不合算。二是就地取材，边城虽然地下储煤量不大，可建一个小火电厂的需要还是能够满足，而且还能激活很不景气的煤矿业，这叫内产内销，互需互补，各得其所。我个人的意见倾向于后者。”

“您老是说，边城自产煤能够满足火力发电的需要，又救活了矿业，一举两得。真是太好了，咱们现在就去煤矿区考察。”杨向荣像发现了新大陆一样惊喜。

西国安接应说：“那我们就直接去安心吧，县里最大的煤矿就在那里，汽车可以直接开到矿区。”

杨向荣一行人，从云雾山脚下，顺着龙溪河沿岸边的简易公路向西开进。小车开到东洲村时，西国安把车停到村口，回头对杨向荣说：“杨县长，是否在这里看一看东洲山四季岩原始人类遗址？”

杨向荣心里惦记着煤矿，没有太多的心思考察原始人类遗址，那是考古学家关心的问题，他这个县长大概了解一下就可以了，所以随口定了个走马观花基调。

走到四季岩下，西国安指着岩前的一块牌子说：“这是考古队立的牌子，目的是引起村民重视，还跟村上签订了保护协议，村里派人守护。在洞里考古学家也立了很多牌子，对有考古价值的东西都作了说明，我们就不一一细看了，我简要介绍一下。古人类洞穴遗址要具备三个基本条件：一是要有洞，也就是要具备抗风寒雷雨的条件；二是要有赖以生存的水源；三是要有必要的生活工具。这三个条件四季岩都具备：岩上有洞，洞前有龙溪河水源，洞内有生活工具。考古学家最后匡定的结论是：有文化层次的原始社会洞穴遗址。这样的遗址并不多见，很有研究价值，考古学家极为重视。”

郭春海接着说：“考古队在四季岩考察时，我作为县里派出的配合人员参与考证，为考古队提供了原始人类赖以生存的水源的资料。可以说龙溪河与济水河同是边城的母亲河。”

杨向荣听得有点激动，说道：“如此说来，边城历史悠久，文化灿烂。如果今天的历史写不好，还真对不起祖先，对不起子孙后代呢。”

西国安又从旅游的角度提出建议：“如果四季岩要做一个旅游点开发

的话，必须加强保护措施。除了原始人类遗址外，还有这石山的景色，那可以说是满山皆石，石石皆景，景景皆奇。尤其是前面的那片奇特的白色玉石，还流传着一个美丽的传说故事：

“话说寿佛菩萨在昆仑山修了千百年的道，下山云游四海，来到边城云雾山，想看看观音菩萨的座基山稳不稳当，往山顶上一坐，发现山在抖动，认为这山太小，坐不稳当，就起身继续向南云游。刚下山就发现一大群白羊，寿佛菩萨想看个究竟，谁知那群白羊转眼就不见了，就问在龙溪河边洗裙子的漂亮姑娘，是否看到一群白羊？姑娘还没来得及答话，寿佛菩萨看姑娘像仙女一样美丽，忍不住摸了一下姑娘的屁股。姑娘不高兴地回答：‘白羊群没看见，只看见一山沟白玉石，你看，就在石山下。’寿佛菩萨抬头一看，果然看见一山沟的白玉石，块块白石像白羊，有的坐，有的站，有的像在吃草。寿佛菩萨不解，回头想问姑娘，姑娘却早没人影了，那姑娘站过的地方写有四句话：

南海观世音，来试寿佛心。
寿佛心不净，还要修德行。

“寿佛菩萨这才知道那漂亮姑娘就是观音菩萨，是来试他寿佛之心的，羞愧自己德行未修到家，只好叹息，继续修炼。寿佛走了，观音点化的那一大群白羊石却永远地留在龙溪河畔的石山沟，成为白玉石羊。这是安心黑煤区唯一的白色亮点。前面就是东风煤矿，我们可以把车开进矿区，看了白的，该看黑的了。”

车还未进矿区，郭春海介绍说：“东风煤矿名字只有我来解释最为恰当。60年代初开矿时，按煤矿的地域位置论，安心在边城最西南的地方，理当叫西风煤矿，可那年代是东风压倒西风，谁敢叫西风之名啊，只能反叫东风。我想讲点不属于我这个水利专家要讲的问题，供县长参考。火力发电，解决的是生产生活用电需要，煤是火力发电的动力需要，两者都要就地解决，那么就有一个保护资源的问题。我虽然是水利专家，对地质矿藏不精通，但也略知一二。这叫山水一统，煤水都在地下，必有内在联系。据我所知，边城的地下煤矿储量供生产生活和火力发电之需，正常情况下，至少可以开采三五百年。但是近几年，非法开采严重。私开小煤窑破坏性极大，如果政府不采取有力的保护措施，用不了几十年，就会造成人为的毁灭，到时候火电厂也开不了几年，还不如趁早不开。如果要开，就必须保护好资源。当然，不是单纯为开电厂而保护资源，就是不开电厂，也要保护资源，合理开采才是上策。这就算是我老头子的一个小小建议吧。”

杨向荣听得激动，拉着郭春海的手说：“郭老，您说得对。关于私开煤矿，毁坏资源，造成人身伤亡事故的事，我早有所闻，是到下决心整治的时候了，还请您老多出主意啊。”

“俗话说人老话多，我老头子不怕你讨嫌，我再提一项不成熟的建议：边城科委有个能人金二，他采用变质改性原理，以工业废渣为原料，研制出有抗压、防腐蚀、使用寿命长等特点的无机矿井工程材料，用于代替传统坑木材料，这项专利荣获了日内瓦国际专利成果博览会金奖。经国家多位专家鉴定，认为无机矿井工程材料替代坑木材料的使用，是矿井工程材料领域里的一项技术革命。如果火电厂建成，就利用火电厂的燃煤废渣为原料，开办无机矿井工程材料厂，电厂、煤矿、材料厂三位一体，形成良性循环闭合圈，一举三得。特别是无机矿井工程材料还可以打入北方大矿区市场，目前最重要的是要抓紧商标注册，抢在最前面。杨县长，我这建议还是有参考价值的吧？”

杨向荣紧握着郭老的双手，感激地说：“郭老，您这建议太好了，谢谢您的点拨。这次出门实地考察，原本只想解决发电问题，没想到您老一个建议，一举三得，真是太感谢了，我得向您老鞠一躬。”

郭春海伸出双手阻止说：“不可，不可，向政府提建议是公民的权利和义务，我虽然退了休，可公民的权利义务是永远也不退休的，我说得没错吧。”

西国安了解郭老，见郭老说得很诚恳，解释说：“郭老是个热心人，做事从不受谢，越是客气言谢，越是不自在，倒不如不谢的好。我说得也没错吧，郭老？”

“还是7（希）6（啦）3（咪）善解人意，理解我糟老头子啊。以后你就像7（希）6（啦）3（咪）说的那样，在我老头子面前不提谢字。我一听到谢字，就浑身不自在。”郭春海顺着西国安的话说。

杨向荣很感激，他想一个退休老人，如此热心负责，向他提出的建议，正是他最想做的事，可又是不受谢的性格，他只好说："郭老，以后您老在我杨向荣面前，想说什么尽管说，我把谢字藏在心里总可以吧。"

郭春海笑了笑，风趣地说："你心里怎么想的，那是你的事，反正我不知道。好了，不说这些了，到了矿区，你就听矿长的汇报吧。"

杨向荣一行来到东风矿区。矿长谭镇山高兴地迎上前，激动地说："杨县长，我早就盼望您来啊，请到小会议室就坐吧。"

"不，不要进会议室，你领路，先到矿区转一圈，再下井去看看你的产煤线。"杨向荣喜欢按自己的安排去考察，他反对坐到会议室听事先准备好的汇报材料。

谭矿长只好领路爬上主矿区山顶。其实谭矿长也希望杨县长亲眼看一看，后面的话才好讲。还未等杨向荣问话，他就主动开口介绍说："杨县长，我是个急性子，快言快语，我也不知道您想听什么，反正我想说的话，我就竹筒倒黄豆，抖落错了您再批评。我想您肯定要问，这边城煤矿区有多大面积，总储藏量是多少？按边城百万人口计算，满足生产生活需要，可以开采多少年？现在日产煤多少吨？是亏还是盈？等等。这些我都不想在这山顶上说，等会儿下山进会议室，有现成的材料，您一看就一清二楚。我现在急于想说的是非法开矿的问题。您看，放眼望去，能见到的山头，到处都是窑洞，都是当地村民非法开挖的。边城煤区主要在南部安、文、大、勒四个乡镇，各个乡镇都是眼前这样的情景。这些非法矿窑倒塌死人的事先不说，单说它的破坏性，可以说相当严重，他们只顾眼前利益，长此以往，用不了几十年，整个矿区资源就会被毁掉。正因为这些非法煤窑的出现，严重搅乱了市场供需，原来正常的县矿，现在只好半停产，勉强维持运转。为这事我找过四大乡镇的负责人，也进城找过父母官，人大开会我还递交过提案。县里却放任自流，就这样遍地开花地毁灭这有限的资源。杨县长，如果再不制止非法采矿的话，那可是对子孙后代的犯罪啊。"

谭镇山说得激动，杨向荣听得气愤，直截了当地问："如果政府整治了非法采矿，你这矿在原来正常产煤量的基础上，再翻一番，能做得到吗？"

“县长，您这一问，把我问糊涂了。老实说，我这矿所谓正常情况下的产量，是根据边城人生产生活正常需求量而定的，您是知道的，边城的煤不外运，自古就是自产自销的模式。如果不考虑销路因素，单就产量而言，别说是一番，就是两番三番，也没问题。”

“好，我就等你这句话，有你这话我就放心了。不过，你可说话要算数啊。”杨向荣拍着谭镇山的肩膀说。

谭镇山更糊涂了，不知杨县长到底想说什么。讲到非法采矿一事，看得出杨向荣听得很气愤，怎么讲到翻一番，他却那样兴奋，到底翻一番有何用？谭镇山干脆直问：“杨县长，这一番的产量销到哪儿去呀？”

“哪儿也不去，就在边城。我咨询过水电专家郭春海，如果边城再建一个与威济水库同等容量的火力发电机组，折算动力用煤恰好是你们煤矿翻一番的数量。这下明白了吗？”

谭镇山兴奋地拍着脑袋说：“好，这下我这半倒闭的煤矿有救了，矿里那些下岗职工有希望了。杨县长，您放心，只要政府镇住非法采矿，我谭镇山就是拼了老命，也要保证边城电厂的用煤需要。”

“现在不是表决心的时候，你先带我下井去看看，眼见为实。”杨向荣说完，就和众人下了山。在洞口戴上安全帽，他们坐上了矿井电轨车。

谭矿长知道杨向荣下井的意图，开门见山地说：“杨县长，咱这矿是正规矿井，支撑坚固，防瓦斯、通风等安全措施，都是经得起随时检查的，别的我不敢吹牛，在这些问题上我谭镇山敢拍胸脯夸海口。”

杨向荣一路检查，确实也像谭镇山说的那样，没有发现明显的不安全因素。杨向荣指着井内支撑木材说：“你这木材能支撑多久？如果腐朽了怎么办？”

这话题又打开了谭镇山的话匣子。谭镇山哭丧着脸说：“杨县长，您这话问到我心里去了，不瞒您说，这是我的一块心病。先说这木材的价格，越来越贵，比煤价还贵。就这昂贵的木材用来开采便宜的煤矿，我们买得心痛。人家林场还不愿意卖给我们，说卖给我们是极大的浪费，好好的木材，叫我们埋在山里让它变成泥土。我们也是没办法，再贵也得保证安全。再说这木材的安全使用寿命也是有限的，木材嘛，总是要腐朽的，支撑几年后，过了安全使用期，我们就只好封闭，另开新洞口，这从某种意义上说不仅浪费木材，也浪费煤矿资源。如果哪位能人能解决这个问题，我谭某人五体投地，连磕24个响头，喊他三声救命上帝。”

“上帝就站在你面前，郭老就给你们出了个好主意，他建议用科委金二发明的无机矿井工程材料，就地取材采用新建电厂废渣，生产无机矿井工程材料，代替传统木材，解决你刚才提出的那两个问题。郭老，我没说错吧?”杨向荣把郭老的建议告诉了谭镇山。

郭老点头回答说：“建议是我提的，可不是我的发明，我也不是上帝，我是一个退休老头，老头一个。”

谭镇山激动地上前紧握郭老的双手说：“郭老，您这诸葛亮的锦囊妙计，救活了三国，也救了我们矿井啊……”

“慢着，我能救活三国，岂不是几千年的活神仙?”郭老不解地问道。

“我说的三国是指煤矿、电厂、无机矿井材料厂，不是魏、蜀、吴三国。”谭镇山解释说。

“我说嘛，我可活不了几千岁。”郭老边说边笑。

“郭老是当代的诸葛亮，到时候我谭镇山给您老立块功德碑，流芳百世。”

“那可使不得，千万使不得，我老头子只等着立墓碑啰。”郭老风趣幽默地岔开了话题。

杨向荣一行从矿井下上来，谭镇山就往准备好的会议室请，矿领导早已等候多时了，看架势要长篇大论地汇报，杨向荣就抢先对谭镇山说：“谭矿长，你该说的在现场都说了，剩下没说的，按你的意思，都在汇报材料里，我拿回去看看，你们就别一字一句念给我听了，我抓紧时间回县里尽快落实你们反映的问题。”

谭镇山知道他是不好久留之人，也就主随客便，欢送他们出矿区。

杨向荣回到县政府，立即向县委书记顾武生作了汇报。顾武生对开办电厂，既解决了电力问题，又救活了濒临倒闭的东风煤矿的建议，倒是抱支持态度。但是对村民非法采矿问题，他有不同看法，他认为村民土生土长在矿区，在自己祖辈生存的地方开点小矿，卖点小钱，维持生活，也在情理之中。矿产资源虽然属国有，村民私采非法，但合情。至于私采造成浪费和破坏性，也是在所难免的，有得就有失，管得了眼前，就顾不了将来，将来世界变成什么样，谁预言得准？今天我在台上，就管今天，明天不在台上了，想管也管不了啦。多少年以后的事，就让后人去管吧。杨向荣认为他这种观点不负责任，为了眼前，却损坏了长远的利益，是对不起子孙后代的败家行为。如果政府不对非法采矿采取严厉措施，那将是对人民的失职犯罪。杨向荣、顾武生正在各执一词，文石乡私采煤矿发生瓦斯爆炸和塌方事故的消息传到县政府，杨向荣对顾武生说："我们就别理论了，先去事故现场救人要紧。"

人命关天的事，顾武生也不说什么，起身就走。杨向荣对西国安说："我和顾书记先走，你立即去找公安局李局长和人民医院的黄院长，叫他们带人马火速赶到事故现场，不得有误。"

西国安开车去了公安局，随后又赶到120急救中心，警车、救护车一路鸣叫着向文石乡冲去。杨向荣坐在顾武生的车上，用手机拨通了东风煤矿谭矿长的电话："谭矿长，我是杨向荣啊，请你立即调动你的常备救援队，火速赶到文石乡非法采矿区，那里发生塌方事故，他们自己是没有救护能力的，必须要靠你们正规军啦。"

"明白了，杨县长，您放心，我亲自去，全军出动，尽最大的努力抢救。"谭镇山放下电话就拉响了警报，救护队全副武装集合出发。

杨向荣、顾武生赶到现场时，村民们正围在塌陷的矿井口喊天叫地。见政府的领导到来，纷纷跪在地上哭号："县老爷啊，父母官啊，你们要为我们做主啊，矿洞里埋的是我们的亲人，救救他们吧……"

"乡亲们，救护队已经赶到了，请你们让开道路，配合救援。"杨向荣一边说，一边疏散哭诉的围观人群。谭镇山的救援队最先赶到，谭镇山见到杨向荣、顾武生等人，也不多说话，举手示意，就带领救援队员下井。随后公安局封锁事故现场，维持救援秩序。120急救中心在井口边搭起了临时救护帐篷。经过几天几夜的抢救，死亡和下落不明者7人，伤15人。杨向荣、顾武生当场决定，事故责任追究和善后处理都按法律程序进行。事后，县政府发出严禁非法开矿，保护矿产资源的通告，已非法开采的矿井，由公安局和武警消防队负责炸毁。至此，边城非法采矿、毁灭资源的现象才真正被扼制住。

边城水电局上报火电厂设计方案得到批准，厂址选在七里河畔，无机矿井工程材料厂与电厂一墙之隔。煤矿、电厂、无机矿井材料厂三位一体格局正式形成，边城每个村寨都亮起了电灯，新上马的项目有了运转动力……

19

杨向荣经过认真考察认定，边城目前发展的龙头产业是旅游，打造好旅游品牌是边城最有前景的发展项目，下一步他要抓旅游项目的落实。边城有着得天独厚的旅游文化资源。他去过许多名城，也游览过许多名山大川，有的有灿烂文化，缺少自然风光，有的有美丽的自然风光，却又缺少名胜文化。而边城既有光辉的历史文化遗产，又有美丽的自然风光，能够打造响当当的旅游品牌。杨向荣在决策方略中确定了内、边、外三层次的旅游品牌格局。以内城为中心，修复古城墙和青石路街，恢复王府衙门、奉天府永历帝皇宫原貌，整修王爷乐善蚂蟥池塘，修复护城河边的吊脚楼，打造以古朴为基调的古景电影拍摄城。古城周边以西塔（斜塔）、东塔、南塔以及玉带、落马、断头、渡头四桥为景点。边城外围以云雾山、法相岩、西施故居、屈原渔父亭、七步石和威尼村寨小桃源为风光远景。杨向荣心里想，修复边城内、边、外三层次的名胜美景，要进行分期分批的计划，一拥全上，恐怕一时难以做到。虽然有陆九鼎的投资做后盾，也要认真筹划。杨向荣找来旅游局局长陆六顺。

陆六顺与陆九鼎是一个家族的，也说不清他们是哪个辈分。不过他们陆家自古取名与数字有缘，其陆姓本身就是数字六的大写，有六六大顺的意思，为取其顺意，陆姓家族把六字分为三等。其姓必须大写，那就是“陆”，至于读音嘛，普通话念“录”音，可边城口音“录”、“六”不分。其名必须写成中文数字之六，陆姓家族称其为中写二等。至于小写的阿拉伯数字之6嘛，当然不能写进尊姓大名，只能用来呼唤小名，自然就是三等了。陆局长的小名就叫小六子。又因边城口音陆（录）六不分，陆局长的大名就被人称呼六六顺。这样一来六六顺家族的辈分可就乱了套。据统计，六六顺家族取名从一到九都有其名，从他陆家出名人士数过来，前有清朝财政大臣陆三宝，后有知名人士陆八贝，再有陆九鼎，还有陆六顺。真实说来，陆三宝比陆六顺辈分高，乃是祖师爷辈的，可陆六顺的数字则比陆三宝的大，陆九鼎的数字又比陆六顺的数字大，而九鼎的辈分则比六顺高。能说数字大的是长辈，而数字小的是晚辈吗？或者数字小的是长辈，数字大的是晚辈吗？因此，在他陆家来说，只要认准是其陆姓家族的人就可以了，不需要去究其辈分，更不要看数字的大小。六六顺局长往杨向荣办公室一坐，杨向荣就说开了："陆局长，招商引资洽谈会你也参加了，情况你都清楚，我就不用多说了。陆九鼎投资的旅游项目，前期款项已经到位了。下一步怎么运作，我简要说个初步意见，你们再拿出具体方案来。第一期我想下面几个项目必须要先上。古城恢复项目，城建局已做了规划，按规划图圈定的去办，这是其一。其二，红军山云台岭上的斜塔和南山顶上的南塔要重建，济水河岸边的东塔尚存，但要整修维护，达到安全标准。我要着重强调的是云台岭上的斜塔，这可是世界级的宝塔，要修出世界级的水平来，保持原斜度，更要保证比原强度更高，安全程度比原来更可靠，这可要运用点现代建筑技术。其三，重修被'文革'时期毁灭的西施故居和屈原渔父亭，采用原木质结构建造。故居大门前要重立美人西施的石像，渔父亭前也要树立屈原石像。其四，云雾山中卢、侯二生和陶、邓两将军的香火庙，乃是72佛地之尊（第69福地），'文革'时断了香火，大部分庙门倒塌，尽管近几年恢复了香火，但整个庙宇七零八落，幸存的几间也摇摇欲坠，危在旦夕，必须按原规模重建，并且恢复观音菩萨和卢、侯二生等神灵尊像牌位，有关宗教方面的事务，你们派人跟省佛教协会联络沟通一下。上述四大项目乃是边城旅游品牌中的重点，你的族人陆九鼎可是最为关注的，他会亲自过问的。其他项目放在二、三期中修复。所有旅游项目都由你们旅游局为主做建设单位，重担就交给你了。"

"杨县长，您就放心吧，只要确定了的项目，我们旅游局定会全力以赴。"六六顺向杨县长表过硬态后，就去了省城设计院，请专家做了设计方案，方案交边城常委会审查时，却引出了不同意见。县委书记顾武生气愤地说："我说六六顺，你办的事没一件是通顺的，你以前办的那些不通顺的事，我没少批评你，你怎就没个长进呢？就拿你今天抛出来的这些旅游项目方案，符合边城实际吗？完全行不通嘛。当然这些项目是你的族人陆九鼎投的资，这我们欢迎，是好事。但他投的这些资金该怎么用，项目怎么上，那就要我们根据实际情况而定，现在我就讲实际一点给你们听。城建局做的恢复古城四大城门并延伸一段城墙的方案，我看就很好嘛。如果他们要做全面恢复的方案，就不符合实际，不现实的东西就是搞不得。你们旅游局做的这些项目方案就很不现实，现在我一个一个地给你们分析。先说西、南两塔，‘文革’时被炸毁了，这自然可惜，但要重新花巨资去恢复它，就没有必要了，尤其是那个所谓世界级的斜塔，还特意设计成斜的，哪有特意让它斜的呢？过去斜那是年久地壳变化等原因自然斜的，当初西塔的设计师们就是有意建造成斜的吗？真是荒唐。就是意大利的比萨斜塔，当初也不是斜的啊，现在因为地壳的原因不断加大倾斜度，人家还想办法控制它不再加大倾斜呢。你们怎么就这么糊涂，非要有意建个斜塔，我看是你们的心想歪了，才作出斜的方案来。你们既然动起这等歪脑筋，何不在古城北门外再建一个北塔，岂不是有东西南北四大塔吗？”

顾武生一口气说了这么多，喉咙有点干了，他端起茶杯，重重地喝了两口，继续说道：“再说美人西施故里的问题，解放前变成了和尚庙，解放后变成了一所学校，这古为今用本来是件好事，‘文革’后期把它毁掉了，那就是坏人坏事了。可现在什么都没有了，又要去重修，有那个必要吗？建一座空庄院摆在那里让人去观赏，既不能办厂，又不能办学校，还要派人去守护，岂不是天大的浪费？我的意见，如果要建也只能找个合作单位，建好后，既能让人观赏西施故居，又有单位在里面办公，办公的人还起到了守护和维修的作用，一举两得。如果没有实用价值，单就为了一个死了几千年的女人，建座空房子摆设给人看，有实际意义吗？中国有名的女人死了千千万，都要把她们从前住过的房子再恢复起来？完全没有必要嘛。过去有，现在没有，现在有，而过去没有，这就是历史，历史它就是历史，不能够人为地去改变它，历史的东西要用历史的眼光去看待。现在社会上出现了一种复古热，什么诸葛亮、孔子、曾国藩，都要弄个酒，是不是我们把都梁糖壳壳酒改成西施美酒呢？我看完全是胡闹嘛，孔老二、诸葛亮、曾国藩家里不一定就酿过酒嘛，就算酿过酒，那古代人酿的酒和现代人酿的酒能一样吗？他们这叫尊重历史吗？你们也发表意见啊。”

顾武生正说在兴头上，其他人知道他话还没有说完，因此没人立即接他的话茬，等待他继续往下说。他停了一会儿，见没人顺他的话题说话，只好自己续上说：“你们不说，那我就继续往下说。刚才我说到哪儿啦？”

六六顺局长接口说：“刚才你说到重修美人西施故居的问题。”

“你不要把观点强加给我，我没有表态要重修西施故居，也没有表态不修它，我是说要尊重历史，顺其自然。好了，这个问题翻过去。再说云雾山中那个观音菩萨和卢、侯二生的香火庙堂问题。秦时卢生、侯生逃到云雾山隐居，后人给他们建了一座庙，成了佛地，古人到这里烧香拜佛，尚且不去论它，当今的老百姓也去烧香拜佛也不去管它。但是我们边城政府特意去建菩萨庙宇、神仙殿堂，让百姓去烧香朝拜已死去几千年的所谓圣人，这迷信色彩未免也太浓厚了吧。人民政府是信唯物主义而不信迷信的，政府出资去修建这些成什么样子，你们想过吗？我的政府官员同志们，办事要考虑政治影响。不是我顾武生唱反调不支持你们，而是你们动歪了脑筋，迷失了方向。旅游嘛，就是让人观光，不是请人来信迷信，去向卢、侯二生神位烧香磕头。没有迷信色彩的项目，比如恢复古城原貌我就很支持嘛，新办公楼建好后，我顾武生第一个搬出王府衙门，还王府、皇宫本来面貌，就像北京的故宫一样，展现给游人观光。你们看，我的观点有没有道理啊？”

顾武生说完后，杨向荣续上去说：“顾书记的这些观点，是要引起慎重考虑的，但现在是改革开放的年代，要用整体的观念和发展的眼光去看问题。首先我们要肯定，任何一种东西流传下来都是历史的必然，在流传过程中蒙上了一点迷信色彩，那是不同时代的人们添加的感情色彩和想象的产物，添加的观念不会改变历史的本身。因此，我们看问题要看整体，要把它看成是一种历史文化遗产，作为一种历史文化遗产，政府去保护它，去恢复建设流传它，是责无旁贷的。好了，这些大道理不说了，还是说具体的。先说西塔项目，它是古城风貌的整体，站在城头放眼全城，三古塔乃是唯一的高层建筑，如果少了三古塔的点缀，那才真叫大杀风景啊。王府、城墙、古塔乃是边城三宝，缺一不可。陆九鼎为什么要选择旅游项目，他就是看中了这三宝。还有一个原因就是他的祖先叫陆三宝，所以他要把钱投在边城三宝项目上，既然投资了这个项目，那他是要看结果的。再说西施故里，顾书记建议找一个合作单位，这主意好，正好那里有一个林业局的苗圃场，建好后，就交给他们管理，当然旅游局要拿出具体的管理办法来。最后再说云雾山观音菩萨和卢、侯二生的香火庙宇问题。顾书记的意思是政府不能插手迷信事务，那么好办，变通一下就解决了。旅游局与省宗教协会联系过，他们设计的规模比我们考虑的还要大，他们抛出了一个新方案，我看就顺水推舟，把陆九鼎投资该项目的资金转给他们，由省宗教协会去承建，据说他们自己也准备投入一大笔资金，就按他们设计的规模建造，边城旅游局只起督促作用。这样一来，大家的意见就综合统一了。”

杨向荣这样一变通，第一期恢复工程就这么定下来了。可是在施工队伍的确定上又就出了大问题。按照法律法规，必须实行项目招标。可是在这小小的边城，又是分散成七零八落的小项目，上不了市场招标的大堂，最后确定在当地议标解决，结果大家都来抢项目。顾书记指定的施工队伍与政协主席竺臻武指定的队伍打起来了，杨向荣怎么劝解都不起作用。西国安告诉杨向荣：“政治协商，天下一统，你们还打闹什么？和他们这么一说，他们自然就不会再打闹了。”

当时杨向荣也没有多想，就照西国安的话说了一遍，果然他们不闹不打了，各自收兵回营施工。杨向荣事后不理解，这是一句什么话，会制止他们打斗？真是荒唐可笑。西国安告诉杨向荣说：“他们争斗已久，每次都是用那句话收的场。”

“那是为什么？”

“说来话长了。城南的南山脚下，法相洞天旁边有一个学校，它的前身是民国时国民革命军黄埔军校第二分校，从这校门走出的学生许多成了国民党的大将军，因此，也被称为将军的摇篮。后来成为边城的重点中学，高考成绩曾一度在全省中学名列前茅，威名远扬。该校还是政协竺主席的联系点，更是他政绩的光荣榜。可是在南山的对面，城东北的红军山上济水河边也有一所中学。红军山原本叫黄家山，1930 年邓小平领导左右江起义后，率起义红军北上攻打边城，红军一个指挥部就设在黄家山上。红军转移后，黄家山改成了红军山，还流传一首红军歌谣：

红军人马千千万，北上抗日到延安。

前头到了延安城，后头还在井冈山。

“之后红军指挥部变成了学校，该校是顾书记的联系点。先是红军山中学的人瞧不起南山中学的人，南山中学的人不服气，两个学校憋足精神较劲，谁也不服谁。后来发展到红军山和南山两个地区的人，也莫名其妙地较上了劲，有一次南山村的村长和红军山村的村长在县里开会还打起来了，您说好笑不好笑。南、红两村，分别是顾书记和竺主席的联系点，这几年城里搞建设，两位领导帮助他们各自组建了民工队，现在都发展成为有一定实力的施工队伍，较小的施工项目，他们能够承建，有大公司施工，他们也能够打下手配合。基础施工是他们的拿手好戏，别看他们互不服气打得不可开交，可施起工来，他们也较劲，看谁搞得又快又好，您就让他们较劲去吧。”

杨向荣听得惊奇，笑着说：“还有这等怪事，边城真是无奇不有啊。”

“还有怪的在后头呢。您瞧见边城城墙下的这条向东流的济水河吗？看不出有什么奇特的地方吧，可这济水河是边城国共两党的楚河汉界。黄埔军校二分校在河东南，边城青年投奔到军校学习，在国民党部队有所成就的二十几位将军几乎全出在河东南地区。而河西北岸地区多出共产党部队的将军司令人物，别的不提，就只讲河西北岸城西乡大名鼎鼎的新四军英雄郭建光。郭建光其实是戏剧电影中的名字，现实中的真实姓名叫夏光。夏光早年和李秋涛等人在边城参加共产党的地下组织，创建文化书社，从事革命活动。后来因叛徒出卖，地下组织遭破坏，李秋涛等人被捕入狱，就义于长沙南门口。而夏光等人虎口脱险，逃出边城在苏北参加了新四军，时任新四军江南抗日义勇军参谋。夏光曾带领 36 个伤病员，在沙家浜养伤，在地下党的配合和群众的掩护下，坚持抗日对敌斗争。他的英雄事迹被编成戏剧《芦荡火种》，后来被改编成京剧《沙家浜》，唱红了大江南北。担任过新四军十旅参谋长的夏光，整编进入解放军后，参加过解放南京的战斗，南京解放后，留在江苏省党史研究室任副主任。济水河西北岸的人都以夏光为荣。就这两个地区的百姓而言，各自选择以什么人为荣，倒也都可以理解。可在我们县委县政府里也显示出这两种不同的倾向，您说奇怪不？”

“是有点怪。”

“在边城可是见怪不怪了。噢，对了，按照您的日程安排，今天您要去巡视检查西施故居施工工地，我陪您去吧。”

杨向荣、西国安出东门北行2公里，来到西施故居工地，施工负责人唐红军见杨县长到来，立即上前迎接。杨向荣一见他，就笑着说：“原来你就是那个带头与南山队打闹较劲的人?”

“正是在下，不过县长您放心，咱打闹归打闹，较劲归较劲，干起活来我唐红军一样不服他们，您在我的工地上检查发现我哪点比南山队差了，我立即回家种地。您没听我的名字都叫红军吗，咱红军就是比他们白军强，共军就是比国军牛。”

“你看你又来劲了，不过我这个县长不喜欢嘴上牛的人，我可是要看真功夫的。”

“那你放心，咱嘴上牛，功夫更牛。功夫不牛，嘴上也牛不起来不是?”

杨向荣无心听他夸的海口，认真地问了他几个施工进展和施工质量方面的问题。唐红军倒也不含糊，都一一作了回答。杨向荣见他们干得起劲，也就放心了。西国安见杨向荣心情好，就拉他出来观风景。西国安说：“您瞧见了吗？这里人怪，这里的风景也奇形怪状，周围全是石山，这水它也怪，西来一条河流，流进这石山就不见了。在石山中又分汊，一汊从后山流出形成七里河，一汊从前山流出形成没底港，从西施庄院门前流过。这里的山水有‘不是桂林似桂林，说是桂林假桂林’的美誉。这没底港故事多，上次您考察时只是走马观花，没有细看，今天我们就边看边说。先讲没底港名的来历吧：没底港古称渟水。《湖南通志》卷二十记述说：‘……水最深处，曰灵湫。明代岷简王好道，尝为金简系而沉之，垂数十丈，不得其底……’这段文字记述是说明代边城的朱王府岷简王好奇，用绳索系金简，没有试探出灵湫深度，叹息没底，就将渟水改叫没底港，又叫没底江。西施隐居的这个庄院叫仙人院，意思是像仙女一样的美人居住的庄院，庄院门前有座石拱桥叫仙人桥，就是仙女西施出入必经之路，也是西施成仙升天的地方。关于这一段神话有两个传说版本：有一首《仙院》诗说：

往事都陈迹，空山今尚存。
成仙传范女，好道说岷藩。
湫冷鱼龙寂，林深鸟雀喧。
前朝题咏在，碑碣几人扪。

“成仙传范女，一说是越国大夫范蠡的女儿隐居仙人院修炼成仙在此升天，另一说是范蠡的女人西施隐居仙人院修炼成仙在此升天，因为美女西施曾是范蠡的情人。这两个版本都只是传说，不知哪个版本真实。但庄院是真实的，自古就有，只是庄院里的主人传说不一而已。一般说来边城人肯定西施版本的人较多。首先说自从越国大夫范蠡在诸暨苎萝村发现美女西施后，为情所动，西施也初开情窦。可惜越王勾践更喜欢西施，只是为了救国，才忍痛献给吴王夫差。再说越王勾践复国后，重得西施，可她在回国后神秘失踪，成为一个历史之谜。因此，西施在这里流传的故事较多。

“话说这没底江边居住的人大多姓顾，说起顾姓来，还有段佳话。据说当年范蠡、西施帮助越王勾践重建越国后，范蠡告诉西施，君子只能共患难，不能共享受，伴君如伴虎。如今越王已匡复越国，我们也该隐居了，再不隐居说不定哪天就会引来杀身之祸。于是范蠡、西施一起离开越王，寻找隐居之地。范蠡向北，隐居到齐国定陶，改名陶朱公，治产经商，成为大富翁，被称为商人的鼻祖。而西施则向南飘游，隐居在边城都梁山下，就是我们现在站立的这个地方。西施为什么要隐居都梁山呢？因为都梁山盛产都梁香兰花草，乃是朝廷贡品，她隐居在此，可以直接享受都梁兰花草香。据说西施离开越王时，已怀有越王勾践的骨肉，隐居后生下小孩，西施因还顾念越王之情，就赐小孩为顾姓。因为西施在这里生下顾姓小孩，后人又叫仙人院为娘子祠。因此没底江岸的顾姓人家都是越王勾践的后代，顾姓家族也经过多方考证，认为他们的祖先就是越王勾践。娘子祠也就成了顾家拜祖先的祠堂。”

“西施与范蠡初开情窦，又被越王勾践得到了，勾践在失败的时候把她献给吴王，在得胜的时候又把她要回来，西施接受不了那份几经变故的情缘，决定离开越王出走隐居，说明西施有性格，选择出走隐居倒是正确。你说的范蠡、西施帮助越王勾践匡复国家的故事，史书上都有记载，众所周知。可你说的顾姓人家是越王勾践和西施的后代，越王勾践和西施是顾姓的祖先，没在什么书上看见过，也没听说过，可信吗？”

“信不信反正顾姓家族就这么说的，人家就认准勾践为祖先了，而且顾姓家谱上的元祖就是勾践、西施，据顾家人说家谱乃西施首传。”

“那么西施生没生过小孩，生的那个小孩是不是越王勾践的血统？有谱吗？”

“那可没有正谱，只是传说而已。不过有一个重要线索可以研究。”

“什么线索？”

“那就要说到西施故居门前没底江两岸的石林碑文的故事了，也就是《仙院》诗中说的：‘前朝题咏在，碑碣几人扪。’相传西施是个大能人，琴棋书画样样精通，隐居到此后，晚年时请人在故居门前，没底江两岸的石林中刻下48块碑文，当然这48块碑刻不是一时之作，而是历经几朝几代才完成的。传说只要有人把这48块石碑上的文字全部读认出来，没底江深潭灵湫中就会有一条金船浮出水面，向最后一块石碑飘来，这金船就归读碑人拥有，永远享受荣华富贵。可是这么多年来，没有一个人全部读认完全的。据说历史上有三个秀才读过48块碑文，第一个秀才全部读完后只差九个字不认识，于是那条金船就露出来一个角，让那位秀才看了一下就沉下去了。第二个秀才把48块碑文全部读完后，只有六个字不认识，于是那条金船就露出来半个船头，让那位秀才看了一下，又沉了下去。第三个秀才把48块碑文全部读完后，只有三个字不认识，于是那条金船就露出来一半，让秀才看了一下，又沉下去了。到现在为止，那条金船始终没有完全浮出水面。当然这只是传说，但它从另一个侧面说明这48块碑文意义的深刻性，可惜它就像那条金船一样，永远也见不到了。”

“为什么？”

“您没看这石林都毁坏了，就是因为红军山、南山那帮施工队放炮炸石，用做施工石料，仅存的两块石碑也残缺不全了。多可惜啊，西施庄院可以重修恢复，可这石林还能恢复吗？石碑还能恢复吗？石碑的文字还能重见天日吗？”

“你这句话倒是提醒了我，用水泥造石林不就可以恢复石林原貌吗？”

“是啊，石林可以造就，水泥也可替代石碑，可石碑上的碑文却一去不复返了，谁也不知其内容了。如果那48块碑文内容尚存，研究西施的一生，研究都梁山文化，也许都能找到一些依据。”

“这样说来，我倒有个想法，也许民间有人抄写过碑文内容，比如说那三个秀才，虽然剩几个字没读认出来，说不定他们会抄回去研究，留给了他们的后人。政府发个征集广告，让收藏者献出来重刻于石林中，岂不妙哉？”

“有道理，有道理啊。”

“如果西施故里的风景得以修复，48块石碑重见天日，那么西施仙人院就比较完美了。”

“如果把陶渊明笔下的桃花源名分再挣回来，那就更完美了。”

“你的意思是说西施故里乃是陶渊明笔下的桃花源？”

“正是。据说，陶渊明一生没有去过洞庭湖西岸的常德桃源，只是古时常德地名叫武陵，人们就误认为陶渊明笔下的桃花源就是常德桃源了。实际上陶渊明笔下的桃花源就是西施隐居的地方，这里自西施建仙人院后，就成了边城的最早文化起源之地。陶渊明的祖爷陶侃在边城做县令时，县衙门府就设在离这里不远处，所在的乡叫儒林武陵，衙门府叫武陵城。据说陶渊明寻访过祖爷陶侃为官的武陵府城，把他的理想乌托邦王国，放在他祖爷做官的第一府所在之地，也是有其用意的。武陵渔翁的故事也是儒林武陵济水河渔翁的故事，其自然景色也是儒林武陵的美景。你看边城地貌，周高中低，四周都是高山峻岭，中间是小丘陵盆地，典型的世外桃源。其景物描绘就更是写实之笔：‘芳草鲜美，落英缤纷。’芳草就是都梁兰花草，进贡朝廷享受的都梁香。边城曾以都梁香草为盛，就以此落英缤纷之花草名取县名为都梁。南朝宋人盛弘之在编写《荆州记》史册中记述：荆州辖地‘都梁县有小山，山上水极清浅，其中悉生兰草，绿叶紫茎，芳风藻谷。俗谓兰草为都梁，即以县为名也’。北魏地理学家郦道元在《水经注》书中，也记述过同样的都梁地名考。只有进贡朝廷的‘绿叶紫茎，芳风藻谷’的都梁香花草，才能称得上‘芳草鲜美，落英缤纷’。‘林尽水源，便得一山。’此山就是都梁山，水源就是溪流渟水的源头，出自响水岩洞口，流经没底江。‘山有小口，仿佛若有光……初极狭，才通人。’就是同保岩洞。‘复行数十步，豁然开朗’指的就是同保岩洞口向南至云雾山前这一片开阔的土地。也就是说陶渊明写的是儒林武陵的实景，而常德桃花源是后人移借的虚景，因此景色与陶渊明所写相去甚远。又因为边城儒林武陵乡小，而常德武陵郡大，人们只记住大武陵的存在，小武陵则鲜为人知，60年代后期，小武陵镇易名为城关镇，这样就更没人去证实陶渊明笔下的桃花源就是边城儒林武陵桃花源了。陶渊明没有去过常德武陵桃花源，全国有十几个桃花源在争此名分，只因有白纸黑字‘武陵’二字，其他桃花源才争不去，可边城儒林武陵作为正宗版却没有去争过。”

“从陶渊明祖爷陶侃为官儒林武陵的事实看，他笔下的桃花源有可能就是边城儒林武陵桃花源，至少可以说陶渊明在写《桃花源记》时，以儒林武陵桃花源实景作为参照物描写，是完全可以令人信服的。”

“宋代大诗人陈与义隐居边城6年，写过很多诗句，其中一首《武陵春色》，就是边城儒林武陵桃花源诗赞，被载入边城地方志史册。

当日仙源路已迷，武陵何事又名题。
料想洞口春常在，流水桃花过此溪。

“仙源路，指的是西施成仙升天之处。武陵何事，说的就是武陵济水渔翁之事。洞口，就是说同保岩洞永远存在。流水桃花溪，就是指渟水没底江溪流年年春天漂流桃花香。”

“你这引诗为证，还真有几分可信。”

“还有湖南《宝庆府志》卷六十九记载《仙院》一诗就更是直截了当地说桃源就是仙院，《仙院》诗曰：

为话幽栖曲径通，清香吹送芰荷风。
钟声断续白云里，塔影依微绿荫丛。
丹灶石床留色相，悬崖古洞拥冥濛。
桃源尚在人间世，鸡犬桑麻自不同。”

“这么说我们恢复仙人院桃花胜景，就是仙人在天之灵也会赞同。”

“此景再加上明朝诗人曹一夔的读书处相点缀，以都梁山的自然美景相衬托，一定会成为边城又一处绝妙的旅游景点。”

“如此说来，边城打造旅游品牌指日可待……”

20

东、南、西三古塔是边城古老典雅的象征，也是边城最有风光特色的三大宝物之一，“文革”时，赵糊涂县长带头破“四旧”，下令炸掉了南塔和西塔。如今县长杨向荣为了打造旅游品牌，抢救文化遗产，又下令恢复南塔和西塔。负责施工的东乡队和西乡队，一直有着莫名其妙的荒唐的所谓国共之争，在暗地里较着劲。西塔原本是斜塔，按原貌恢复，其斜度是经过特殊设计的，是能够达到安全标准的。而南塔则是直塔，是按正常设计的，可东乡队的人不服气，他们也要把南塔建成斜塔。想让西乡队的人看看，他们没有特殊设计，也能像古人修建西塔那样，一砖一瓦地往上斜。可是施工还不到一半，却进行不下去了，塔身随时都有倒塌的危险，消息传到了县长杨向荣那里，杨向荣立即与东乡联系点责任人竺臻武带领工程质量监理站的同志赶往现场。在路上，西国安对杨向荣说：“也许这是巧合，历史上建东塔和西塔时，也有一个互相不服气的神话故事。

“话说边城古时有姐弟两人因爹娘去世早，相依为命，靠上山砍柴为生，日子过得很艰难。有一天姐弟俩上山砍柴，见一股清泉从石头缝里涌出来，就上前双手捧起清泉水喝起来，哪知这是仙水，两人喝了后都成了神仙。在升天前夕，姐弟俩商量，要给养育他们长大成人的边城留点纪念物，就相约在边城东西方向的济水河边和云台岭上修建两座塔，姐姐建西塔，弟弟建东塔，看谁建得又快又好。姐姐比弟弟聪明，建筑技艺高超，一夜之间就修建好了，在天亮之前就升天去了。而莽汉弟弟又蠢又笨，修建了七天七夜才修好，而且建筑风格简陋，根本不能与西塔相比，差了几个档次。莽汉弟弟心里不服气，在升天之前，将姐姐修建的西塔踢了一脚，把西塔踢歪了，从此，西塔就成了斜塔。

“其实这是人们对西塔斜而不倒的原因进行推测，一时找不到科学依据，用想象编出来的故事，不符合历史事实。真正建塔的是劳动人民，而且西塔比东塔要早建七百多年。”

杨向荣接过话茬：“七百年之差倒也符合天上人间之时差，唐代诗人刘禹锡有诗为证：‘怀旧空吟闻笛赋，到乡翻似烂柯人。’诗人是说晋代有一个叫王质的人上山砍柴，见二童子下棋，他在旁边观棋至终，发现自己手中的砍柴斧柄已经腐烂。回到家里，发现村里同辈人都已经死去，晚辈们都不认识他。王质这才知道原来他是闯入仙境，观仙童下棋一天，人间却已过了百年。传说中仙人弟弟修建东塔七天七夜，恰好是人间西塔与东塔相差七百年，符合‘到乡翻似烂柯人’的典故。说明边城人编故事时还是动了一番脑筋的。”接着又叹息道：“这么有历史文化底蕴的世界名塔，保存近千年，却在当代被人为炸毁了，真是可惜。”

“您这次重新恢复，让毁灭了的名胜古迹重见天日，此乃功德无量，边城人一定会尊您为活神仙。”

“我可没有神仙那么大的能耐。”

“可是神话毕竟是神话，现实中如此不服气，带来的后果，是要负责任的。”西国安认真地说。

“照你这么说，南塔施工质量事故是人为造成的？”

“我敢百分之百肯定，咱们到工地一调查就清楚了。”

“你的意思是调查施工质量事故，先研究施工之人？”

“正是。您还记得吗？东乡队和西乡队刚接到任务，还没施工就先打闹起来，还是您上去劝解开的呢。我敢断定，问题就出在施工队长刁老大身上。先分析其人，这次施工质量事故不调查也清楚一大半了。”

“那你先说说刁老大是什么样的人。”

“俗话说一个巴掌拍不响，说东乡刁老大的同时，也说西乡的唐红军。您瞧刁老大那名字就知道他的性格。西乡不是有个《沙家浜》中的英雄人物郭建光吗，有人笑东乡有个刁得二，他却认为他比刁德一还要高明，就把自己的名字改成刁老大。刁老大家住东乡南山脚下，济水河岸边，一个叫九塘的地方，说准确一点就在济水河南岸上。他家祖先不知从什么时候开始，在南山一条小溪流入济水河的汊口南岸架起了一座木桥，南岸木桥上建起了一个凉亭，很有边城小桥流水人家的风格，叫桥上人家，这就是刁老大的家。这济水汉港回水湾北岸也有个汉口，就是七里河流入济水河的入口，入口河道上也有一座木桥，桥头也建有一个凉亭，叫桥头人家，这就是九塘石山脚下，济水河北岸西乡施工队长唐红军的家。刁老大的祖辈与唐红军的祖辈隔济水河相望，往来密切，两家一直保持友好关系。唐红军家的祖辈善良，在桥头凉亭里免费供路人喝茶，在回水湾里划木船，为过河人摆渡。有一年，洪水泛滥，把唐家的桥头凉亭住房都冲垮了，全家人都淹死了，只剩下一个20岁的青年后生。庄稼颗粒无收，后生只好挖野菜度日，可他照样不辞劳苦地昼夜为过路人摆渡。一天，他端起一碗刚煮熟的野菜，正准备吃，就见一位白发老翁过来要他摆渡，老翁见后生手里端起一碗野菜，就哀求给他充饥。后生自己也早饿了，见老翁求讨，顿起恻隐之心，就把野菜递了过去，亲切地说：'老人家，您吃吧，等会儿我再去石山上挖野菜回来再煮一碗就是了。'老翁也不客气，接过碗，三扒两咽就吃光了。吃完了要过河，后生把他渡到对岸，他又说遗失东西要回去取，后生又把他渡回对岸，来回折腾了好几次，后生任劳任怨。老翁很是感动，从口袋里取出一颗金光闪闪的宝石交给后生，指着济水河岸边那片怪石嶙峋的石林说：'你每天早晨，拿着这宝石对最大的那块巨石敲三下，巨石下平台上一个四角见方的石升内就会流出一升白米，供你一天的饭量。'老翁说完转身就不见了。后生按照老翁说的一试，果然每天得一升白米。后生每天自己吃一半，节省一半救济穷人。为了感谢那位神仙老翁，后生就请人在那块巨石上刻下'白米石'三个大字，以示纪念。可好景不长，白米石被恶霸王大麻子强占而去后，就再也不出米了。后来这个后生还做了一件好事，就是在九曲回水湾里打捞河中漂尸。那些死者有的是因洪水淹死，有的是因被灭口谋财等丧生，尸体漂到回水湾后，停留在岸边，唐家人把漂尸打捞上来，放在河边沙滩上，等着其亲人来认领安葬。这件好事唐家祖辈一直坚持到今。唐红军的父亲唐老满还配合公安局的人侦破过不少杀人沉尸案，公安局从唐老满打捞上来的漂尸入手，侦破案件捉拿凶手归案伏法，唐老满还被政府授予治安模范村民称号。所以唐红军一家自古在边城的口碑较好。相反，刁老大家的名声却不那么雅美了。

“刁老大的祖先在三汉口南岸修建小桥流水人家后，先是以在过往人群中卖茶为生，后来过往行人中休憩喝茶的逐渐多起来，又在木桥中间的凉亭边开起了饭店，吃饭的人总要喝两杯酒，于是就在桥下井水边建起了酿酒坊。这酿酒是个苦差事，每天辛辛苦苦，却酿不了多少酒。刁家起早贪黑，虽然挣了点钱，也只能算是惨淡经营。有一天，一位老翁前来喝酒，一口气喝了八大碗，还一个劲催店家上酒，刁家老爷上前诉苦，说这小店一天酿不了多少酒，因为酿酒要用好井水，河水酿不出好酒来，那口井又不大，村上的人都挑这井里的水生活，实在没酒了。那老翁说：‘你家还有一坛老酒，端来给老夫喝了。’刁家老爷哭笑着说：‘那坛老酒是供敬祖先和酿酒老仙的，可使不得呀。’那老翁说什么也要喝那坛老酒。刁家老爷没办法，只好把那坛老酒也端出来让那位老翁喝了。一坛下肚，老翁又说酒不够，还要店家上酒，刁家老爷实在拿不出酒来了。那老翁便火了，破口大骂店家死心眼，说你家酿酒坊旁边那口井里不就是用不完的酒吗？刁家老爷以为老翁喝醉了，醉话不算数，他说喝井水当酒，那就让他喝个够，反正井水也不要钱，那就上井水吧。于是刁家老爷叫店小二到井里打了两桶井水上来，那老翁喝了一口，连声赞美好酒，又把那一桶给喝了，还说如果店家够意思的话，再来两桶。店小二又打上两桶井水，那老翁一口气又喝光了，说这下可喝足了，老翁一边说，一边东倒西歪地离开了。老翁走后，刁家老爷发现打井水的水桶有股酒味，很好奇，立即跟店小二去井里打水，结果打上来的不是井水，而是醇香的美酒。刁家老爷连夜派人把那口井给围起来，不准村民到这井里打水了。因为酒香味美，这小桥流水人家的生意从此火暴起来。一年后，那老翁又来到桥上人家酒店，刁家老爷高兴坏了，立即给醉仙老翁上了好酒好菜。醉仙问刁家老爷：‘这井里的酒人们喝了都说好吧？’刁家老爷叹息说：‘这酒倒是好，就是没有酒渣喂猪。’醉仙没有说话，吃完就走了。第二天刁家老爷再去井里打酒时，打上来的不是酒了，而是和从前一样的井水，还在旁边发现了一块石碑，石碑上刻着几行字：‘天高不算高，人心比天高，打水当酒卖，还嫌没有渣。’从此，刁家开始衰落，在人群中的口碑也越来越差。可是自从刁老大做了东乡人的代表后，与西乡人明争暗斗，东乡人倒是很拥护他，所以刁老大越斗越起劲，这次借施工质量事故之由，应该好好治治他们这种歪风。”

“这么说，刁老大还是一个传奇人物。”

“传不传奇先不说，至少说他们这种窝里斗有害无益。南塔建在南山顶上，南山虽然不高，但也有几百米高的山路。俗话说水不在深，有龙则灵，山不在高，有仙则名。这南山自古就是边城的名山。明朝大巡抚张问仁游南山写诗赞美：

有约南山山上头，夜深更鼓透深秋。
天门凫鹭双飞健，疑是嵯城十二楼。

“由此可见南山之美，南塔更是南山美的象征。可是要在这南山上造塔却不容易，建筑材料要从山脚下人工肩挑上去。又因为是恢复原貌，古代人用的青砖，比现代的红砖要大一倍，青砖是用山上的树柴烧成的，红砖是用煤烧成的，虽然现在不用树柴去烧，但大小还是做青砖那么大，只是颜色是红的而已。古代人用三合泥砌建，现在用的是水泥，比三合泥更牢固。地基用边城特有的青石条，这倒与古塔原基础没多大区别。山顶不大，当年炸塔，倒下来的青砖满山坡滚，可见施工的艰难性。”

杨向荣、竺臻武、西国安一行人把小车停在山脚下，步行上山，山坡上的搬运工，都是当地的村民，杨向荣一路爬山，一路跟搬运砖沙的村民打招呼。爬到山顶出了一身热汗，刚进工地，施工队长刁老大就迎了上来，西国安正要作介绍，被杨向荣伸手制止，微笑着说：“你就是带头与西乡队打闹的刁老大，我没认错吧？”

“刁某不才，让县长见笑了。我知道，您这次上南山，是来打我板子的，我认打认罚。”

“这样吧，请质量监理站的同志先鉴定，然后召开事故分析会。”

竺臻武走到刁老大面前，阴沉着脸，咬牙说了两个字：“丢人！”

刁老大无话可说，此时别说是骂他，就是打他两巴掌，他也认了。

监理站站长侯宏谟按照杨向荣的安排，开始收集一手资料，找到工地监理卢贵堂。把工地上质量监理资料收齐后，卢贵堂先在分析会上发言：“关于南塔工程质量事故问题，我是有责任的，我首先检讨自己。但是我也是有苦难言，塔基隐蔽工程质量我是严格把了关的，我也负责地签上了我的名字。从地面工程开始，我就发现有点偏差，在五米高度以内，还是在允许正负偏差范围内，我也签认了。五米高度以上，就超出了标准允许偏差的范围，我及时下了整改通知书。但是刁队长不听劝告，他说凭他的经验不会有太大的问题，继续往上施工。到了二十米的高度，已经无法再往上施工了，眼看就要发生倒塌事故了，我又下了停止施工通知单。刁老大根本不听我的了，下令继续往上施工，可是施工队员都不敢上去了。刁老大大发雷霆，施工人员只好说，要上去施工可以，必须由刁老大陪同一起上去。刁老大到上面一看，自己吓出了一身冷汗，这才下令所有人员撤离现场，这不，我们刚撤离，你们就赶到了。"

杨向荣点名问刁老大，要他说明情况："刁老大，你认为卢贵堂监理说得对吗？说说你的意见。"

刁老大干咳了两声，哭丧着脸说："杨县长，这事我没有必要作辩解，卢监理说得全对，是我的过错。说句实在话，我原来是想略微斜一点，就是看上去是斜塔，可又不至于有安全质量问题，没想到事与愿违，把事情办砸了。你们说怎么处理，我刁老大认打认罚。"

"你们监理站的技术权威，从技术的角度看，建了一半的南塔该如何处理?"杨向荣直奔主题问。

监理站的侯宏谟站长听杨县长要他们先拿处理意见，他也指名要工地监理卢贵堂先说。卢贵堂也不推辞，自己是掌握情况最多的人，也是最有发言权的，他大胆陈述自己的意见："我的意见很简单，那就是推倒重来，工程质量来不得半点虚假马虎。边城东、西、南三古塔，风雨沧桑几百上千年，为什么仍然牢不可破，斜而不倒，就是古人不仅有高超的建造技术，而且更有高质量作保证。要不是'文革'时赵糊涂县长的炸药包，可以屹立千秋。说具体一点，塔基部分我敢负责地说是符合标准的，可以留用，塔身部分必须炸倒重建，只是要造成严重损失。"

杨向荣又点名问刁老大："刁队长是什么意见?"

"我也只有一句话，在哪儿跌倒就在哪儿爬起来。建起来的塔身虽然炸倒了，但是人不能倒，不能给咱东乡南山人丢脸，更不能往联系点领导竺主席脸上抹黑，要把咱们在西乡人面前丢的面子给争回来。这次建塔质量事故损失，由我们自己承担，耽误的工期，我们加班加点抢出来，绝不落后西塔一天！杨县长、竺主席你们就放一百二十个心，如果我刁老大再出问题，我就葬身在南山上，永不下山!”

“炸倒重来，我也同意，既然大家意见统一，那就形成决议，请质监站督促执行，严格把关，绝对不能再出质量问题了。”杨向荣说完就下山，还在半山腰上，他接到顾武生从西塔建设工地打来的电话说：“杨县长，请您立即赶到西塔工地，这里发生了人身伤亡事故。”

杨向荣一听西塔工地出了伤亡事故，心里紧张起来，气愤地说：“真是福不双至，祸不单行。南塔的问题才处理完，西塔又出问题，八成又是不服气造成的恶果。”

杨向荣对质量监理站的同志说：“你们不要回县城了，跟我到西塔工地去，那里也出事故了。”

竺臻武心里想，南塔出事故，西塔事故更严重。南塔是工程质量事故，损失的是材料，而西塔的事故人命关天。物质损失可以赔偿，人命那可是多少钱都赔不起的。这回我倒要看看顾书记如何唱高调。他想看西乡的热闹，就主动说：“杨县长，我也去吧。”

“走，越快越好。”杨向荣跑步上车。

杨向荣、竺臻武、西国安、工程质量监理站的人员从南山直转红军山云台岭，云台岭没有南山那么高大，只能算是小丘陵高地，但是它距边城最近，在城里抬头就可望见西塔全貌，夜间皓月当空时，就好像西塔挂在边城天空，格外醒目。又因为西塔最古老，又以斜塔之身闻名于世，边城人自然对西塔关注最多，出一点小事就会立即传开。杨向荣登上云台岭一看，是建西塔的脚手架倒塌，伤了好几个人，看热闹围观的人太多，工地一片混乱。见杨向荣到了，顾武生说：“你来得正好，这样吧，先救人，后调查事故原因。我已通知120急救中心，救护车立刻就到。”

“对对，救人第一。不过围观群众太多，不利救援工作，我请公安局出动警力维护救援秩序，不能忙中添乱。”

杨向荣与顾武生简单交流两句后，就打通了公安局李大勇的电话。李局长亲自率领警员，开着警车一路鸣叫，向云台岭冲去。救护车已经到了，停在云台岭下路边，看热闹的一下子围上来好几百人，这样一乱，给救援工作帮了倒忙，工作人员越是疏导，混乱的人群越往前挤。李大勇的警车一到，全副武装的警察强行将围观人群疏导下山，封锁上山路口，只允许工作人员和救援人员进入工地，混乱的场面才得以控制。受伤的人员全部送到人民医院救治。杨向荣与顾武生商量说："顾书记，请您跟随救护车去医院，指挥院方全力抢救，我留在工地调查事故原因，回头我们再一起召开事故分析会，您看这样安排是不是妥当。"

顾武生此时也没有更多的话要说，因为还没有到说的时候，救人第一，也显得他这个书记更人道。他只简单回答了一句："行吧，我们就分头做工作，然后再集中好了。"

顾武生走后，杨向荣带领监理站的人员，对西塔脚手架部分垮塌事故原因作了认真的调查分析。站长侯宏谟介绍说："古代人建塔最普遍的办法是采用堆土法，塔建多高，土就堆上多高，塔建好了，土也堆成了一座山，然后再把堆上去的土搬运走，这种方法虽然笨了点，但是安全可靠，不会出危险。现代建筑不可能再采用这种笨办法，搭脚手架是常用的办法，关键在于要搭牢固。西塔脚手架倒塌的原因在于以下几个方面：一是搭架的方法有问题，因为西塔是斜塔，从地面开始就要加大搭架宽度，也就是说塔身斜而脚手架不能斜，如果脚手架随塔身往上斜的话，斜到三十米高的塔顶，脚手架就等于吊在半空中，重心也随之偏离转移，这是直接导致前斜方脚手架倒塌的最主要原因。二是人为因素，施工队长唐红军明明知道塔斜脚手架不斜的道理，最初在地面搭架时，工地监理人员就向他们提出过，唐红军回答说在塔身起步不高的时候没问题，随着塔身不断增高，再逐步外延增加。采用逐步到位的办法原本也是可以的，但是唐红军并没有这样做，塔身增高了，并没有外延加固脚手架基础，而是一个劲地赶进度，要抢在南塔之前完工，就像东塔与西塔的神话传说那样，表现建西塔的人技高一筹。只可惜聪明反被聪明误，这当然是安全事故，不是工程质量事故，安全问题是由他们施工队自己负责的，我监理站只对工程质量负责任。按理说，安全事故原因分析应该由施工队长进行，但我既然陪同杨县长到工地调查，那我就直言不讳了。"

杨向荣点名唐红军问："唐队长，你认为侯站长说得对吗？你是直接责任人，说说你的意见。"

唐红军摸了摸后脑勺，羞愧地说："侯站长分析得对，我没有不同意见，愿听从发落。我现在只有一个请求，请允许我立即重新组织施工，保证按要求把脚手架搭好，如果再出问题我第一个从塔顶跳下去。”

“施工自然是要继续的，可是躺在医院的弟兄们怎么办?”杨向荣追问。

“我把工地安排一下，要他们清理现场，重新搭架。然后我就跟你们去医院，商量救治问题，您看这样行吗?”

“好吧，我们先走，你随后就来。”杨向荣答应了唐红军的请求。

竺臻武跟随杨向荣留在工地调查事故原因，他只用心看，认真听，就像徐庶进曹营——一言不发，心里却在翻江倒海，算计着这两起事故过后他该如何表态?

在回城的路上，西国安对杨向荣说：“我在救护车前仔细观察了一下，几个伤员基本上有救，唯独一人恐怕没救了，其实那个人去医院已是多余了，他就是我们边城有名的石匠傅继石。傅石匠的陨落，乃是边城石刻界的重大损失。他的祖先乃是明朝末代逃亡皇帝永历帝的部将傅作霖，永历帝在边城立朝建都，傅作霖大将军担任临时京都保卫任务，在边城内外设重兵把守。云台岭是边城城外的制高点之一，是主要军事基地，也是傅作霖在城外的抗清指挥所。指挥所旁有一庄户人家，有个女儿长得非常漂亮，被他看中娶为小妾。不久，清兵就进攻边城，打了一场恶战，城破人亡，永历皇帝逃往广西柳州，傅作霖誓死不降，誓与边城共存亡。傅作霖战死在边城大炮台，小妾为他收尸埋在云台岭山坡下济水河边。傅作霖死后不久，小妾生下一个小孩。傅作霖的这个遗腹子长大后，特别喜欢石头，有一天他做了一个梦，梦见一个神仙将一生修炼的石匠绝技传给了他，还向他讲述神仙的来历故事。梦醒后，他把在梦中神仙传给他的石匠绝技记录下来，奠定了他成为一名出色石匠的基础。而这神仙也是有身世来历的。

“话说明代初年岷王在边城初建城墙时，要挑选一位技术精湛的工匠担任总建指挥，寻访到东乡舒姓石匠技艺高超，就将指挥建筑城墙的任务交给他。舒石匠带着几个徒弟从东乡赶往岷王府，一路风尘，唇干口渴，路遇一庄院，知是富豪人家，上前讨碗水喝再赶路。进门看见一个富贵的胖女人坐在堂上，舒石匠上前施礼，讨求水喝。那胖女人见他们是泥腿子，怕踩脏了地面，就将他们拦阻在门外，让他们等着，自己进去把水端出来。舒石匠接过水让徒弟们喝，一个徒弟喝了一口，哇的一声吐了，舒石匠再接过水一看，原来是又酸又馊的喂猪潲水，徒弟们火了，要打那胖女人，被舒石匠伸手拦阻，顺眼看到那女人庄院门前有一块巨大的青岩基石，记在心上。临走时还跟那胖女人道了谢。到了边城，舒石匠带领徒弟们，指挥民众，历尽艰险把城墙修筑好了。这时，舒石匠向岷王大人建议，说城东南山下一富豪人家庄院大门前有一块巨大青岩石，足可以雕刻四个大石龟，再在大石龟上立碑，为岷王大人修建城墙树碑立传，歌功颂德。岷王大人高兴极了，立即派衙役前往拆屋取石，开工雕龟刻碑。还要那胖女人变卖家产运石龟碑文去边城，安放在东西南北四大城门内侧。从此那胖女人家贫如洗，沦为乞丐，而舒石匠不久则修炼成仙升天去了。这就是四龟不出城门的传闻。

“傅作霖的这个遗腹子得到舒氏神仙的真传，成为边城继舒石匠之后又一个有名气的大石匠，特改名为傅继舒。傅继舒一生与石头碑刻结下了不解之缘，他的后代继承祖业，石刻绝活一直传到傅继石手上。这次重建西塔的奠基石碑就出自傅继石之手，可惜他傅家的石刻绝活传到他这里彻底失传了，他的儿子还在他老婆肚子里，尚未出生。傅继石父亲去世早，寡妇母亲已到七十古稀，傅石匠这一倒下，家中一老一少两个女人，等着一个即将出生的孩子，这日子怎么过下去？叫人难以想象。”

“是啊，苦了老人和孩子。这样的贫困家庭，政府要出面资助，不能让剩余的半个家也倒下。”

“政府出面救助，当然可以让这半个家不倒，可他的石刻绝活却永远失传了。不知您还记得吗，去云雾山考察时，我在讲述‘秦人古道’和‘逃盾将军’两块石碑的故事时，建议把石碑后面的卢、侯二生和陶、邓两将军的故事用石碑刻出来。那时我想到的就是他，当今边城石刻匠，非他莫属，没想到我的想法还未出口，他就先归西了。”

“我们先去医院吧，看看医院的救护情况怎么样了。”杨向荣说完，带着西国安从西塔工地下来直奔人民医院。医方经过紧张的救治，除石匠外，其余几个伤员都脱离了生命危险。伤员住院刚安顿好，傅石匠的家属就跟着唐红军来到了医院，哭着喊着要见傅石匠。顾武生小声跟杨向荣交换意见，意思是说人死了，瞒是瞒不住的，还是直说吧。傅家老太太和媳妇一听家中顶梁柱倒下了，当场晕了过去，医务人员又要去救治她们，真是乱套了。傅家老太太和媳妇好不容易苏醒了，还是六神无主。唐红军上前说："我来办理石匠的后事吧，等后事办完了，再来处理遗留问题。"

这种场合，顾武生和杨向荣也不好说什么，只好点头同意，等平静下来再来处理遗留问题，自然妥当些。傅石匠被埋在他的上祖傅作霖将军的墓前不远处，永远安息在那里了。

唐红军把石匠送上山后，回头又去找顾武生。顾武生满腹牢骚，气愤地训斥唐红军："你可真是浑蛋，南塔那边出事，你也出事。我两个联系点，一个是黄桥，另一个就是你们西乡，没一个联系点让我放心的。尤其是你，这些年我扶植你们，成立了施工队，在边城也是一支有一定实力的队伍，没想到你在关键的时候，给我捅娄子，往我脸上抹黑。南山那边出质量事故，仅仅是损失点材料罢了，可以推倒重来。可你呢？人命关天，人死了可以重活吗？还有那么多的伤员，他们仅仅是肉体上的伤痛吗？他们更重的是伤着心。因为你唐红军落伍了，人家会说济水河北岸不如南岸，西乡不如东乡，红军山不如东南山。丢人呐，你把我这张老脸皮丢尽了。好了好了，不说这些了，你下一步怎么打算，说来我听听。"

"事故出了，该打该罚我全认了。至于死者家属和伤员医疗费问题，我去找杨县长，请政府出面解决。"

"我说你浑蛋，你还真浑蛋。聪明的人是大事化小，小事化了。你倒好，屎不臭挑起臭，没事找事，你还嫌丢脸丢得不够啊，硬往伤口上撒盐，你可真是黑熊挠门——愚蠢笨到家了。"

"那依您说该怎样处理？"

"这还要我教你吗？自己酿的苦酒自己喝，自己出的事故自己处理。"

"行，我明白了，我知道该怎么做。"唐红军从顾武生那里出来，直接去了医院，找到院长黄一中，请院方用好药，尽快治好伤员，医药费不成问题，明天就派人送一张转账支票来。唐红军心里有底，几个伤员的医药费不会花去他很多钱，这些年他带头拼命地干，队里还是有些积蓄，只要伤员没留下后遗症，钱还会挣回来。可是傅石匠遗属该怎么办？唐红军犯难了。他的遗腹子马上就要降临人世，可孩子一出世就没有父亲，家中一老一少两妇人，如何撑得起那个残缺的家？傅石匠媳妇虽然年轻，还有改嫁的机会，可是她带着一个孩子，拖着一个古稀老太太，有谁愿往那个火坑里跳？唐红军与傅石匠是同学，两人关系一直很好。唐红军担任施工队队长，傅石匠是队里的主力，凭他手上祖传的石刻绝活，在边城可是响当当的招牌。可以说唐红军的施工队，是以傅石匠为招牌闻名于边城的，在边城有很多人不知道唐红军，可没有不知道傅石匠的。有时唐红军在外招揽工程业务，甚至还要打着傅石匠的牌子。唐红军为了让这块招牌更耀眼，特意让傅石匠花了几个月工夫，雕刻了一对大石狮，免费送给县政府，摆在政府大院大门口两边，好不威风。唐红军施工队借傅石匠之光，在边城名声大震，弄得东乡南山刁老大们十分嫉妒。唐红军还放出风去，等西塔建成后，他要傅石匠亲手恢复边城东西南北四大城门四龟不出城门的大石龟，重雕护城河上五龙不出城的石龙。只可惜这一愿望还未实现，傅石匠就离他而去。这等于打断了他的一只胳膊，砸了他的招牌。今后就算有人再恢复四龟不出城门、五龙不出城，那也绝不是他唐红军和傅石匠了。唐红军不能再想那些事了，眼下要想的就是石匠甩下的那个家。石匠结婚早，十年了没生孩子，经医治今年好不容易怀上了，可未能见到孩子出生就牺牲了。而唐红军一直光棍一条，三十好几的人了，对象看过一个连，可就是没人愿意上门。原因只有一个，就是唐红军的父亲唐老满是济水河回水湾打捞漂尸的，经常在门前沙滩上摆放漂尸，好不吉利，好吓人，好恶心。很多女人到他家一看，吓得不敢上门第二次。所以唐红军发誓不继父业，在外当起了施工队队长，尽管他领队干工程，也发了财，在边城也算是富豪人家，可女人就是怕上他家的门，现在成了三十好几的大光棍。他心里希望离开河边那个不吉利的地方，替石匠兄弟顶起那个家，白得个老婆，还搭上个孩子，真是天上掉下来的大好事。只是他自己不好开这个口，不知石匠老婆愿不愿意？唐红军把他的这些想法跟顾武生一说，顾武生很是高兴："我就说了嘛，你知道该怎样去做，这就对了。你不好开口是吗，我上门去说，我就不信，傅家老太太白捡个儿子，那寡妇白得个丈夫还有不高兴之理？"

顾书记上门一说，傅家老太太高兴自然不说，那寡妇差点没给顾书记跪下。她知道唐哥是个顶天立地的男子汉，她一个寡妇还大着肚子，她不配，委屈唐哥了。但为了这个家，只要唐哥愿意，她就高攀了。在商量办喜事的时候，寡妇坚持把孩子生下后再办，要不挺个大肚子不体面，太让唐哥受委屈了。而唐红军则认为要先结婚后生孩子，不管是谁的孩子，总算是他结婚后出生的，孩子出生后第一眼看到的父亲是他唐红军，管他叫爸就行。最后还是按唐红军的意思办了。结婚的那天，正是西塔落成剪彩的那天，书记、县长都上门庆贺，施工队放假，在唐红军的新家热闹了三天。婚后一个月，孩子就降生了，是个男孩。在取名字的时候遇到了麻烦，是姓傅还是姓唐，引起了一番争议。傅老太太观念传统，她认为这是傅家的根子，不能断了傅家的香火，必须姓傅，取名傅石后，意思是傅石匠的后代。媳妇则认为傅石匠已经死了，是唐哥使这半个家完整了，唐哥是一家之主，应该跟唐哥姓唐，取名唐山水，意思是济水河岸人家与山岭人家合建家庭的后代。唐红军的意思倒是有点现代意识，姓甚名谁，仅仅是一个符号而已，除此之外，没有什么真正的实际意义。只要老太太和媳妇认可，取什么名都行，哪怕叫 ABC 都可以。最后经过商议，一致推荐由证婚人顾武生取名，顾武生却推给了杨向荣。杨向荣也不推辞，想了想，取名傅唐炎，意思是不论姓傅，还是姓唐，哪怕是姓百家姓以外的姓，都是中华炎黄子孙，又把傅、唐两家的姓连在了一起。老太太高兴得合不拢嘴，一个劲地夸杨县长有学问，是个当大官的角色。

西塔的安全事故，直到杨向荣为小孩取名为止，才算真正处理完毕。

21

回到县城已经很晚了，但杨向荣养成了每天看县长信箱的习惯，无论多晚，他都要打开电脑查看当日是否有新邮件。杨向荣打开县长信箱，发现是“多一口”转发来的邮件：

杨县长：

听说您是包公再世，观音菩萨下凡。这话乃是边城百姓对您这个父母官的赞誉，我当然信。我是一个落榜考生，虽然我仅一分之差落第，但未能进入大学校门，铸就了我终身的遗憾。当然我今天不是来求您施舍的，我只想说两句心里话。第一句话是向您叙述我心中的不平，当今的教育政策似乎太不人性化。一分之差就决定了一个人的命运，未免也太绝对化了，难道真的一分之差就能决定阴阳两世界吗？成就一生岂能用一分作为分界线？未免太不公平了，分得人心里好不服气，分得人心寒意冷。可话又说回来，也幸亏我差一分，如果一分不差，我就有进大学的资格，可我又没有经济实力跨进大学校门，因为高昂的学费也会把我关在校门之外。如果我真要不差那一分，手捧大学录取通知书，却又无经济能力进去，那我心里就会比差一分进不去更加不平难受，这句话我是替那些手捧大学录取通知书，而又交不起昂贵学费的山乡学生说的。第二句话是想求您出个点子，像我这样的落榜回乡青年，做点什么好，我心里空荡荡的，不知所措，您能否在百忙中赐教……

渔父亭乡　尹爱民

杨向荣看过邮件后，觉得这个青年写得情真意切，按照日程安排，杨向荣正准备要去渔父亭乡考察，他想了解具体情况后再说。杨向荣将这个青年的信从网上下载打印下来，交给了西国安。

第二天，在去渔父亭的路上，杨向荣问西国安说：“这个落榜考生讲述的情况，前面那句有关教育大政策的话，只能同情，我一个小小的县官，无法对大政策作出解释。至于第二句出致富点子的话嘛，还可以考虑，不过他的具体情况我还不清楚，一时还想不出什么好点子，你有什么好主意没有？给他回个话。”

西国安挠了挠后脑勺，哭丧着脸说：“杨县长，您又给我出了个大难题啊，我哪有给他找出路的本事呢。不过我倒有一个想法，不妨去顺便做一次家访，说不定能想出因地制宜的办法来。再说那个地方有其特殊的风俗，也许您还没有听说过吧。”

“你又要讲边城的故事给我听？”

“其实尹爱民就是故事的引线。您不是设想开发旅游产业吗？‘渔父亭’已列入恢复项目。渔父就是尹爱民的祖先，但是尹爱民真正的祖先不是渔父，而是楚国大诗人屈原。话说春秋战国时，爱国诗人屈原在朝廷做官时遭谗受贬被流放到江南资水源头。屈原在《涉江》‘小离骚’中记述了他流放的路线，始鄂渚（武昌），下江湘（长江与湘江汇合口），邸方林，溯沅水，发枉渚（沅水常德），过辰阳（辰溪），入溆浦，到资水……可是当屈原流放途经溆浦时又‘入溆浦余儃佪兮，迷不知吾所如（往）’了。他在资水上迷失方向，不知怎么走了，胡乱地漂荡，误入济水河。济水是资水的支流，屈原错把济水当成资水主流，漂流到济水与沧浪之水的汇合处水乐口河面上。遇见渔夫问及，渔夫告诉他这里不是资水源头，而是沧浪之水，屈原这才知道走错了路线。他将错就错，就把济水与沧浪水当成他最后的流放路线资水源头了。屈原上岸后与渔夫为友。渔夫四十不惑尚未得子，三十而立的渔夫娘子求子心切，就跟渔夫说：‘我们这辈子总不能膝下无子吧，要么领养一个，要么借种生一个。领养的孩子嘛，全是人家的，与咱渔家没有任何血缘关系。我去借种生子嘛，起码我这个母亲是真的，至少有一半血缘关系，也比全是人家的好。’渔夫说：‘理是这么个理，可这日后的关系不好处理，万一这消息走漏出去，你怎么在这沧浪济水江岸上见人呢？’渔夫娘子说：‘咱不借当地的呀，我看与你交谈的那位客官（屈原）就很合适，他一表人才，又是过路客，翌日他走了，只要我不说，谁都不知道。’渔夫一听有道理，就答应了娘子。于是渔夫借故出门办事，三日后归。渔夫娘子陪伴屈原三日。屈原临走时，对渔夫娘子说：‘日后出生的孩子拜渔夫为渔父，孩子长大成人后你再告诉他屈原是他的亲生父亲。’屈原知道渔夫娘子不识字，写了一个屈原名字字条给她，交代清楚后就走了。也从这一天开始，屈原在他的日记和作品中，都以渔父记之。屈原离开边城沧浪水几个月后，渔夫娘子生了一个男孩，在给孩子取姓名时，想起了屈原临走时留给了她的字条，可是不小心把字条弄丢了，怎么找也找不到，就请了一个算命先生来卜卦测字。先生一问，渔夫娘子只好说出了实情。先生又问：‘还记得那个字条之字是怎么写的吗？’渔夫娘子因为不识字，只记得大概笔画形状，写了屈字上半节尸字，写完后又自我否认，说不全对，又在尸字中间加了一横变成了一个尹字，然后说：‘大概是这个字形。’先生又问：‘此人是干什么的？’渔夫娘子也未说得准，只记得他是个官道之人。于是先生明白了，就对渔夫娘子说：‘伊人乃是对你们女性之称，既然他是官道之人，就应该是道尹、府尹，所写之尹对也，小孩必姓尹。’后来那算命先生在外说出了渔夫娘子的小孩是屈原的后代。渔夫娘子就去责怪那算命先生，说为什么不告诉她孩子他爹姓屈，而要给他改姓尹呢？算命先生说：‘屈字一半乃尹，伊人（女人）一半也乃尹，故之尹也。’渔夫娘子一听，也有道理。她借种的本意也是想求一半真实，正合本意。小孩有一半是她渔家的，渔夫也真正成了渔父。边城人为了纪念屈原与渔父交友，筑渔父亭纪念之，改济水为资水，为屈原误入济水正名。其实真正的资水发源于广西资源县，边城的资水只是边城人巧借屈原流放路线的资水河而正其名而已。这就是湖南邵阳境内有两条资水河的由来。渔夫娘子生下尹姓孩子后，这里就流行借种风俗，那些没有小孩的家庭，都不去领养别人家的孩子，而是去借种留一半真实。”

“这种说法我倒是头一次听说。有据可考吗？”

“当然这是稗官野史民间传说，说到有证可考嘛，倒是有几处可作参考。《湖南考古略》卷五记载：‘渔父亭，武冈东沧浪水，即屈原见渔父处。’对渔夫与渔父之词我查过字典，只有对渔夫这个词作出解释，乃以打鱼为生的男子称为渔夫。字典上没有渔父这个词，可见渔父是有特定意义的专指用法，没有泛指意义。所以屈原生活经历中记载着渔父这个词是有其特定意义的，边城的民间传说符合这种意义。对此，边城州县志中有两首诗说到此事。一是清代康熙三十五年至三十八年（1696 年至 1699 年），时任边城知州的彭开祐作《渔父亭》诗：

不是湘江路，斯亭也号渔。
沙怜沉石处，泪洒读骚余。
尚有人招屈，曾无地卜居。
独清资可比，何事检遗书。

"'不是湘江路，斯亭也号渔'句是说屈原不是按照长江、湘江、沅江、资江流放的计划路线，而是误入沧浪水，才有这渔父亭名号的来历。'尚有人招屈，曾无地卜居'句是说尚有渔夫娘子典借屈原之种，才曾有不知屈姓而卜卦为尹之事。'独清资可比，何事检遗书'句是说清清的沧浪水，在名叫独山的地方与济水汇合，屈原在此处遇见渔夫，才知道走错了路线，错把沧浪、济水当成资水，才有后人纪念屈原把济水比资水而名，也就才有渔夫娘子遗失屈原书写的名字字条，而去求卜测字误得尹姓由来之事。

"后来清康熙五十年（1711 年），举人刘允镠作《渔父亭》诗：

离骚一卷自行歌，想见沧浪鼓枻过。
相泛恰逢渔父棹，卜居谁问洞庭波。
孤亭落翠余兰茝，断碣沉烟老薜萝。
忆自招魂劳些只，江天夜雨打潮多。

"刘允镠诗中也同样提到'想见沧浪、恰逢渔父、卜居谁问'之事。说明在边城民间流传的屈原故事，解答了渔父这个特定意义专用名词的由来。

"正因为如此，边城不仅流行五月五过端午吃粽子的习俗，还流行借种生子的习俗。渔父亭尹姓人家以此为荣，尊屈原和渔父为双祖先。尹爱民的姐姐特意取名尹爱君，君字上祖为尹，爱其祖先德才之意。

"而且您别看尹爱君是一个只读了初中就辍学的农村妇女，她可很不简单。辍学后她跟着父母以种地为生，不久就嫁给了一个木匠手艺人森古华。森古华忙时种地，闲时做点木工手艺，可是技艺不精，只能做一些简单的木器活，因为他只读过小学，不懂几何计算。正因为缺少文化，技艺学不精，说话办事，不是很懂道理，这是尹爱君最伤心的地方。森古华个子不高，只有一米五几。尹爱君个子就不高，嫁个老公却还比她矮小，人称生（森）不发，没有男人气概。特别是在‘不要你成龙，不要你成虎，只要重担能挑二百五’的边城农村，男人气质显得更为重要。森古华的师傅在东乡建筑队是主力，在省城一家建筑工地承包了木工业务，森古华在师傅的指导下专做门窗工匠。尹爱君没出过远门，想到省城去看看，就借森古华去省城打工的机会，跟着森古华来到省城，森古华因工地上繁忙，没时间陪尹爱君去省城观光，就让她一个人去逛街。尹爱君在省城转了两圈，开了眼界，想起自己的祖先是大诗人，楚辞的祖师爷，就去省城大书店里转。在长篇小说的书架上，她看到省城一位边城籍作家写了两部长篇小说，产生了兴趣，就把这两部小说买下来。她翻开作者简介上的那张作者相片，觉得好有男人味，久久端详，爱不释手。于是，她萌生了一个念头，想起祖先有借种的传统，家乡有借种的习俗，何不向这位作家借种，在她的肚子里也产生一个未来的小作家呢？她已生下了一个女儿，很像父亲生不发，又矮又丑，如果她再生一个儿子也像生不发，那将是她的终身遗憾。她要向那位作家借种，她要培养一位小作家，有男人味的小作家，或者培养个女作家。于是，她想方设法找到作家，并真的说服了作家。作家说：两千多年前的孔夫子母亲在去祭祀的半路上，与一英俊男子野合而得孔子。孔子自幼聪明过人，长大后乃成就了一番伟业，成为中国历史上最有名气的思想家、教育家。我不敢奢望你我的孩子日后成为什么名家伟人，但愿他比我强盛而健康就行。

“去了三次省城后，她真的借到了作家的文种，她高兴地打电话告诉了作家，作家也开心地祝福她。孩子降生后，作家给小孩取名叫尹隶。隶者，尹求合一为隶。字形之意乃是母亲尹氏求借作家之血而得其子，用的是字形组合。而词根之意也合符字形之意：隶者隶属。名字就是这小孩的身世，让小孩记住自己的来历。作家还说，让孩子可拜养父木匠为匠父，尊伊人祖先拜渔父为宗是也。

“那小孩目前长得活泼可爱，尹爱君视其为掌上明珠。尹爱民为其舅，也很喜欢这个典借东风的小孩。”

“这风俗与浙东典妻风俗正好相反，这典夫之俗不会典出矛盾吗？”

“这地方就是这风俗，没人去计较这些，借就是借，求就是求，两相情愿，乃周瑜打黄盖，一个愿打，一个愿挨。”西国安说到这里，杨向荣也陷入了沉思。他一时不知道对这种习俗是该肯定，还是否定？不像夜间婚礼习俗那样，当即就作出了否定判断，号召改掉那种有害无益的习俗。而这种求借习俗，不好简单地用利弊益害来作出判断。像渔夫娘子，膝下无后，求借续其后，乃人之常情，何贬之有呢？如今科学发达，可以到医院人工受精生子，说到底不还是借人一半吗？杨向荣作不出决定，只好沉默不语，心里想，还是顺其自然吧。

杨向荣、西国安到达渔父亭，找到了写信的尹爱民，尹爱民正在草堂睡觉。杨向荣对西国安说：“这草堂倒是大有诸葛亮卧龙岗的风情雅致。”

西国安很有雅兴地说：“自古公卿出草堂，这书生虽然以一分落第，日后说不定也会成为当代的什么公卿之辈，也许在他身上还流传着他祖先大诗人的灵气。他要是像诸葛亮一样，吟上两句——‘大梦谁先觉，贫生我自知。草堂春睡足，窗外雨迟迟。’那就还真有点诸葛亮草堂出世的气息。”

“可你我不是刘备三顾茅庐，是来体察民情的，恐怕与诸葛亮的草堂春睡足挨不上边吧。”

杨向荣、西国安正说着，尹爱民的姐姐尹爱君抱着那个孩子走了过来，大老远就打着招呼：“哎哟，是西大哥啊，真是稀客，这位是？”

“这位是杨县长，是特意来看望你们姐弟的。”

“哎呀，那可担当不起，我去把他叫醒。”

尹爱君叫她的弟弟去了。杨向荣问西国安：“她叫你西大哥，原来你们认识？”

“当然认识，不认识我怎么能讲出她的故事呢。我有个妹妹，跟尹爱君是同学，两人关系最密切，无话不说。她的故事是我从妹妹那里听来的。她本人并不知我知道她的秘密。”

“原来如此。”杨向荣小声地说，尹爱君已经把尹爱民叫出来了。

尹爱君客气地说：“对不起，让你们见笑了。我这弟弟高考丢了魂，太阳出来三丈三，他还在床上打大鼾，天天这么酣睡。你们要不来啊，他还不知要睡到什么时候咧。”

杨向荣见到尹爱民，笑了笑，问道："您就是给我写信的尹爱民？"

尹爱民揉了揉眼睛，望着杨向荣、又看了看西国安，惊喜地说："您就是杨县长？没想到，您还抽时间来看我。说句实在话，我给您写信也只是想发泄心中的不平，没有什么很明确的目的。"

杨向荣反问说："你不是写信说要我给你出点子找出路么？点子我倒是有，出路在你脚下。你在草堂春睡足的时候，我们在你的草堂前后转了一圈，看出了一点小名堂，就看你能否用心地去做了。"

尹爱民不知他们看出了什么，追问说："想出什么好主意，您说出来，只要可行，我一定全心全意去做，绝不含糊。"

"好，我就详细地说给你听。边城开发旅游，渔父亭乃是恢复项目，我想单就一个亭子，作为旅游景点似乎很单调，你这结庐草堂可作为辅助景点，把它按农家气息装修一下，开办农家乐项目，迎接八方来客。还有你这结庐草堂庭院规模较大，可发展庭院经济，种植点花草果木，特别是渔父亭至草堂那条二百多米长的道路，用鹅卵石整修路面，两边搭上结实的葡萄架，栽种良种葡萄，把渔父亭与你这结庐草堂连成一片，等葡萄长满棚架，一串串青红葡萄配上紫花绿叶，既有经济效益，又有观赏价值。到时候你既是渔父亭的维修、保护者，又是游客的讲解员，把你祖先渔父与屈原的历史故事说给游客听。你是结庐草堂笑迎八方来客的主人，也是农家乐的老板，游客得其乐，你在乐中发财，何愁不富？这叫落榜不落志，小本也致富。怎么样，我这点子出得不赖吧？算不算一条致富之道？"

尹爱民听得出了神，一拍脑袋，连声说"好"，可是高兴过后又哭丧着脸，不好意思地说："这等事好是好，不过，我没钱投入，又不懂庭院经济栽种技术，好事可做不好啊。"

"缺钱你可以去贷款，庭院经济栽种技术，我给你牵牵线，到三场的园艺场去向农艺师免费学习，种苗你先打借条，等你挣到钱了再去还种苗费。还有，关于农家乐的经营经验，你可去其他旅游点的老板那里打工请教，学点基本技能。我送你两本书，一本是《花草果木培植园艺》，一本是《小本经营方略》，你好好看看，会有帮助的。关键是一个人不能昏睡沉沦，要振奋精神去追求，去奋斗，去艰苦创业，一分耕耘一分收获，行行都出状元，希望你能成为边城庭院经济的新科状元。"

尹爱民经这么一指点，脑袋彻底开了窍。杨向荣、西国安走后，他不再昏睡沉沦，高考落榜丢失的魂，在发展庭院经济中被寻找了回来。他认真读了杨向荣送给他的两本书，心里有了一些底气，然后出门拜师学艺，所到之处，人们对他十分客气敬重，因为他是杨县长介绍过来的门生。几个月后，他学到了经营农家乐和园艺栽培的基本技能，回乡发展庭院栽培经济作物，开办农家乐小项目。园艺场还免费送给他一些既可观赏又可采摘的品种。几个月后，渔父亭也恢复重建完毕，边城的旅游开发也走出了深闺，开始有旅游团来边城旅游观光。渔父亭是主要观光景点之一，尹爱民常向游客讲述他祖先渔父与屈原交友的历史故事。

两年后，渔父亭至尹家结庐草堂二百多米的葡萄架基本长满了，三米宽的绿荫长廊真是落英缤纷，硕果累累，草堂也金碧辉煌。农家之乐，其乐也融融，成为边城一道亮丽的风景线，尹爱民也因此发了点小财。

尹爱君对尹爱民说："老弟，你这叫借鸡生蛋，贷款是国家的，培植品种是园艺场送的，还有……"

尹爱民打断了尹爱君的话，抢先说："我知道你想说什么，老弟我求借的是杨县长的智慧，大姐你求借的是作家的人种，咱们彼此彼此。"

尹爱民一边说，还一边向小尹隶做着鬼脸。

尹爱君操起鸡毛掸子就要打他。尹爱民立即双手抱拳作揖求饶："大姐，姑奶奶，手下留情，老弟不敢了，绝对不敢了。"

小尹隶拉着她的裤腿说："妈，你别打大舅嘛。"

尹爱君放下鸡毛掸子，警告他说："小孩慢慢长大了，听得懂话了，你可别再胡说八道啊。"

"好好好，我懂，我懂，我不说了还不行吗。"

"以后你把嘴闭紧点，该说的时候也没你事，有我呢。"

"那是，那是，其实我哪能管那么多，反正我这大舅是真的就行。"

"去去去，你又来了。"

"走走走，没工夫跟你瞎扯了，那边旅游团来了，我要去讲祖先渔父与屈原的故事了。"尹爱民一边说，一边向渔父亭走去……

22

西国安送来了铜鹅大王王少雄的追款报告，以请示的口吻说：“杨县长，是我先介绍情况，您再看报告呢，还是您先看报告，然后我介绍情况呢？”

“谁的报告，报告什么问题？”

“就是您去云雾山考察下山时，在山前村铜鹅馆里品尝铜鹅美味，鹅大王王少雄向您反映的签单问题。”

“噢，对了，是我要他写报告来的。那就你先介绍情况，我后看报告。”

“好，我就实话实说了。山前村的鹅大王王少雄开始以养铜鹅闻名边城，他养殖的铜鹅，又肥又大，成为边城有名的养鹅专业户，发了点小财。后来他继续扩大鹅的文章，不仅要养好鹅，而且在鹅的烹饪吃法上要搞出特色来，他专门到省城烹饪学校学习了半年烹饪技术。回到边城后，他的家人分成两摊子，一摊继续养鹅，一摊开起了铜鹅餐馆。先是在边城去云雾山的公路边开起了一个铜鹅小店，就是那天傍晚我们吃铜鹅餐的那个店。店一开，生意红火得很，那烹饪美味确实成为边城一绝，边城多少人烹饪鹅味，就是没他那个味，因此有人传说他得到了仙人的指点。由此一来，他的名声大振，于是发了财的王少雄又萌生了一个念头，就是进城开店。

“其实王少雄的祖先，很早的时候，就在边城水南门济水河石拱桥边，开了一家吊脚酒楼，取名‘都梁王氏酒楼’。此酒楼有三样东西最闻名，一样是用都梁兰草花为配料酿制的都梁香酒；另一样是下酒的卤菜；还有一样就是用大米制作的米粉。有人说这三样美味连神仙都知道。也不知是哪路神仙说给了八仙中的吕洞宾听了。吕洞宾说，我就是神仙，我怎么不知道？对方说：那你就枉变神仙了。于是吕洞宾就在宋朝宣和二年（1120年），特意赶到边城水南门都梁王氏吊脚酒楼，要亲口尝一尝，免得有人说他枉变神仙。吕洞宾来到王氏酒楼，只见店门上贴有一副对联：

云雾青山留客住

都梁香酒待客来

“吕洞宾一看都梁香酒待客来，立刻来了精神，大步跨进店堂，见一位姑娘当垆而坐，上前施礼，请姑娘上都梁香酒、卤菜和米粉三绝美味。姑娘转身就将三绝美味端上桌。吕洞宾先吃了米粉，这叫神仙不喝空肚酒。然后端起酒杯就喝，一杯酒下肚吕洞宾连声叫好酒。不一会儿，一壶酒，一盘卤菜就吃喝光了。又扯开嗓子喊店家再搬一坛好酒上来。王氏姑娘上前施礼告诉他，这都梁香酒可口，可后劲足呀，客官初饮，还须小心为是。吕洞宾可不高兴了，大声吆喝，姑娘家少啰唆，只管上酒便是。王氏姑娘只好又搬了一坛最大的好酒给他，哪知道他捧起酒坛，一口气喝了个底朝天。吃饱了，喝足了，又对王氏姑娘说：听说这里山水秀美，风光美丽，领我上城楼去瞧瞧。王氏姑娘带他顺阶梯上城墙观光，吕洞宾放眼四望，只见济水河奔腾绕城而过，同保山岗起伏蜿蜒奔放，云雾山峰高耸入云气势宏伟。吕洞宾心里在想，这么风光秀美的地方，当年汉孝桓帝怎么忍心用武力征讨践踏呢？像‘安化’之地那样，用皇恩浩荡去安抚感化，使之归顺。再用同样的安抚之道，求得‘新化’之地，那该有多好啊。如果汉孝桓帝能亲眼见此秀美山水，一定不会用武力改都梁为武冈。于是就从怀里掏出一支笔，对王氏姑娘说：壮哉山水，逾五百年后无兵戈，可避战乱也。说完就在城墙壁上挥笔写下——‘止戈’二字。王氏姑娘不解其意，讨教吕洞宾，吕洞宾笑曰：止戈合一为武，武分止戈乃免武也。武者武力，武力征服之山冈，即武冈是也，这么美丽的地方理当止戈免武，改叫都梁为妙。王氏姑娘恍然大悟。吕洞宾又对王氏姑娘说：姑娘家把三绝味再给我准备好，这么美丽的地方，我得周游一圈，等我好好欣赏完止戈地方的美景风光后，再来品酒。说完飘然离去。

“当吕洞宾周游武冈后又来到王氏酒楼时，王氏姑娘也早准备好了三绝味。吕洞宾兴高采烈进得门来，控制不住内心的激动，对武冈之地满口大加赞赏：‘武冈虽小，却有山川之险，兵甲之雄，粟米之富，粗号偏安，然借一隅而能图四海之大也。’吕洞宾走后，王氏老板牵头捐款，在吕洞宾写止戈二字的地方，修建了止戈亭，以示纪念，这是后话。

“再说王氏吊脚酒楼因神仙吕洞宾的光顾，乃名声大震，生意更加红火。可是好景不长，酒楼被济水河的特大洪水冲垮了，王氏发誓不再住在河水边，一气之下，移居云雾山前，不复出，直至当今。也可以说，王少雄是继祖先之后，再次进城开店，恰好也是他祖先开酒店的水南门老地方。我猜想，王少雄的烹饪技术，一半是祖传，一半是省城后学。王少雄铜鹅馆一开张，生意就像他的祖先开店一样，红火得很。前去品尝铜鹅美味的人排着长队等候，门前大小汽车摆长龙，小店先后扩建了三次地方还是不够用，乐得王少雄合不拢嘴。可是好景不长，县政府、县各大局机关请客都到王少雄铜鹅馆去，先签单，后结账，开始还一个月结一回，一个月的数额太大，报销时有些麻烦，经办人员就开始拖账，越拖数额就越大，数额越大就越拖，拖得谁也不去结账了。王少雄最后是资不抵债，被迫关门，卷起铺盖含泪出城，又回到山前村支撑着那个小店。就这山村小店也还有人开着车到那里强行签单而去，所以王少雄看见小车就害怕。他说，如果这次杨县长也要签单的话，他就只好把这山村小店也关了。”

“看来这里面的关系很复杂，不是清理几张账单就能解决问题的，恐怕要动用法律手段才能替王少雄讨还公道。这样吧，等我看完王少雄的报告，批转到哪个部门，再叫你送过去。”

“好吧，我等您的批复。”

杨向荣打开西国安送过来的文件夹，王少雄的追账报告展现在面前，杨向荣从头至尾看了一遍，按所欠数额看，县政府是大头，按所欠时间看，已长达五年之久，按所签单的人员看，上到县委、县政府领导，下到瞎参谋烂干事。情况极为复杂，看来只有走法律程序请法院调查处理了。

西国安将王少雄追账的相关材料和法律文书立即送到法院。庭长米溪河按经济纠纷立案调查。米溪河翻阅完王少雄提供的签账单据。右手挠着后脑勺，心里犯着难，这么多的单据要一笔一笔去查清，绝非一日之功。米溪河召开庭室会议，全面布置任务：“各位同事们，这次是一个苦差事。鹅大王王少雄在边城开了一个铜鹅馆，这几年县政府、各大局官员签单赊账欠下近百万。现在我们要追缴这百万巨款，这样的经济案件表面看上去很简单，有理有据，有名有姓，似乎三言两语就可了结。但实则不然，说起来是公事公办，实际上越是公事越不好办，许多人早已调离岗位，甚至退休，你现在去找他，他可以冠冕堂皇地说过去的事我记不清了，再说我不在其位不谋其政了，找现在的负责人去吧。真找现在的负责人时，人家可以说那是前任负责人的事，自己不知情，一推了之。还有一个非常棘手的问题，那就是公款公请与公款私客的界限不好区分，这是长期困扰我们办案的最麻烦的问题。几年时间，近百万的签单，堆起来比人高，要一张张落实，谈何容易。咱们庭里就那么五六个人，怎能忙得过来呢？我请示了院长，院长答应从其他庭里临时抽调几个人手给我们。我想以我们庭为主，一人带一个，分头多路并进。这样一来，大家一定会说，咱法院是清水衙门，经费问题怎么解决？出门在外最起码也得解决肚子问题呀。是的，我替你们想了个办法，咱们来它个现场办公，加上院里临时抽调的人员一起，坐镇王少雄铜鹅馆查核账单，既显得我们重视，又表现了我们深入实际。对于王少雄来说呢，觉得我们来真的了，大有希望，心里更高兴。一日三餐也有了着落，你们说我这主意还算实际么？”

民庭同事们听米庭长这么一说，都夸米庭长高明，替弟兄们想得周到，跟米庭长做事实在实惠。

米庭长听大家都赞同他的建议，没人提反对意见，心里很高兴，得意地说：“既然大家没有什么不同意见，那咱们明天开始，进驻王少雄铜鹅馆现场办公。”

米溪河第二天带着十几个人进驻王少雄的铜鹅馆，一进门就对王少雄说：“王老板，你的百万追款因为每笔账都需要你这个总经手人提供依据和协助，为了方便起见，我们就只好现场办公了，你不会不欢迎吧？”

“哪里的话，我请还请不来呢，为我办事，你们是上客，只是寒舍简陋，委屈各位了。”此时王少雄不是说客气话，而是真心这么想。王少雄因为养鹅和开鹅馆发了财，在家乡的公路边建起一栋大楼，一半用来开餐馆，一半用来开招待所，接待去云雾山观光或者烧香拜佛之人，提供吃住一条龙服务，在当地小有名气，数他的生意最好。虽然城里的铜鹅餐馆关闭了，但这山脚下的小本生意还做得下去。米溪河这十来个人住在这里也还安静，算是吃、住、办公一条龙服务。

米溪河不只是替弟兄们想着衣食住行，在工作上也敢挑重担。他吩咐手下人，把王少雄提供的账目签单分成几大类，一类是签单人退休离岗的，一类是仍在原岗原位的，一类是公款公请的，一类是有公款私客嫌疑的，另一类则是浑水摸鱼、查无此人成为死账的。两人一组，五组五类十个人，各负其责，分头行动。米溪河带着临时抽调上来的鲁希平，挑选了难度最大的来追查，就是第一类，签单人退休离岗的。但从签单数目看，县政府是大头，近百万欠单县政府就占一半，所以第一个要找的人就是县政府负责接待工作的行政科科长陶黔，这个任务他们俩也主动承担了。

别看陶黔官小，权力可大。王少雄城里的铜鹅馆未开张前，县委、县政府、人大、政协、人武部五大家迎来接送都是由行政科科长陶黔负责。因此，陶黔头上乌纱帽的头衔可就多了。以县政府行政科科长为中心，在县政府办公室挂了个负责接待工作的副主任，在县委办公室也挂了个负责接待工作的副主任，除了主任邓明宽，就是陶黔说了算。在县人大、政协办公室里也挂了副主任头衔，在县人武部还挂了个后勤保障部副部长的官衔，这可不是编外挂名的，而是名副其实的军衔官职，还有一套少校军衔军服，只是他平时不穿戴而已。又因为边城五大家共用一个招待所，对外叫边城宾馆，招待所所长和宾馆总经理职务当然就是他陶黔了。在边城论官戴帽之多莫过于他了，正因为他负责边城五大家的迎来送往工作，有人取笑他可以改名，将陶黔改为掏钱，后来认识他的人就都戏称他掏钱，而本名陶黔则慢慢没人叫了。

米溪河第一个找到了掏钱，谁知米溪河的来意还未说完，掏钱就发开了牢骚："米大庭长，这事你不找我倒也就罢了，我正没地方发牢骚呢。实话跟你说，这边城政府招待所，自古就是接待宾客的场所，改成边城宾馆后，更是集吃住娱乐一条龙服务，在边城算不上高档一流，也得数上二流三流的，这官家生意啊，还就是他妈的好做。可是自从王少雄在城里开了那家鸟鹅馆，订餐都到他那儿去了，连县长、县委书记都带头上他那儿去吃，我这招待餐厅就只能开早餐了，中餐、晚餐全关门，仅开早餐的餐厅哪还有不亏的呢？可就算亏了我还得硬着头皮强开下去，谁叫它是边城政府的接待处呢？王少雄那里亏了，你米庭长帮他追回，我掏钱亏了谁给我补啊？再说那个拖欠王少雄50万的大账，要我掏钱去结账，我掏得起吗？你能保证那50万的招待款，全是我边城五大家的官方迎来送往请的吗？我告诉你，这事我最清楚，开始县里派我去结账，我结了几回，后来我不敢再结了，上到县长、书记，下到瞎参谋烂干事都签单，就连司机打字员都签单，这些人也吃油了，反正是只签单不付钱，那就签吧。我不敢再去结了，我也管不了那么多。你说，这事找我，我说得清吗？我就打开天窗说亮话，谁签单你找谁去。”

“据查，你也签了不少单，其他人签的单你说不清，你自己签的单总该说得清吧。”

“话是这么说，理是这么讲，可是事隔几年了，要说清每一笔的来龙去脉，谁也不能记得那么清楚吧。更何况都是公事公办的事，是领导定的调，我只不过是执行而已。你是知道官场上的游戏规矩的，对于执行者来说，那是不需要问理由的。我不礼貌地问一句，你这次出来查案追款，显然也是执行者，不得问理由吧。”

“你是负责接待工作的，当时签单的主意是谁倡导提议的总该记得吧？”

“我说了，我是执行者，拿主意定政策的事，你得问县委书记顾武生和县长林海涛、解遵意，他们是当权派，当然最清楚。”

“据我们查证，按时间顺序，第一张签单可是你陶黔签的。”

“我首先就说了，连机关里的司机打字员都签过单，更何况我这个负责接待工作的行政科科长呢。至于是第一次签的和最后一次签的人，恐怕没有什么太大的关系吧，难道说第一个签单的人就该负全部责任，后来签单的人就不需要负责任了？世上恐怕没有这等道理吧。”

“我没有那么说，那是你想歪了。我只是想弄清楚是什么时候开始签单的，又是在什么情况下开始签单的，后来又是怎么发展到谁都可以签单的。”

“我再三说明了，我是执行者。要回答这些问题，要去问确定政策的人们。”

米溪河一看陶黔是一个油嘴滑舌的政坛无赖，没有必要太多地跟他绕圈子嚼舌头。看样子完全有必要去县府的找时任领导人了。顾武生始终是边城的最高人物，应该听听他对这件事的看法。

米溪河、鲁希平找到仍在县委书记位置上的顾武生。顾书记见二位法官求教，也还客气，立即看座，并请主任邓明宽上茶作陪。米溪河还未说明来意，顾书记就先开口说："二位到来，不用问，一定是为铜鹅馆欠款事情对吧？"

"书记真是料事如神啊，既然书记这么直截了当，我们也就开门见山了。就王少雄的欠款问题，还请书记指点迷津。"米溪河直奔主题。

"好，既然米法官这么客气，我也就实话实说。关于王少雄的赊账问题，说句实在话，我作为边城人民的父母官深表同情，但是我也无能为力。你们知道，县里的领导人是分工负责制，我虽然是'一把手'，但我也不能所有的事都去管，管多了主管领导是有意见的。社会上不是有人说党委用权，政府用钱吗？还真是那么回事。具体地说，县里几大家的接待费用是集中管理的，由政府行政科操办，县长一支笔审批报销。前后经过两支笔，两个县长之手。一个是杨县长的前任解遵意，他是京城下来挂职锻炼的，一年后回京城去了。还有一位就是解遵意的前任林海涛，林老已经退休了，但人还在边城，好找。关于用钱的问题，还请你们向两位前任县长请教。"

顾武生冠冕堂皇的几句话，就把责任推到两位前任县长身上。他顾武生是'一把手'，挥舞的是指挥棒，而不是用钱的一支笔，当然用钱的事找不到他顾武生头上。米溪河呢也抓不到什么话柄，只好将话题转到邓明宽身上。米溪河笑着说："顾书记所言极是，我会向两位前任县长请教的。不过今天我还想听听邓明宽主任的高见。因为你是主任，陶黔乃是副主任，你们正副主任之间的工作责任如何协调关系不说，我想单就接待问题，能不能给我们明示一下？"

邓明宽阴笑了一下，端起茶杯，不慌不忙地说："米大庭长，这下你可把我问住了。我不知道怎样答复你才算满意。刚才顾书记已经说了，政府的接待款是拨在行政科的，只有行政科才掌握接待款的进出账目。我身为县委、县政府两办主任，没有责任去仔细过问，那可是县长一支笔说话。至于行政科科长陶黔在两办挂了副主任的事，那是为了便于联系，不是金钱账目上的关系。联系上的关系我倒可以说出几个一二三来，可金钱账目上的关系，我可是一问三不知。还是顾书记那句话说得好，不论是要问接待政策问题，还是问金钱账目问题，你们还是请教两位前任县长为好，这叫解铃还须系铃人嘛。”

邓明宽也推得一干二净，米溪河不可能再问下去了，看来非找前两任县长不可了。米溪河先找到已退休的老县长林海涛，林海涛虽然退休，但身体还算好，头脑仍然清醒，只是受政策限制，不得已而退休。米溪河找到在家休养的林海涛，说明来意后，林老回忆说：“关于政府在铜鹅馆的赊账问题，我还是知道一些情况的。王少雄鹅馆一开张，边城就传开了，开始政府的人是本着试一下味的目的而去的，现吃现结账，具体由行政科科长陶黔负责办理，没出现什么问题。后来王少雄的名气越来越大，市里省里来的人都点名要去铜鹅馆，县里的人也吃上瘾了，都建议把县政府几大家的接待餐都定在铜鹅馆，既然大家都这么建议，我也就同意了。这样一来，花的钱也就多了，行政科陶科长嫌麻烦，建议一个月结一次账，我也同意，后来在报账的时候数目越来越大，我审批时就问陶科长，陶科长说，原来是县招待所餐厅接待，只划账，不掏钱，肉烂在锅里不现形，现在可是到人家出锅的桌上去吃，拿钱去结账，当然也就显眼了。再说，味好上瘾，去的人就多了。再往后，我就发现接待费超支了，指示陶科长要控制。陶科长就采取控制结账的办法，也就是说结一部分，留一部分，后来留的数目越来越大，陶科长干脆就不去结账了，只签单不结账的局面就是这样形成的。王少雄也不来要账，既然不要，我也就没管那么多了。不久我就退休了，退了退了，也就一了百了，不在其位，当然不谋其政，这事你们找当今县长处理就是了。”

“就是当今县长叫我们来调查处理的。不过，我还想问一句，您退休移交权力给新任县长解遵意的时候，是否对这事有过交代?”

“可以说有，也可以说没有。说有，那是关于几大家的接待任务统一由行政科负责办理，县长一支笔审批制，我不可不交接。说没有，那是关于权力交接不像财务交接，一款一项，一分一厘都要核对清楚，因为具体项目是由行政科管的，我也不可能每一分钱的去向都那么清楚。说句实在话，我知道县里欠王少雄的钱，但究竟欠了多少，我也不清楚。当时我想，我退了，政府还在，和尚去了庙还在嘛，就由后来者去处理吧。至于后来解县长是怎么处理的，你们就得去问他了。”

“那好吧，您老就多保重身体，我们就先告辞了。”米溪河说完站起身，林老摆了摆手，表示不远送。米溪河从林老家出来，对鲁希平说：“看来我们有必要去趟京城了。”

鲁希平听说要去京城，便来了精神，兴奋地说：“那好啊，我还没出过远门呢，借您的光我也开开眼界，看看皇上住的地方是个什么样子。”

“你想到皇上坐的龙座上去过一把皇帝瘾吧。”

“那我可不敢，我看一眼说不定全身会发抖。”

“那是你没有当皇帝的福分才会发抖呢。咱边城曾经有位县老爷进京，想试一下自己将来有没有当皇帝的福分，等皇上退朝后，窥视左右无人，一屁股坐上龙座，虽然没有全身发抖的感觉，可下龙座的时候却被皇家卫队戴上了囚锁链打入死牢，你听说过吗？”

“听说过，所以我说像我这样的凡夫俗子看一眼都会发抖嘛。”

“好了，不说这些了，准备明天出边城上京城去吧。”

第二天，米溪河约鲁希平出了边城，踏上了去北京的旅途。米溪河在农林部找到了任司长的解遵意，解司长热情地接待了他们。米溪河介绍情况后，解司长若有所思地说：“我在边城挂职锻炼仅一年，本身也是个过渡人物，说句实话，有很多情况还未来得及弄清楚就走了。至于接待费赊账问题，不是从我手上开始的，我接替林老前，就欠下了一大笔，当时也没有钱去填这个空，只好维持现状，后来究竟欠了多少，我也不知道，这事陶科长应该最清楚。这样吧，你们回去要陶科长清理一下，还欠王少雄多少，写个报告，让现任县长批一下，按特殊情况处理，王少雄一个农民进城开店也不容易，政府总不能叫个人吃亏嘛。”

解司长几句话，说得米溪河也没话说了。不过解司长也还客气，派车叫秘书陪同米溪河、鲁希平在京城观光了两天，看过了皇帝的龙座，也参观了北京的长城。鲁希平惊叹不已，说京城大城比边城小城气派多了。

米溪河、鲁希平回到边城，可以说调查工作绕了一圈，又回到了原地。米溪河开始了新的思考，他开始的想法是将签单赊账分成五大类，分五组分头行动，经过几个月的调查，得出的结果与他的初衷不符。他分成五类就是想分类查清，五组追查的结果综合到一起，最后只能承认，公款接待与公款私请的界限区分不清。还有一个棘手的问题，就是所签账单之人都是政府官员，或者工作人员。政府、各局又没有明文规定哪些人能签单，哪些人不能签。作为单位的负责人也放任自流，反正只签单不付款，谁愿意签就让他签去吧。现在要较起真来，时过境迁，谁会去认这个账呢？米溪河把这些情况向杨县长汇报，杨向荣首先肯定米溪河等人的成绩，然后对如何解决问题作出指示："你们首先要确定签单的人是哪些单位的，签单赊账由单位自行处理，你们法院负责从各单位的账户上把钱划拨给王少雄。"

"话是这么说，可是在具体问题上，还是有不少麻烦。比如说，县政府行政科的接待费大大超支，账上早没钱了，怎么划拨？还请县长明示。"

"你给我出了个大难题。这样吧，我刚才说的处理原则不变，如果账上没钱，请各单位自行筹集。县里接待账户没钱的问题，我先询问陶科长后再说。"

"那好吧，我等你的消息。"

米溪河走后，杨向荣带着西国安来到了行政科找陶黔，提到接待费的问题，陶黔两手一摊，无可奈何地说："杨县长，不瞒你说，在你到任之前，县里接待费就超支了很大的数目，你到任后拨给我那点接待费，我全部用来填补那个空缺还差得远，现在我是拆东墙补西墙，补来补去，始终补不满，我也是巧妇难为无米之炊啊。杨县长，这事你不找我，我也得找你啊。"

"那依你之见，将如何处理这个空缺？"

"我一个小小的科长，哪有那么大的本事，该怎么解决，还不是你县长大人一句话吗，你怎么吩咐，我怎么执行就是了。"陶黔又将皮球踢回来了，杨向荣一时还真不知怎么办才好，转而对西国安说："如何处理，你有什么高见没有？"

西国安想了想说："办法嘛总还是有的，我提个建议：由行政科写个报告，作为特殊情况处理，交常委会讨论，从威济河水库一期工程中或者其他项目中调拨资金，填补这个黑洞。然后由行政科起草一个接待管理办法，往后就按章办事，杜绝新的漏洞。"

"好的，我采纳你的建议，请陶科长立即写报告，尽快处理好此事。"

陶科长也为这事犯过难，他知道赊账拖欠是暂时的，总有一天要了结，一天不了，他就得背一天包袱，说不定还是一颗定时炸弹。今天杨县长主动要他写报告了结此账，对他来说是再好不过了，因此他毫不犹豫地答应。第二天一早陶黔就将请求一次性解决赊账的报告，送到杨向荣的办公室。杨向荣将陶黔的报告事项在常委会上一介绍，常委们没有一个人发言，都在等待杨向荣的意见，因为他们心里明白，赊账签单之事与他们自己有关，可以说常委中个个都签过单，都是当事人，不好先开口，杨向荣也明白他们的意思，只好自己先说："关于清理王少雄赊账问题，是我要行政科陶科长写报告的，调查结果表明，就县机关所欠的钱，几大家每年的接待费全部用光还差50万，陶科长没有钱结账，留下来的是一张张的赊账签单。王少雄向县里要钱，法院在依法追缴，你们说政府欠农民的血汗钱该不该还？"

常委们还是低头不语，他们听得出来杨向荣的话中话，什么政府欠农民的血汗钱该不该还，明明是变相批评他们弱肉强食，暴敛民脂民膏。谁也不想在这种时候出头，都在想着怎么躲避，避免引火烧身，而沉默就是最好的应付。杨向荣也明白他们的心思，都在等他拿主意，这类批评也只能点到为止，他只好自己接着说："你们不说，那还是我说吧，这50万的赊账费由来已久，情况比较复杂，我看就不去较那个真了，由县里从威济河水库一期工程中挤出50万，填补超支空缺。水库工期较长，可以从长考虑，总的原则是政府亏了，不能亏个人，你们说是不是这个道理？"

常委们听杨向荣这么一说，赶紧顺水推舟，都附和着说："完全同意县长的处理意见，早就该这么办了。"

"好，既然大家都同意，我就做这个主了。"杨向荣话音刚落，顾书记就出来说话了："慢，这样处理问题有失原则，我们不能纠正一个错误，同时又犯下另一个错误，用工程款去填补吃喝欠的钱就是错上加错。那是要犯错误的，如果上级查下来我是要负责任的，因为我这个县委书记参加了会议同意你们犯这种错误，所以我的错误更严重，那是要掉乌纱帽的。我不能看着你们往火坑里跳，我自己就更不能去跳那个火坑。"

常委们听顾书记这么一说觉得有道理，又附和着顾书记，因为他们自己参加会议表过态，怕追查起来也脱不了干系，杨向荣要处理赊账也不能把自己拖进去，必须保护自己。杨向荣见常委们不同意，一时也想不出好办法来，只好答应另想办法。顾武生见杨向荣没有新办法，立即宣布休会。

杨向荣从会场回到办公室，一时不知该怎么办？突然一拍脑袋，想起在处理干部超编，调整干部的时候，突发的那笔横财叫西国安存入银行了，立即叫过西国安吩咐说："西国安，你赶快把我发横财的那笔钱拿出来，今天派上用场了。"

西国安一时没有明白过来，反问："什么横财？"杨向荣提醒说："就是叫你存入银行的那笔钱，我记得恰好是50万，你把它交给法院转交王少雄，问题不就全解决了吗？"

西国安有些犹豫，一时不知说什么好，犹豫着说了句："这合适吗？"

"合适，非常合适，这些钱也是他们吃喝的钱，只是通过我拐道弯转交而已，用在这里再好不过了。"杨向荣一边向西国安解释，一边拿起电话。他通知法院米溪河，告诉他政府机关的赊账问题解决了，请法院依法追缴各局的赊账。

米溪河带领民庭同事，经过3个多月的调查核账，为王少雄在县政府追回赊账50万，在各局合计追回赊账47万，总计97万。王少雄高兴得流下了老泪，还托人写了一封大红感谢信，贴在县政府的大门口，又放了一万响的大鞭炮。

杨向荣拉着王少雄的手说："王老板，你的鞭炮放错了地方，你应该让城里的铜鹅馆重新开张营业，放开门红鞭炮。"

"我的青天大老爷，我可不敢再开了，我被城里人赊账赊怕了。"

"你放心，我相信以后不会有人再签单赊账了，你就放心大胆地开吧。"

"好吧，我回去跟家人商量商量。"

王少雄回到山前村，感慨地对乡亲们说："法院帮我追回近百万，可他们十多号人在我这小店里吃住几个月，这我又能找谁要啊……"

23

黄桥历来匪气旺盛，可黄桥为什么自古行匪事的人多呢，是因为这里的匪气风水强旺吗？实则不然，那是迷信的说法，实际上是因为黄桥荒野僻壤，穷困贫瘠，俗话说饥寒起盗心，富贵思淫欲。故自古盗抢之事盛行，实在活不下去了，还不揭竿而起，造反起义吗？如今虽不能强抢明夺，却也有不少黑幕下非法求财的勾当，有几个巫婆就做起了拐卖人口的生意。黄桥张大爷的孙女和朱老西的女儿，被骗拐卖，至今下落不明。朱老西觉得新来的杨县长是个能办事的主儿，就萌生了求助父母官的念头。他找到张大爷商议说："张大爷，您孙女和我女儿被拐卖下落不明之事，找当今父母官，没准有谱。"

"是啊，我也正琢磨着呢，我们也去衙门找找杨县长如何？"

"好啊，去试试。"

"行，就依你，我张老汉腿脚不便，几年没进城了，就是搭上老命，也陪你去一趟。"

"那就说好了，明天进城。"

被拐卖到黄土高坡八年的张桂花惦记着七十古稀的爷爷，多次秘密托当地的乡邮员寄信，信中请求爷爷来救她回去，要给爷爷养老送终，可不知为何就是没有回信。乡邮员很同情张桂花的处境，也想救她出火坑，就在网上替张桂花发了求救信息，只是因为不了解张桂花的情况，信息不够具体，也为了不给自己添麻烦，用的是网名，所以没引起太多关注。边城网民"多一口"无意中发现这个信息后，这一天也转发给边城县长信箱，被杨向荣看到，心想看来"多一口"很热心啊。

第二天，朱老西和张大爷一大早就踏上了去县城的路。县政府大院对于朱老西来说并不陌生。他读小学时就以优异的成绩考入县立第二中学，那时候实行粮票制，农村里的要交粮食，他与父亲每次挑100斤米进城，两父子一人挑一段路，轮换着挑担前进。60公里的路，天还没亮就出发，要到晚上八九点钟才能赶到县城，把粮食交到学校，父亲赶回黄桥种地，他在学校读书。因为他成绩优秀，有个同学叫赵春武常找他抄作业，故两人关系较好。赵春武就是赵糊涂县长的儿子。赵春武带着朱老西到县府家里做过客，因此他熟悉这县政府大院。朱老西以名列榜首的成绩考上省城重点大学，他的父亲上山挖树根卖钱，好给朱老西筹集学费。可就在这关键时刻，朱老西的父亲从悬崖上坠落身亡，母亲一病不起，朱老西金榜题名的梦想，顷刻间随着父亲的西游而化为泡影，他只好放弃上大学的机会，接替父亲劳作挣钱，养家糊口，为母亲治病。一晃二十多年过去了，今天他望着这县政府大院，仍然感慨万千。老子要是命好，早就大学毕业，说不定也坐在这县政府大院为官，这些年了，不混它个州官，也得混个县官，至少能弄个七品以下的都尉幕僚，科局长之类，总不至于还是现在这等泥脚模样。朱老西充其量也只能算个落榜的烂秀才，当然这落榜的原因不是他没有才能，而是家境贫穷毁了他的金榜，准确说，是金榜下的苦命秀才，永远与状元无缘了。今天他再次踏进这县政府大院，与二十多年前的学生时代相比，完全是两种不同的感受了。朱老西和张大爷刚进门，就被保安拦住了，朱老西急忙掏出报告，说是来找县长有急事的。保安告诉他们，有事先到信访办登记，正说着，信访办主任朱大年出来了，上前张口就说："想找县长，得先过我朱大年这关。"

朱大年平日在县府大院慢声低气，在乡下进城上访者面前，倒也还表现出一点大气。朱老西也不在乎这些，只要见到杨县长，过哪关都行，总不至于要过五关斩六将才能相见吧？我朱老西可没有斩六将的本事。朱老西把自己亲手写的请求解救女孩的报告递上，还介绍了一些具体情况。朱大年看过报告后说："这等事你们也找县长，还不把县长给累死啊。这是公安局管的事，找公安局去吧。"

朱老西急了，忙说："公安局我们会去找的，我们只是想进城见见杨县长，杨县长在我们黄桥传得可神了，神仙都服他三分呐。"

"是吗，杨县长有那么神？"

"那是。不过朱大主任，好歹我们也是朱姓本家，您这关我朱老西就算过了，您忙着，我们自己去见杨县长好了。”

“那我也不拦你们，不过你们见到杨县长，要告诉他你们的事在我这里已登记好了，千万别乱说啊。”

“您就放心吧，我们自有分寸。”

“去吧，走的时候跟保安打声招呼。”

“那就谢谢朱大主任了。”

朱老西和张大爷出了信访办，打听着去了杨县长的办公室。杨向荣一听他们是为了解救孩子而来的，就问张大爷：“你要找的孙女叫张桂花吗？”

张大爷惊喜地问：“杨县长怎么知道我孙女叫张桂花？难道杨县长知道我孙女桂花的下落？”

杨向荣摇了摇头说：“不知道。不过有人在互联网上看到过张桂花求救的信息，可惜不够具体。”

张大爷没听说过互联网是个什么东西，就着急地说：“那我就上互联网上去接她回家。”

朱老西读过高中，见过一些世面，懂得互联网是什么东西，只是家里穷，买不起电脑，就算买得起，他那偏僻乡村也无法接入。听张大爷讲外行话，就打圆场说：“你这老东西尽瞎说话，互联网在电脑里，你能钻进电脑里去找？”

电脑是什么东西张大爷也不明白，只一个劲摇头，不敢再乱说话了。

杨向荣也知道他们要找的人不那么容易找到，就在报告上批了一行字：“请公安局出警解救。”

杨向荣叫过西国安，要西国安开车把朱老西、张大爷送到公安局。杨向荣、西国安带他们直奔局长李大勇的办公室，李局长见是杨县长到来，立即迎上前，见还有两个农民跟着，打趣地说：“我知道杨县长又要布置我任务了，打个电话，我上您那里去接任务不就行了，怎劳驾您亲自上门呢。”

“人家都说公安局的门难进，我担心朱老西和张大爷进不了门，只好送他们来啦。”

“得，县长又在批评我啦，我虚心接受。这不，我正在按照您的指示，拟定内部整顿纲要，拟好了我再请您指导。”

“那是你们自己的事，我哪能把手伸得那么长，到时候你们又该骂我了。好了，不说这些了，还是说这二位的事情吧。张大爷，你们把报告递给李局长。”

张大爷一听县长要他递上报告去，就喊朱老西：“老西你快送上去呀。”

朱老西在口袋里掏了掏，掏不出，又在上身下裤摸了摸，找不到被县长批示过的那张报告，反问张大爷：“杨县长出门的时候不是交到你手上的吗？”

“那就在我身上找找。”张大爷也在身上摸了摸，没摸到。

西国安突然发现张大爷手上捏了个折了几下的纸条，就问：“张大爷，您手上捏的是什么？”

张大爷这才意识到自己手上捏着东西，打开一看，正是那张被杨县长批示过的报告，笑眯着眼说：“你瞧我，老糊涂啦，人家说拴着牛找牛，我这是牵着牛找牛啊。来，老西，你送上去。”

张大爷还很风趣幽默，一句牵着牛找牛的话，把大家都说笑了。朱老西从张大爷手上接过报告，上前递给了李大勇。等李大勇看了报告，杨向荣说：“张大爷他们的事就交给你们了，我和西国安回县政府，有什么需要政府出面的地方，就请与我们联系。”

“好好好，我先了解一下情况，然后再研究解救方案，我会随时向您报告进展情况的。”李局长一边说，一边将杨向荣、西国安送出办公室。回头又对朱老西、张大爷说：“你们先等一会儿，我把刑侦队的同志叫来再商量。”

李局长把刑侦队队长邓双银叫到了办公室。把张大爷、朱老西的报告转交给了邓双银，又请朱老西把情况介绍了一遍，最后指示说：“你们刑侦队要全力以赴，解救被拐卖的女青年。我还要强调一句，这不仅仅是一次解救行动，还是一项政治任务，县长都在报告上作了批示，看清没有？”

邓双银这才看清楚是县长的批示，开始他还以为是李局长的批示呢。邓双银知道这次解救行动的重要性，县长有批示，局长又亲自布置任务，不干出点成绩来恐怕他这个队长不好交差。邓双银抬手看看表，时间不早了，就起身对张大爷和朱老西说："局长这里事情多，你们就先到我们队里去吧，到食堂吃完饭，晚上住在县招待所，明天坐我们的警车一起去黄桥。"

朱老西一听说明天坐警车回黄桥，心里高兴极了，他曾经借同学的光，在读中学的时候，和赵糊涂县长的公子一起坐过小车，但他一辈子没坐过警车，平日里听见警车呜哇呜哇地狂叫，吓得躲到路边，连看都不敢多看一眼。明天刑侦队队长请他们坐警车，也过一把瘾，也让别人听到警车叫，躲到路边让开他朱老西。后来他又想，坐警车不是好事，不是警察坐在警车上，别人还以为是警察抓的犯人，然而他朱老西绝对不是罪犯囚徒，他是配合公安局去抓坏人的好人。张大爷听说有警车坐与朱老西的感受不一样，他这一辈子什么车都没有坐过，没出过远门，最远的也就是去过边城，见过最大的城镇就是县城了，全是走路，从天亮走到天黑。过去他年轻，走起路来快如飞，如今他老啦，不提当年勇了。这次他进城，明显感到力不从心，能坐在车上不走路就谢天谢地了，管他什么车。他来的时候在半路上跟朱老西说，这六十多公里路，去还能坚持，回来时可能走不到家，这把老骨头恐怕要交待在这半路上了。可明天有车坐，而且还是警车，张大爷心里有了万分的把握，他这把老骨头绝对不会丢在半路上了，一定会平安地回到家。

邓双银在食堂给他们准备的晚餐，他俩吧嗒吧嗒地三下五除二就吃完了，嘴里还一个劲地夸，这城里的饭菜就是比咱乡下的香美。吃过饭，邓双银就带他们住进了县招待所。邓双银一走，张大爷开始犯嘀咕，身上带的钱不多，再说这钱睡一晚就没了，多可惜啊，还不如到车站候车室将就一晚。朱老西则认为穷家富路，"嗨，管他爹个球呢，不就是一个晚上嘛，只要钱，又不要命"。

张大爷不服气："你嗨个屁，你以为你是谁啊，你还不如你跟我说过的那个叫什么生上城的人呢，噢，对了，我想起来了，陈奂生上城。也是住在招待所，九十元钱住一晚，他琢磨着十分工一天，一年的工分钱一晚上就睡没了，四五分钱一根的油条，炸两千多根卖了挣的钱，却在一夜之间垫床板花了。他越想越想不通，在沙发上坐了踩，踩了坐，表现出他对如此贵而不能接受的发泄。"

朱老西听张大爷这么一说，觉得他也和陈奂生一样，想到这里挂着招待所的牌子，怎是招待他朱老西的地方，进来时是邓双银带他们来的，服务员是看在邓双银的面上，没有当即问他要钱，可明天早晨一觉起来，服务员还不找他要钱吗？当年陈奂生知道招待所要收五元一晚后，摸摸自己口袋还有五元在身，只是舍不得花在招待所的睡床上。如今可不是当年陈奂生上城的时候，要收房钱可不是五元了，说不定是上百元啊，拿不出钱来，他可比陈奂生要悲惨得多。朱老西转而又想，管他爹个球呢，住下了就别想那么多，天亮再作打算。

张大爷见朱老西想得出神，就问他："你在想什么呢？想得那样神不弄通。"

"我在想，乡下人进城三天不吃饭，还挺得像个卖米汉。"

"拉倒吧，你就别打肿脸充胖子了，你有卖米汉那能耐，还用得着卖女儿啊。"

"好你个死老头，你可别乱说啊，我朱老西再穷，也不至于到卖儿卖女的地步呀。我女儿是被别人拐卖的，不是我朱老西卖的。照你这么说，你孙女也是你这个糟老头子卖的？"

"你拉稀也不看日子，我老头子土都埋到脖子上了，阎王老子不收我自己也要去了，我还卖孙女干什么，不也是被那帮龟孙子拐卖的嘛。"

"骗子拐卖就说拐卖，你凭什么说是我朱老西卖的呢？"

"我这不是气糊涂了吗，没话找话，你别往心里去。人老啦，弦也调不准了，谱也找不到了，还是你老西有谱。"张大爷又把话给绕回来了。

第二天一大早，邓双银等人开着警车到招待所来接朱老西两人。朱老西走到大厅，想起要到总台交钱结账的事，又怕身上钱不够，想去结又不敢去结，站在大厅不动。邓双银催他走，他用手指了指总台，意思是说那里还没了清，走不得吧。邓双银明白他的意思，告诉他说："那里没你的事，是杨县长请的客，你就放心走吧。"

朱老西这下放心了，他在心里想，陈奂生碰上了一位好书记，没想到他朱老西更碰上了一位好县长。在招待所睡了一晚，没有把自己口袋里仅存的几个钱睡掉，昨天是他最走运的一天，县长替他出了睡觉钱。

经过两个多小时乡村公路的颠簸，警车开进了黄桥，邓双银根据朱老西提供的线索，找到了石马村妇女主任顾秀美。顾秀美的职务以妇女主任为中心，身兼三职，在村支部她担任宣传支委，在村部她还是计生委主任，小村计划生育工作的领头人，在日常工作中她又是信件收发员。今年四十八，打扮得就像“三仙姑”，是有名的老来俏，胭脂口红涂满脸，就是往下掉粉渣。胭脂口红在人家脸上很自然顺当，可在她的脸上咋就那么别扭。远看像巫婆，近看像猴屁股。别人瞧见了那么不自在，她自己觉得美滋滋。巫婆画花脸，她画红脸，人称洋巫婆。一听是公安局邓双银等人找她，她笑呵呵地扭动着大屁股，迈着小花步出门迎接，又是让座，又是上茶，客气得就像见到了祖宗。邓双银说明来意后，洋巫婆双手拍着大腿说：“这事你们找我算是找对人了，就是村长、支书也没我清楚啊。”

“听说石马村的人出门都要经过你批准，甚至十里八乡的人也来求你，是这话吗？”邓双银试探性地询问。

“那你就过奖了，我要纠正你的说法，不是要经过我批准，是要经过我办理计生和流动人口手续。你们公安人员再清楚不过了，现在的人出门打工，必须有计划生育证明和流动人口介绍信，我是做这项工作的，我职责范围内的事，当然我最清楚，需要了解什么情况你们就尽管问。”

“据说你们这里有许多女青年，出去以后就再也没有消息，家人也找不到她们，这你知道吗？”

“要说我不知道，那是说瞎话，要说我全知道，那是吹牛皮，我不是仙姑，哪能什么事情都知道。说准确一点，从我这里出去的人我都知道，我这里有登记。出去以后的情况，我只能说略知一二，外面的世界那么精彩，我一个村姑老太，就是想知道，也没那么大神通。为什么从村上出去的男男女女我都知道，你们搞公安的最清楚，人出门在外不论到哪里，必须三证在手，身份证、计划生育证明、流动人口登记证，本主任就是干这个的。”

“人出去了，总还是要回家啊，为什么有的人一去不返，家人也不知下落，这似乎有点不正常吧？”

“要我说很正常，为什么呢？你们是最清楚不过的了，在边城就数黄桥最穷，俗话说人穷志短，这里哪是匪气旺啊，明明就是饥寒起盗心。这男人为匪盗抢，可女人总不能也去吧，又不能困死在这穷地方，于是她们就发挥特殊功能挣钱。不瞒你们说，你们也别笑话，咱们这山村年轻女人，有的在外做鸡发了财，回乡就盖起了小洋楼。还有的干脆嫁在外面，永不回头了，在外面享受荣华富贵，哪还记得咱这穷山小村？说句实在话，我是一把老骨头了，要是年轻啊，也到外面的精彩世界去了，还管那许多。”

“先别说那么多，先告诉我们张大爷的孙女张桂花和朱老西的女儿朱茜茜，出去这么多年了，没一点音讯，你知道她们在哪儿吗？”

“哎哟，我要知道她们疯到哪里去了，还用得着你们来问，朱老西和张大爷天天问我要人呢。”

“据说当年是你介绍她们出去的，去的什么地方？”

“当然是广东嘛，那可是黄金世界，我们这儿打工的都往那里跑。”

“据说那个专招女工的老板到你这儿来过，她在哪儿？叫什么名字？”

“哟，这下你可把我问住了，有那么一两个老板到我们这小村来过，把人招走了后就再也没有联系，我哪能记得那么多啊。”

“那你总该知道几个打工地点吧。”

“知道的，知道的，比如说珠海的金春宾馆就有张红艳、顾小妹等人，还有在深圳喜春宾馆有朱花影、邓红梅。”洋巫婆知道不说出几个人的下落恐怕是交不了差的，她故意说出几个鸡婆妓女，让他们去查吧。

邓双银也知道，在没有拿到可靠证据之前，洋巫婆是不会说实话的。既然她提到广东方向，不管是真是假，先去广东摸摸底再说。邓双银带着两个弟兄赶到了广东珠海，在金春宾馆找到了张红艳和顾小妹。这两个人比较顺利就找到了，是因为她们与家人有联系，都说是在宾馆当服务员，只有洋巫婆知道她们是妓女。张红艳一看是家乡的公安人员找她们，心里又高兴又害怕。高兴的是她们本来就厌恶这种生活，只是出于无奈，才被迫出卖肉体，想借公安之威，离开那个丑恶的地方，回家去过正常人的生活。害怕的是，她们是妓女，在人面前说不起话，在公安人员面前更是抬不起头来。她们不想让人知道自己是做鸡的，更不想让她们的亲人知道，因为毕竟是女人，回去后还要嫁人。可是警察找她们，想躲都躲不掉，只好硬着头皮面对警察的询问。张红艳先开口，低着头说：“邓警官，我们是做什么的瞒不过你们警察的眼睛，也就不多说了，说句心里话，咱山里人再穷也不至于出卖自己的肉体，想出门打工挣钱，这是我们山里有劳动能力的人的共同想法。可是出门在外，处处是陷阱，特别是我们女人，往往身不由己，咱山里女人又没见过世面，我们也不知道前面有什么，稀里糊涂地就跳进去了。我和顾小妹得知是做色情生意，抱头痛哭了一场，可痛哭以后也没办法，只得乖乖地陪男人上床，任凭臭男人们去疯狂地发泄。八年了，我再也不想干了，邓警官，你们能救我们回去吗？"

"八年，你们都没回过家？"

"没有，我们和老板签了合同要做满十年才能离开，当时我们也不知道那么多，上了贼船下不来了，我们早就想回家了，就是受老板控制，脱不了身啊。"顾小妹回答说。

"好吧，我们通过当地公安部门解救你们回去。我想问问朱茜茜、张桂花是不是和你们一起出来的？"邓双银问。

张红艳肯定地回答说："朱茜茜比我们早一年出来，到哪里去了，我不知道。但是张桂花是和我一起出来的，我们还是堂兄妹呢，从小玩得好，结伴出来打工，没想到我落入妓女陷阱，她被人卖到陕西黄土高坡一个比我们黄桥更穷的地方。她曾给我写过一封信，我回信告诉她自己做了妓女，她很生气，就再也没联系过了。"

"张桂花的信你还留着吗？"

"早丢了。"

"那你记得她的通信地址吗？"

"没联系也就忘了。"

邓双银叹息着说："解救张桂花、朱茜茜远比解救妓女张红艳要困难得多，八年了，她们可能已经育有子女，建立了千丝万缕的关系，不那么容易处理。目前我们身处广东，先把身陷广东的女青年解救回去，再作下一步打算。"

队员们也都赞同队长邓双银的意见，他们先到珠海公安局求助，把张红艳和顾小妹解救了出来。然后他们又赴深圳，用同样的办法把身陷妓女陷阱里的朱花影和邓红梅等人解救了出来。被解救的姐妹们心里高兴，张红艳兴奋地说："邓警官，回到边城，我们姐妹请你们的客，能给面子吗？"

"解救你们是我们警察的职责，请客就免了吧。"邓双银推辞说。

“怎么，嫌我们的钱肮脏是吗？是，我们挣的是不干净的钱，但是我们的人格是善良的啊。我们挣的是男人们的钱，用那些男人们的钱回报你们这些男人不可以吗？也可以说，没有你们这些男人们的不干净，我们女人也不会肮脏。说句实在话，这些年我们被迫干这行，世面也见多了，从我们身上爬过去的男人千千万，干什么的男人我们都见过，穿上衣服能够区分是干什么的，脱下衣服一样的兽性。你邓警官也别把高贵的样子露给我们看，从我们按摩小姐身上爬过去的警察还真不少，而且都是免费的，我们什么男人的钱都挣过，就是没有挣过警察男人的钱，姐妹们，是这话吧？”

邓双银哭笑不得，反问说：“你们就是这样看待人的本性的？”

“本性，男人的本性是什么？男人的本性就是搞女人，有的警察本性就是免费搞女人，我说得没错吧？”

这几句话说得邓双银无言以对，不是他找不到反驳的理由，而是他心里知道这是姑娘们尝尽人生百味后的感受。邓双银也有所悟，张红艳不仅仅是说出了自己心里的想法，至少还代表了社会上很大一部分人的想法，警察在人民群众心目中的形象不良、口碑不佳恐怕不是少数现象了。不说远了，就边城的警察而言，此前有几个真正是人民的公仆？又有几个不行强诈之事，不与黑道同污？杨向荣到了边城后，镇压了与黑帮为伍的夏运烨，边城公检法进行了大换血，他的顶头上司李局长也作了整顿队伍的计划，但是邓双银内心里持怀疑态度，他不相信一个杨向荣就能扭转乾坤。边城又有几个能像他邓警官那样，上半夜为政府着想，下半夜再为自己着想的人呢？张红艳这样的妓女小姐对他邓警官如何看待，那是她们的事情，他没有必要去考虑那么多，他目前考虑的是下一步如何去解救朱茜茜和张桂花。

邓双银正在迷茫之时，网民“多一口”在网上与那个乡邮员取得了联系，问清了张桂花的地址：陕西省黄土高坡秃岭村。“多一口”将地址又发给了边城县长信箱，杨向荣收到后告诉了公安局局长李大勇，李大勇立即命令邓双银等人向陕西进发。

邓双银带领几个弟兄去了黄土高坡秃岭村，这里的山没有像样的树木，山顶光秃秃的，风雨沧桑留下来一道道乱糟糟的沟壑，沟底流淌着黄泥水，只有山脚下才见到一些青草，大概这就是黄土高坡唯一的绿色了。这里的人头上都扎一条毛巾，他们的脸甚至牙齿都像黄土色，也许是一方山水养育一方人吧。这里的人放羊时喜欢唱山歌，唱得高亢有力。

当地公安带着邓双银等人开进了秃岭村，在村西头找到了张桂花。此时的张桂花已是6岁孩子的母亲了。她的丈夫和公爹公婆不理解，他们积攒了一辈子的钱，好不容易买来这个媳妇，为什么要把她带走？全村人都不理解，男女老少堵在村口，不让警车出去，不准警察把张桂花带走。张桂花看着自己的儿子，心里酸楚楚的，眼泪止不住地往下流。儿子在哭叫，丈夫在呐喊，公爹公婆在哭号。看着眼前的这一幕，邓双银的双眼湿润了。但是拐卖人口犯法，法不容情，经过当地公安人员的耐心劝解，总算把张桂花带上了警车，踏上了回家的路。路上，邓双银问张桂花："你是怎么被卖到这黄土高坡来的？"

"当时我们几个姐妹想出去打工，是本村洋巫婆介绍我们去的，到了广东，来了几个老板样子的人物，分别把我们接走了，我们没出过远门，不了解外面的世界，只好听天由命，糊里糊涂地就跟人走了，到了秃岭村，才知道自己被拐卖了，这时什么都晚了，想逃都找不到路。丈夫比我大20多岁，看我看得很紧，有一次我试着往外逃，又被他抓了回来。虽然他对我很好，但我毕竟不是心甘情愿地嫁给他的，是他花钱把我当工具买来的。我逃不脱，就写信给我爷爷，请求爷爷来解救我，可是爷爷一直不给我回信。我也没办法，一来就是八年，今天要不是你们来解救我，还不知道何年何月才能回到边城黄桥。我最放心不下的就是爷爷，不知他是否还健在。"张桂花说到爷爷，潸然泪下，说不出话来了。

张桂花说到写信与家人联系过，张大爷却说音讯全无，不知孙女的下落。邓双银眼睛一亮，断定其中必有名堂，问题就出在张桂花的丈夫和黄桥洋巫婆两个环节上，想到这儿，邓双银问张桂花："你能够确定你的信没被你男人截留吗？"

"不会，我是托乡邮员把信寄出去的，每次我都小声问乡邮员，家里有回信吗？回答总是说没有。乡邮员也很同情我的处境，一定把信寄出去了的。前几天乡邮员还偷偷告诉我说：他在互联网上发过信息，家乡有人在网上问我的地址，说很快就会有人来解救我，没想到就是你们。不过我也觉得有点奇怪，为什么爷爷就是不给我回信?”

“不用说了，我已经明白了，等你回到黄桥，你就会知道是怎么回事了。”邓双银断定是收发员洋巫婆把信件扣下了，洋巫婆一定与人贩子有联系，说不定她就是人贩子。邓双银回到边城，突击搜查了洋巫婆的住所，找到了一些还没来得及烧毁的被拐卖女青年的信件，根据信件的地址，邓双银派人一个一个把她们解救了回来。朱老西的女儿朱茜茜被拐卖到新疆戈壁滩，在洋巫婆家里也搜查到了朱茜茜写给朱老西的信件。全村人这才明白，原来洋巫婆就是人贩子，她扣留了来往信件，阻隔了消息。洋巫婆被戴上了手铐，朱老西愤怒地骂道：“王八蛋，原来是你这个狗日的鸟巫婆害了我女儿，挨千刀的不得好死啊!”

邓双银和弟兄们顺藤摸瓜，将洋巫婆等一伙人贩子捉拿归案，绳之以法。

张桂花、朱茜茜等人被解救回村，开始新的生活，但是她们内心深处却极其矛盾。一方面，她们出门打工是想靠自己的劳动，摆脱穷困，可没想到却被卖到比黄桥更偏僻、更穷困的地方，她们的希望彻底破灭。大好的青春时光已经过去，重新开始生活，更加艰难。另一方面，她们在那个穷地方生下了孩子，作为母亲，十分想念自己的孩子，孩子没有错，却让孩子承受离开母亲之苦，对孩子不公平。可她们又不情愿回到被拐卖的地方，人虽然被解救回来了，但她们的内心仍然还在流泪，甚至流血。

张红艳、顾小妹等人被迫做了妓女，解救回乡后，虽然心身都受到摧残，但是她们比张桂花、朱茜茜这类人多一份安慰，毕竟她们挣了一些钱，虽然臭了点，但也能解决实际问题，又没有异地小孩的牵挂。她们在家乡盖起了小洋楼，在银行里每人还存起了数万元，够她们花很久的了。穷光棍们瞧见她们这些小富婆，也顾不得那么多的尊严了，明知她们做过妓女，也屈尊向她们求爱，钻进了她们的小洋楼。相反，像张桂花、朱茜茜有远虑，又有近忧，反倒没人向她们求爱，一时难以找到归宿。

朱老西、张大爷他们也想像王少雄那样，去当今的县政府大院放一串鞭炮，表表他们的心意。于是，带着被解救回村的人员和家属，来到县政府大院，放响了鞭炮，还在大门口贴了一张大红感谢信。他们还想去杨县长办公室，当面说一声谢谢。可惜杨县长此时不在县政府，去了建设工地。

24

杨向荣到边城乃是代理县长，时间定好是两年。为什么这么定？存在多方面的原因。按照人大制度规定，政府领导人是五年为一届期，由同级人大进行选举确定。在正常情况下，政府领导人干满一届后，有上升前途的，改任书记，在“一把手”岗位上继续锻炼。没有上升前途的，则改任人大主任，或者政协主席，干它个一届两届的就退休了。边城政府这一届情况特殊。本来上级组织部门考察推荐的是一位邻县的常务副县长作为边城县长的候选人，此人大学本科毕业，作为专业化、知识化人才的重点培养对象，其档案资料是由省组织部直接掌管的，在邻县挂职锻炼是随时要升迁的。可顾武生坚决反对，强烈要求林海涛县长再干一届，干到退休为止。顾武生跑市里、省里组织部门，找有关领导游说，组织部门和有关领导勉强同意了，林海涛再次当选县长。顾武生表面上是替林海涛说话，为他奔走呼号，其实是为了自己。因为林海涛比顾武生年纪还大，显然是干满退休的角色，不可能再有升职的机会了，只要他当不上书记“一把手”，顾武生就可以稳坐钓鱼台。而邻县的那个常务副县长就不一样了，他年轻，又是省里的重点培养对象，还是改革创新派，他要是当上边城的县长，随时都在威胁顾武生的书记宝座。顾武生知道自己年岁老大不小了，不可能再有升职的时运，但他又不想退到人大、政协部门等待退休，坐“一把手”的位置习惯了，往下坐心里总不是滋味。林海涛与顾武生同样是不能升迁而干满退休之辈，彼此彼此。本来林海涛只有两年时间就要退休了，可是他档案里的年龄比实际年龄小两岁，因为在参加工作时，他怕劳动部门嫌他年岁大，登记时就改小了两岁，也就是说按档案年龄还有四年才退休。干一届领导是五年，相差个把年到时候再代理调整，顾武生帮林海涛这么一游说，上面组织部门和有关领导也就勉强同意林海涛再连任一届，林海涛也就再次作为县长候选人而当选为边城县长。可是后来组织部门在考察干部时，发现林海涛的身份证年龄比档案年龄大两岁，经核实，身份证年龄是正确的，组织部门决定让其按身份证实际年龄退休，所以林海涛只在这一届干了两年就退了。就在这时，中组部与省组部联系，中央机关选了一批年轻有为的干部，下基层挂职锻炼，让他们先了解基层情况。正好边城县长退休，就安排解遵意代理边城县长，才有了“出京门进衙门通天无门，离京都建二都立地有道”这一幕。

解遵意干了一年，辞衙门朝京城而去，像这样的过路客顾武生倒是不反对。顾武生心里明白，他们是来镀金的，这样的人物一个小边城留不住他们的心，他们的眼光更不会去盯着他这个坐了多年的书记小位。就这样边城县长三年里换了两个。可这一届还有两年，谁来补这个空缺？顾武生向上级组织部门推荐了邓明宽。他想邓明宽是他顾武生一手提拔起来的，绝对听他顾大书记的话。再说，邓明宽比他小一大截，受锻炼的机会还长着呢。代理两年，再正式选举干一届，他顾武生早该退休了。邓明宽有个羽翼丰满的过程，一时半会儿地还挤不到他这个书记的位置上来，等邓明宽成熟了，他也早就拜拜了。他也希望是这个结局，在离开书记这个位置时，边城“一把手”的位置上是自己培养出来的门生。顾武生像上次为林海涛游说一样，走开了他游说之路。上级组织部门和有关领导则认为这两年时间里，还是安排一个挂职锻炼的为好，邓明宽暂时不作考虑。就这样，杨向荣从省城下到边城任代县长。

杨向荣在代理县长位置上干了两年，边城发展虽然没有二都之盛，但是较原来却上了一个大台阶。交通布局以东、北两线为主干，连通了各乡镇之道，昔日世外桃源的阡陌交通，如今也与大千世界并轨，形成了乡道、省道、国道路路通的格局。在电力方面，建立了水电站和火电厂，完成了边城农网建立和改造，那些“山有小口，仿佛若有光”的世外桃源，如今也结束了点松油灯的历史，光明送到了高山之巅、沟壑之角的千家万户。因为有了电，曾经只有“鸡犬相闻”的农家，也传出了广播喇叭之声。全县所有中小学校，消灭了危房，给昔日在寒风飘零中苦苦求知的学子，营造了一个安稳的学习环境。城市建设方面，开发了一个相当于老城区两倍规模的新城。特别是旅游开发，修复了古城城墙，重修了城门楼阁，恢复了古城原貌，即将成为又一个古雅的电影拍摄基地。重修了世界闻名的斜塔，恢复了美人西施故居和纪念屈原的渔父亭，开辟了云雾山的秦人古道，使边城这个深藏闺中的大家闺秀走出了闺房，向世人展示了其美丽的风姿，成功打造出崭新的旅游品牌。各产业产值翻了两番，为撤县建市打下了坚实的基础，做好了充分的准备。

想到这些，杨向荣心里还是有点欣慰感。他也知道，两年挂职锻炼的期限已满，可以无愧地离开边城返回省城。可是杨向荣却不想离开，他爱上了边城，他认为边城这两年也仅仅是因地制宜的起步而已，更大的目标还在酝酿中，他想参加下一届县长竞选，名正言顺、堂堂正正地做一回县官，去掉“代理”那两个字。当然，杨向荣不是单纯想做个县官，如果仅就做官而言，他完全有机会返回省城去做比县长更大的官职。杨向荣想的是为官一方，改变一方面貌，造福一方百姓。他还认为开发一方净土，要有崭新的观念和科学的思路，封闭保守的观念，只能随着历史而爬行。边城这些年之所以落后，与边城辉煌的历史形成强烈的反差，原因虽然是多方面的，可最根本的就是观念保守，春风吹不进顾武生等人头脑里的封闭圈。杨向荣想在边城再干一届县长的原因，是想培养一批有创新精神的好干部，一旦离开边城，边城还要有人像他一样，继续创新发展，使边城不断地跨上新台阶。他不想自己一走，边城又回到原来封闭的老路上去，不想让刚刚起步的边城停止了发展的脚步……

想到这儿，杨向荣决心找上级组织部门汇报，推荐自己作为边城下一届选举县长的候选人。他也知道顾武生也在游说活动，力举邓明宽为县长候选人。杨向荣很了解邓明宽，他认为邓明宽不能出任边城县长，因为邓明宽跟顾武生一样，都是封闭保守之辈，权力落入他们之手，受苦的是边城人民。杨向荣不想让边城刚刚燃起的希望之火，由于他的离去而随之熄灭。杨向荣不但想当边城县长，他还想等顾武生一退休，再任书记，成为边城政府的“一把手”，用自己全部的智慧，带领边城政府的官员们彻底地改变边城的旧面貌，让边城真正与时俱进，同步发展。上级组织部门和有关领导听完杨向荣的思想汇报，认为边城确实需要这样一位父母官，这两年的起步发展，既切合实际，又很有气势，倒塌沉睡多年的历史文化遗产重新树立起来了，新时代的气息也得到了恰到好处的展现。有杨向荣在边城掌舵，边城定有腾飞之时，只是委屈了他，按他的资历能力，本该考虑给他安排一个新的职位。可边城需要这样一位父母官，杨向荣又主动力荐自己，组织部门也就同意了他的请求。边城县长候选人确定为杨向荣，边城人大开始筹备选举会议。

边城人大主任陶大成按照人大会议章程准备妥当，会上按选举程序走了一遍，最后公布选举结果，令杨向荣意想不到，只有百分之十的当选票，百分之九十的则是反对票，选票远远达不到半数以上而惨败落选。陶大成宣布这个结果后，会场一片哗然，就在这喧闹之时，有个代表突然站起来，高声叫喊：“各位请安静一下，本代表有新的提案，提请大会审议。”

众人循声望去，此代表不是别人，正是边城旅游局局长陆六顺。六六顺也今非昔比了，不再是当年那个穷酸的小局长，自从他的族人陆九鼎投资边城旅游项目以后，边城这块旅游品牌闻名于世，大展雄风。六六顺看准了这个发展势头，向县政府提出成立以旅游业为主营业务的第三产业集团公司，得到批准。六六顺局长则成为这个集团公司的董事长。他兴冲冲走上发言席，满怀豪情地说：“各位代表，本人不才，没在台上发过言，在这里献丑了。今天，是我们边城选县长的好日子，杨向荣是不是个好县长，不是总结评论的时候，可是他事实上落选了。根据人大章程，候选人落选了，可以提出新的候选人，我和部分代表商议，提议由边城县委常委、县委办主任邓明宽作为本届新的候选人，提请大会按程序重新选举……”

六六顺话音未落，全场响起了热烈的掌声。陶主任跟几个副主任碰头简要地商议了两句，表示可以选举投票。

陶大成宣布，新的县长候选人选举开始。重复了前面的选举程序，陶大成再次宣布选举结果，邓明宽以百分之九十的选票当选为边城本届县长……

顾武生带头鼓起了掌声。会后杨向荣找到顾武生，谈了几点对边城的感受，顾武生心里得意，但表面上表现出很惋惜的样子，说了一些肯定加安慰的话。杨向荣对选举结果虽然觉得蹊跷，但见大势所趋，不易挽回，就决定做最后的努力了却他一个心愿。西国安跟随他两年，对他帮助很大，可以说当了半个家，可是一直是副职代理。在他离开边城之前，一定要力争去掉西国安的“代理”二字。杨向荣对顾武生说：“顾书记，我杨向荣挂职挂到头了，也就是说我要离开边城了，可以说对于我个人来讲，没有什么遗憾可言……”

顾武生立即插言：“当然，我知道边城这个地方太小了，你的发展前途在大地方。说句心里话，论你杨向荣的能力和在省城的关系，你应该有个比边城衙门更大的职位。”

“好了，您别给我戴大高帽了，我可没那么想过，算了，不说这些了。今天我求您一件事，既然邓明宽已当选为县长，那么他原来的职位就可以由西国安来接任，两年了，他一直是副职代理，按理说早该扶正了，我跟你建议过多次，您总是说再等等看，两年多都等过去了，现在正好邓明宽腾出了空位，您就顺水推舟吧。”

杨向荣还未说完，顾武生连连摆手，脑袋晃得像个拨浪鼓，毫无商量余地地说：“不行不行，绝对不行。西国安能任副主任，那是看在你的面子上，要不然他连副职都当不上。你就放心地走吧，省城还有更高的职位在等着你。西国安的事嘛，我们以后考虑，现在提这个还为时尚早。”

杨向荣一听，知道这个老顽固是不会答应的，看来不给他点压力，他是不会同意的。杨向荣也不客气地说：“顾书记，我也打开天窗说亮话。如果西国安不当上县委常委、两办主任，我也不走了，我会请求上级坐镇边城，重新选举县长，给我杨向荣一个省长我也不当，不信，那就走着瞧。”

这下顾武生急了，他心里明白，邓明宽当选县长是靠贿赂代表，用钱买选票得来的，他顾武生是策划者，如果杨向荣要较真的话，一旦事情败露，不但邓明宽当不上县长，他这个书记恐怕也坐不安稳。为了让杨向荣尽快交出权力离开边城，息事宁人，顾武生笑着说：“想不到杨县长对部下如此器重，关心他人胜过自己，相比之下，我顾武生惭愧不如啊。按理说西国安也是我的部下，是我对他关心培养不够，西国安没有上来，责任在我。你今天倒是提醒了我，是该提拔他了，这样吧，扶正主任职位，我立即就办，至于常委一职嘛，要上级有关部门批准，我亲自去办，你就放心吧。”

“那当然放心，顾书记向来都是一言九鼎，金口玉牙之人，令向荣敬佩不已啊。”

“我乃日薄西山之人，随时准备回家卖红薯啰，恐怕是九言不足半鼎啊。不过只要我在位一天，有什么事你就尽管提。”

“我别无他求，仅此而已，拜托了。”杨向荣说完就告辞走了，回到他的办公室，叫过西国安，两人谈起了去留问题。杨向荣沉重地说：“我在边城代县长两年，你也跟着我代主任两年，可以说你当了半个家，你对我的帮助我铭记在心。现在我要走了，可你仍然还要继续代理主任。”

“我知道，您是在安慰我，我早有思想准备，就连代理主任也未毕能保得住。”

“不，顾书记答应要你接任两办主任，运气好的话还可以进常委班子。”

“您将顾书记的军啦？不然他是不会想到我的，这点我比谁都清楚。”

“我不是单纯为了你个人去将顾书记的军，我是为边城人民着想。我认为你是个思想开放而又肯干事业的人，特别是你熟悉边城古今建设的历史，这是任何人都比不上的。如果边城让你当家，你一定会干得很出色，至少比顾武生、邓明宽他们干得好。”

“您过奖了，即使是您说的这样，我也不想在边城干。”

“那是为什么？”

“您想想看，您上有省长撑腰，下有弟兄们捧场，可在边城想继续干下去都不行，我西国安还能干下去吗？我西国安就是有天大的本事，也跳不出顾武生那个边城如来佛的手心啊。”

“那你有何打算？”

“如果杨县长不嫌弃我的话，在您找到新岗位后，我还是当您的配角，做点具体工作。”

“不，你一定要听我的，留下来，坚持就是胜利。要把眼光看远点，也许黎明前的黑暗很快就会过去，曙光就在前头。”

“即使像您说的那样，我有幸进了常委，也是瞎子的眼睛——配相的。夹在顾武生与邓明宽之间，还有我说话的余地吗？我在那架空层生活，只怕是度日如年。”

“在官场上立足，要有在夹缝中求生存的思想准备，还要有绝处逢生的精神，更要有武松明知山有虎，偏向虎山行的胆气。前怕狼后怕虎，反被虎狼扑。你勇往直前，说不定虎狼追不上你。你就安下心在边城干吧，山不转水还转呢。”

西国安既不失落，也没抱更大的希望，说：“好吧，我按您的意见，坚守边城，走一步看一步吧。不过，当我实在走不下去的时候，我还是要投奔您的，到时候您可要收留我呀。”

“好了，先不谈这些了。我准备一下，有事我随时叫你。”

西国安走后，杨向荣将办公室清理得井井有条，准备交给新任县长邓明宽，杨向荣坐在边城县老爷的那把转椅上，情不自禁地端详着身下那把转椅，他记得两年前他第一次坐到这把转椅上时，问过西国安，边城的这把转椅上转坐过多少县老爷？当时西国安答不出来，他也无法考证。但是他知道自己在这转椅上坐了两年，他还想继续再坐一届，可又被无情地转走，转椅要交给下一届的新老爷邓明宽。杨向荣深知邓明宽的为官之道，不会给边城人民带来好运，不是什么人坐到县老爷这把转椅上，都会给子民带来好运的。西国安曾经告诉过他，边城县老爷的转椅上坐过像陶侃这样的为人称颂的父母官，也坐过朱王爷那样的祸国殃民之官，还有像赵糊涂老爷那样的毁灭历史文化遗产的昏官。他杨向荣则是挽救恢复历史文化遗产、造福边城百姓的贤明老爷，他不敢与陶侃比功德，但他相信，边城人民不会骂他杨向荣是昏官贪官。

杨向荣习惯地开启电脑，打开县长信箱，心里在想，这次也许是他最后一次打开县长信箱了。“多一口”又给他发来信息：

“杨县长，您竞选县长失败，您知道是什么原因吗？”

此时，“多一口”也恰好在网上。杨向荣立即回复说：“这么说你‘多一口’知道原因啰？”

“当然知道。”

“那你是否可以赐教？”

“当然可以，不过尚未到时候，时机成熟我会说的。今天我想给你讲个故事。从前，世界上没有丑恶，全是美好的东西，突然有一天，天上掉下洪水猛兽，要毁灭这个美好的世界。有一对男女说，我们两个赶快躲起来吧，等洪水猛兽走了我们再出来。那个女的说，这世界美好的东西不能全部叫洪水猛兽毁灭，我们要带一点躲起来。因为洪水猛兽来得太突然猛烈，两人来不及留什么。那个男人顺手在空中抓了一把，然后用双手死死地捂住躲藏起来。等洪水猛兽过后，男女两人出来一看，世界什么都没有了，只剩下了他们两人。那个男人说我总算用双手扣紧留住了一点世界美好的东西。那个女的说美好的希望就在你的双手里面。那个男人打开双手一看，除了空气什么也没有。那个女的问美好希望是什么？男的说什么也没有。女的说难道什么也没有就是美好希望？男的说希望是什么谁也看不见。因此，希望在眼前却看不到。”

杨向荣看过这个故事后，心里在想，眼前看不到希望，那就是希望在未来。杨向荣想知道告诉他希望在眼前的人是谁，就打字问道:“你能告诉我你是谁吗?”

对方打字回答说：“你知不知道我是谁都无关紧要，不过我已经告诉你我是‘多一口’，‘多一口’就是我。重要的是你要知道自己是谁。”

杨向荣只好打了“多谢”两个字，就关闭了电脑，重新进入了回味中。他就要准备将边城政府权力移交给新任县长邓明宽了。这时，突然噩耗传来，他的爱人杨彩云因车祸身亡。来不及想太多，他大声叫喊西国安。

西国安听到喊声，立即跑过来说：“杨县长，有事吗?”

“快，开车送我。”

西国安见杨向荣十万火急的样子，也没敢多问，忙答应说：“好，我就去开车。”

西国安向停车坪走去，哪知杨向荣比西国安还走得快些，西国安只好掏出遥控器打开车门锁，西国安还没有上车，杨向荣就坐上去了。西国安发动车，回头问了一句：“去哪?”

“去省城，快!”

西国安开车向省城方向飞奔而去，看杨县长那十万火急的神情，又不好直问，一边开车，一边在心里猜想，不知何事如此惊慌？是因为没有选上县长回省城找关系？不是，杨县长不是那种靠找关系往上爬的人，再说，就算是找关系，也不会如此惊慌啊。是因为新职位的问题吗？也不是，新职位并没有公布，就算有点小道消息，也不用十万火急地往省城赶啊，再说，杨向荣对新职位从来就是持顺其自然态度，绝不强求。是因为父母去世吗？也不是，如果是父母去世，此乃自然规律，七十三，八十四，阎王老子不请自己去，尽管悲伤，但不至于闭口不言。是因为老婆孩子病了吗？更不是，如果是老婆孩子病了，这也不是说不得的话。那又是什么呢？西国安猜不出来，只好不时地从车内的反光镜上观察杨向荣的神情。

杨向荣不说什么事是因为他不相信爱人杨彩云真的死了，也许是伤势太重，应该还有救。可杨向荣又否认这种可能性，只要有一线抢救希望，报信人就绝不会报死讯。想到这，杨向荣情不自禁地流下了两行热泪。

西国安在反光镜上看到杨向荣流泪，知道情况不妙，怕问到杨向荣的痛处，不敢说话。车开到省城家门前，杨向荣下车看到眼前场面，知道一切都晚了……

西国安终于明白了杨向荣惊慌悲伤，不敢说出真情的原因。可是杨向荣突然离开边城，去了什么地方？顾武生，特别是等待接管政府权力的邓明宽，还有边城的要员们都不知道。西国安想提醒杨向荣，是不是给顾书记通报一下？这么大的事，边城政府不来人，似乎不通情理。但是杨向荣没有指示，西国安不敢贸然开口。杨向荣担心西国安通报给顾书记，边城几大家来一大帮人，把本来悲伤的事弄得很热闹，就嘱咐西国安说："边城那边就不要再通报了，等我处理完后事就赶回边城。"

西国安点头回答说："是，没有您的指示，我不敢多嘴。"

杨向荣与西国安离开边城，邓明宽心里又急又忧，首先找到顾武生问："顾书记，杨县长说就要交接的，怎么突然不见了？"

"西国安呢？有西国安就会找到杨向荣。"顾武生反问。

邓明宽回答说："西国安也不见了，门卫说西国安开着车出去了就没有回来，不知去了哪里。"

顾武生预感不妙，不安地问："是不是去了省城？"

邓明宽眼前一亮，慌张地说："很有可能，如果杨向荣秘密去了省城，恐怕不是好兆头。"

顾武生若有所思地说："是不是杨向荣嗅到了什么？"

邓明宽拍着后脑勺，更像是自言自语地说："不会吧，应该不会有什么问题。"

顾武生在心里自我安慰，但还是抑制不住担心，提醒邓明宽说："反正不是好事，要多加小心，你想办法向西国安家人打听消息，家人应该知道他的去向。"

邓明宽答应说："是，明白。"

正在顾武生、邓明宽担惊受怕的时候，杨向荣、西国安回到了边城。杨向荣首先去了顾武生办公室，表示歉意说："走得太突然，到了省城才知道是我爱人出了车祸去世，我怕惊动你们，是我叫西国安不说的，叫你们担心了，对不起。"

顾武生一听是回省城处理爱人的后事，一颗悬着的心落了地。假装埋怨说："杨县长你也真是的，出了这么大的事也不说一声，边城怎么也得去几个人帮帮忙嘛。"

杨向荣解释说："当时我也是急糊涂了，完全不相信，只是一个劲地想赶回去看她，到家才确信她真的走了。过几天等上级组织部门的同志来了，我就和邓明宽同志进行交接。"

顾书记听到杨向荣要很快交接的表态，内心很激动，急忙客气地说："据说你的新岗位调令就要下来了，等来了新调令再交接吧。这几天你就休息，工作有我顶着。"

杨向荣这几天确实也没有心思做更多的工作，一是他已是落选的县长，等着交权。二是他刚失去爱人，还在悲伤之中，心情也平静不下来。工作考虑少了，个人的事就会想得多了，特别是晚上，想到自己就要离开边城了，愿意多在大街小巷里转转，多了解一些边城人的生活。也不知怎么的，几次无意中总是转到糖厂家属区余晶的楼下……

几天过去了，上级组织部门给杨向荣送来一纸调令，调任宝都市代市长。杨向荣接过新任调令，没有荣升的喜悦，反而心情沉重。他想，自己一个县长都选不上，当不了县长，可上面又给了他一个比县长还大的市长职位，无论当县长还是代市长，都是体现了少数几个人的意志，治府治国必须要有法度，依法治理，就不会因个人意志出现变故，杨向荣在心里呼唤着。中国什么时候才能出现为官的法度呢？有了为官之法，铁打的衙门，流水的官，无论怎样流，都离不开法治之道，那些“朝廷有人好做官，一朝天子一朝臣”的人治之道就会一去而不复返。杨向荣心里坚信，人治时代的冬天已经到来，法治时代的春天还会遥远吗？

杨向荣把边城衙门的权力移交给邓明宽，告诫邓明宽说：“请你记住，水能载舟，也能覆舟。”

邓明宽还沉浸在升职的喜悦之中，对杨向荣的告诫并不理会。

杨向荣踏上去市府赴任的道路，顾武生、邓明宽带领几大家的主要官员前往送行，顾武生握着杨向荣的手说：“我早就知道，边城这个地方太小了，市府才是你应该去的地方。我顾武生没有什么好说的，还请杨市长多关心照顾我们边城这个穷小地方，给点倾斜政策，我替边城人民谢谢你。”

杨向荣不好正面回答，只当顾武生是在说场面上的话。其实杨向荣心里清楚，顾武生巴不得他快点走。还是西国安实在，真诚地说：“杨市长，让我再开一次车，送送您吧。”

杨向荣对顾武生说：“顾书记，您就带大家回去吧，西国安再当一回司机开车送我去就可以了。”

顾武生也不远送，挥了挥手就此留步。杨向荣挥挥手钻进小车里。西国安左脚踩下离合器，右手挂上挡，右脚加大油门，小车向前驶去。杨向荣真诚地说：“西国安，你是我的部下，更是我的朋友，我走了，你的工作会更加艰难，这点我很清楚。你现在进了常委班子，要承受更大的压力，但无论有多大的压力，你都要挺住，切不可泄气，说不定山不转水转。邓明宽这次选上县长，我感觉他们在背后玩了花样，只是没有抓到可靠的证据，一时无从着手。本来我还想请求上级重新选举的，没想到新岗位调令来得这么快，只好先赴任再说。”

“我也认为这次选举有问题。六六顺突然跳出来，不是偶然的，我看他们早有准备，背后一定有名堂。有人透露，六六顺在开会期间，给代表发了红包，说不定问题就出在红包上。”

“这倒是一个很重要的线索。如果真有贿选之举，那邓明宽任县长就是非法的。你先把情况摸准确，必要时我会向有关部门报告，严厉查处此事。”

“我回去后，先侧面访问，有结果后再向您汇报。”

“当然也不要节外生枝，必须实事求是。”

“我西国安不会没事找事的。”

“那我就放心了。”

西国安开着小车出了县府大院，动情地对杨向荣说：“杨县长，不，杨市长，此时我想起了唐代诗人王昌龄贬龙标时作了一首《送柴侍御之武冈》的诗句：

沅水通波接武冈，送君不觉有离伤。
青山一道同云雨，明月何曾是两乡。

“沅水边的龙标接巫水通边城武冈，所以王昌龄说青山一道同云雨，送君不觉有离伤，有了明月就有一块共同的蓝天。”

杨向荣笑了笑说：“王昌龄这首诗恰到好处地描绘了离别之意，伤离不伤意，意在明月中，就让明月照肝胆吧。”

西国安接着说：“是啊，一切尽在不言中……”

25

杨向荣、西国安开车出了县府大门，进入陶侃路，往东北行驶，向市府方向行进。出了陶侃路就意味着他杨向荣真正离开了边城，不再是边城人民的父母官了。这时他才真正深刻地理解一位名人说的“人只有最后离开那个地方的时候，才觉得那个地方可爱”的真实内涵。车窗还没有关，杨向荣把头伸出窗外，惊奇地发现街道两边有人群自发地夹道为他送行，街中还扯起一幅大横幅，上面写着：“杨县长您一路走好。”

杨向荣激动地向人群招手，西国安放慢车速，缓缓向前。夹道相送的人群纷纷向杨向荣挥手致意。杨向荣十人感动，他想，他杨向荣竞选县长失败落选，应该是被人瞧不起的时候，也可以说是他官场落难的时候，是被人唾骂的时候。可边城百姓却那样真心地理解他，特意夹道为他送行，这是杨向荣万万没有想到的。杨向荣此时绝对相信不是由于他高就市长而为他送行的，因为他高就市长的事只有像顾武生这样的官场之人才知道，百姓们是绝对不知道的。边城百姓只知道邓明宽当选新一届县长，杨向荣惨败落选，落选必然要走，百姓是真心实意地为他送行。这时杨向荣想起了“冯谖客孟尝君”的故事，孟尝君罢官受贬回薛地，百姓夹道迎接他。孟尝君是冯谖替他买了义的原因，那么他杨向荣又是什么原因呢？在边城可是没有像冯谖一样的人替他买过义啊？杨向荣正想着，小车来到了陶侃路的尽头，西国安把小车停下来，这里的人最多，路边还摆放了一台录音机，正在播放歌曲。杨向荣听到歌中唱道：“天地之间有杆秤，那秤砣是老百姓……”

杨向荣的小车无法再往前开了，陶侃街中间跪着三个人，头顶着三个陶瓷碗，碗里盛满清水。杨向荣想起自己上任时做的那个梦，眼前这碗正像是梦中边城百姓盛满黄酒、浊汤、清水的那三大碗，莫非真的梦成现实？杨向荣仔细一看，这三个人都认识，左边的是高考状元卢一鸣的娘，中间的是铜鹅馆的老板王少雄，右边的是济水河桥头的黄桂花。杨向荣打开车门，走上前，激动地说：“乡亲们，你们这是干什么，我杨向荣受不起啊，赶快起来吧。”

王少雄双手举起清水碗，真诚地说：“杨县长，您不是做梦都想喝边城的清水吗？我们三个敬献的都是边城最好的武陵井水，清澈透明，喝碗清水再走吧。”

一鸣娘、黄桂花也将清水碗举起，齐声说：“杨县长，请喝水。”

杨向荣见三位仍然跪着不起，只好自己也跪下，动情地说：“乡亲们，你们的心意我领了，我喝，我全喝。”

杨向荣接过王少雄头顶上的清水碗，一仰脖子，咕咚咕咚喝了个底朝天，又接过一鸣娘、黄桂花头上的清水碗，把清水喝了下去，放下碗，扶起三人。众人拉着杨向荣的手说：“杨县长，黄桥乡被解救回乡的孩子们都来送您了。”

张大嫂话音一落，张桂花、朱茜茜等人就上前向杨向荣献花。杨向荣接过鲜花还未来得及说话，一些他认识和不认识的人也纷纷上前献花，杨向荣实在抱不过来，只好连说：“谢谢啦。”

杨向荣将鲜花放下，小桃源古庙小学尹竹英老师带着学生们向他行礼致敬，一个小学生上前要给他戴上红领巾。杨向荣蹲下，让那个小学生把红领巾给他戴上。杨向荣激动得流下了眼泪，没想到他杨向荣做了一点职责范围内的事情，竟受到边城人民如此爱戴。

杨向荣正与为他送行的人握手告别，听得有人大喊一声：“向当今陶侃式的父母官致敬。”

杨向荣明白了，原来是边城百姓把他比做晋代的陶侃县令了，他想起西国安曾经讲过陶侃在边城当县令为人父母官的故事。

那是陶侃就任边城县令时，官轿行至距衙门还有二十里的官道驿站，州县志记载说：“予家于石羊渡，司渡者以舟济往来人，而用输于官。”也就是说此渡既是两岸行人舟济往来之渡，也是输送过往官员之驿站，官员人等到此须下马。陶侃官轿行到此驿站时，济水河正在发洪水，驿站公差建议陶县令等洪水退后再过渡。陶县令为了不耽误上任期限，顶着洪水过河。途中将一个10岁的小孩从洪水中救上船，带到县衙，像父母一样关心爱护那个小孩。从此，边城人称陶侃为父母官。后来边城还有像陶侃一样的父母官，有唐代的柳公绰，元代的柳不华，明代的白素等老爷，他们都带养过无家可归的孤儿，培养过像于子仁那样的栋梁之材。后人有《柳侯颂》诗曰：

前有公绰，武冈父母。
今之君侯，毋乃其后。
足我衣食，安我田亩。
我子我孙，与侯同久。

杨向荣这时也想起了，他也像陶侃、柳侯、白素一样，帮助过一个不满14岁的少女肖玉。

那是在一年前的一个白雪飞舞的晚上，杨向荣的小车从公路建设工地上回到县城，也是在这陶侃路街巷上，突然一个少女跪倒在小车前。杨向荣急忙下车将少女扶起，少女哀求说："请救救我，救救我……"

少女话还没说完，就大哭起来。杨向荣亲切地问："小姑娘，你先不要哭，因为什么求救？告诉我，我为你做主。"

任凭杨向荣怎么问，小姑娘只一个劲地哭，说不出话来。

这时，余晶居然带着喘息赶到现场，她开口说道："杨县长，我来替小姑娘说吧。她叫肖玉，是肖西的侄女。原本有个幸福的家，父亲肖南因赌博舞弊被赌徒发现，被活活砍死，母亲姚红娘与一个叫赵老大的男人鬼混去了。肖玉只好跟叔叔肖东在一起生活，可是叔叔家还有两个孩子，本来就困难的家就更加困难了，但总算还有个安身的地方，艰难度日。去年7月，姚红娘把女儿肖玉从叔叔身边接走。肖玉当时心里充满了希望，她满以为在母亲的爱护下，会生活得更幸福。可是姚红娘不但连上学坐公共汽车的2元钱都不给她，让她走路去上学，更甚的是还逼着她向同学和老师们借钱，借到钱后，就拿去吸毒。肖玉先后向多个人借钱达上千块，只借不还，在学校造成了不好的影响，后来就再也借不到了。姚红娘为了弄到钱吸毒，便打起了女儿的主意。她强行把肖玉带到南天宾馆开了一个房间，与一个40多岁的男人以2500元的价格成交，保证绝对黄花，开苞见红。那男人进房间后，肖玉不知道他要干什么，害怕极了。那男人说：‘你妈拿了我的钱，让我来开你的苞。’肖玉一听，如五雷轰顶。天呐，自己还是一个不足14岁的小孩，当妈的怎么这等狠心，让女儿去干这等事情。肖玉精神崩溃了，脑袋一片空白。可那男人出了钱，不管那么多，兽性大发，强行扒掉肖玉的裤子，进入了肖玉的身体。痛得晕死过去的肖玉，任凭那男人发泄兽性……就这样，肖玉的贞操被自己的亲生母亲以十个二百五的黑心价出卖了。

“从此，姚红娘天天强逼肖玉跟她进出歌厅、宾馆，收了男人的钱后，就强逼肖玉去歌厅陪唱，去宾馆卖淫。歌厅老板见肖玉那么小，被男人从歌厅拉去嫖淫有点看不下去，询问过姚红娘。姚只说是她的邻居，17岁了，没问题的。就这样姚红娘每天收取女儿的卖身钱，又与赵老大去吸毒挥霍。肖玉实在忍受不了男人们野蛮的摧残，向母亲姚红娘哭诉求情，也到父亲坟上伤心痛哭过，可是姚红娘反倒看管得更紧，想逃都逃不脱。肖玉说她从小就会唱《世上只有妈妈好》的歌，可是她的贞洁就是毁在自己亲生母亲手上的，这样的妈妈好吗？

“肖玉最后只好向歌厅姜老板求救，姜老板可怜这苦命的孩子，帮助她从厕所逃出去了。姚红娘不见肖玉，跟歌厅老板大吵大闹，威逼老板交人，要不然就不客气。姜老板只好对肖玉说：‘阿姨保护不了你，你去向警方报案吧，只有警察叔叔才能真正救你。’我跟姜老板认识，这件事我也是刚刚知道的，但我知道了就一定要管，这么小的孩子不能就这么受摧残。肖玉，我说得没错吧？”

肖玉点点头，表示说得对。

杨向荣问小姑娘说：“那你怎么不去找警察叔叔，为什么拦住我的车呢？”

“歌厅老板帮我逃出来，我妈在后面追我，我没办法，跑到街上拦车求救，就跪倒在你们的车前了。”肖玉刚说到这里，她妈姚红娘就找上来了，拖起肖玉就走。肖玉不肯走，哭喊着叔叔救我呀。杨向荣见姚红娘如此狠毒，气愤地大声喝道：“住手，你这样的母亲还有人性吗？”

姚红娘恶狠狠地反唇说：“哼，我管我的孩子，关你个屁事，你回家管你自己家的孩子去。”

杨向荣一看这等泼妇，必须绳之以法。顺手拖过肖玉，命令西国安给110打电话。姚红娘见势不妙，撒腿就跑。不一会儿，110巡警赶到，前去追赶姚红娘……

杨向荣正在回忆，恰见肖玉从送行的人群中挤出，“扑通”一声跪倒在杨向荣的小车前。但这一次她不是求救，而是来为杨向荣送行，她要再次跪谢救她的恩人，要不是杨县长，自己还不知道要惨遭多少男人的蹂躏。杨向荣将她从地上扶起，亲切地告诉她：“要好好读书，考大学，拿起法律的武器保护自己。”

肖玉流下了眼泪，但这次不是从前痛苦的眼泪，而是感激加上送别的激动的泪花。她从内心真诚地感谢杨县长，她会永世不忘这位曾经救过她的父母官。杨向荣拉着肖玉的手，眼睛却向周围的人群中搜寻，他以为余晶也会在人群中出现，可是看了好大一阵，却不见余晶的身影，平日里还能看到的熟悉的身影，今天当他杨向荣最后离开边城的时候，却再也见不到了。杨向荣只好把自己事先写好的一封信交给肖玉说：“好孩子，你把这封信交给余晶阿姨好吗？”

肖玉点着头，表示一定送到。

杨向荣说完就钻进小车，伸出头来向肖玉和送行的人群招了招手，小车开出了陶侃路，西国安加大油门，向北方向驶去。

余晶从人群中挤出，一把拉住肖玉。肖玉立即将杨向荣的书信交给了她，余晶迫不及待地打开杨向荣给她的信，一字一句地读起来……

余晶女士：

多日未见，我只好写信给你。我就要离开边城，去宝都市任代市长了，虽然边城还是在宝都市的管辖范围，但我仍然放心不下边城人民，更放心不下你。与你相识后，一直在用理智压制自己。你在很多场合闪现一下就消失了，说句实在话，我既希望你出现在我面前，又不敢见到你。我在竞选县长失败的那天，突然接到妻子车祸身亡的噩耗，精神几乎崩溃。当我料理完妻子的后事回到边城，我多么想得到你的帮助和安慰，因为你说过只要我愿意，你的心永远向我敞开，可我来到你的窗前，就是没有勇气敲开你的大门。我无法向你说起妻子车祸归天的事实，我怕对不起她的亡灵，理智和情思困扰着我……我要离开边城了，有很多的话想对你说，但又不知从何说起，我离开边城后，请你不要恨我……

一个性情中的男人杨向荣

余晶这才理解一个官场中男人的心思，此刻她才真正了解一个性情中男人的苦衷，她恨自己没有勇气去打开这个男人的心灵，望着杨向荣远去的车影，她真想飞奔着大声呼喊：“我出现了，你看到了吗……”

可是，余晶就是飞也追不上去了，再大的声音杨向荣也听不到了。

其实余晶平日里并不是不想见杨向荣，而是太想见他了，她深爱这个男人，怕给杨向荣添麻烦，才有意避开杨向荣，多少次她躲在暗处，在杨向荣露面的场合，看杨向荣如何为民办事。她也知道杨向荣有家室，她是不可能得到他的，因为杨向荣是一个负责任的男人，负责任的男人才是真正的男人，余晶只有心怀暗恋，不敢在杨向荣面前表露。当她得知杨向荣的妻子去世后，他承受着双重压力和折磨，比她余晶更痛苦，那才真的叫苦恋。如果余晶早知道的话，她会冲上去，勇敢地投入杨向荣的怀抱。只可惜如今什么都晚了，杨向荣人去情断，剩下的只有“不要恨我”的期望了……

此时的杨向荣加倍地怀念他的妻子杨彩云，他与杨彩云之间甚至不能用青梅竹马来形容，两人是吃同一个锅里的饭长大的，有着特殊的感情。回忆将杨向荣带回到十多年以前的时光，那是在杨彩云20岁生日的时候，杨向荣在书房兼卧室里看书，杨彩云兴高采烈地走进书房，见杨向荣在看书就问：“哥，你看什么书？”

“法国作家雨果的《悲惨世界》。”

杨彩云上去一把抢过杨向荣的书说：“今天不许你看《悲惨世界》，要陪我说话。”

“别闹，把书给哥。”

“谁跟你闹了，跟你说正经话。”

杨向荣不耐烦地说：“你有什么话就快点说，说完把书给我。”

“哥，你老实说，你爱不爱我？”

“废话，我是你哥，你是我妹妹，我只有一个妹妹，不爱你爱谁啊？”

“我要你完全意义上地爱我。”

“傻妹妹，哥啥时候不完全了？你还记得么，我读初中，你读小学的时候，有一天，一个比我大十多岁的无赖欺负你，我上去硬是把那个无赖打翻在地制伏了，回家后你不解地问我，一个小孩怎么把大人制伏了呢？我告诉你说：讲理的怕不讲理的，不讲理的怕狠的，狠的怕愣的，愣的怕不要命的，我跟他拼命，所以那个无赖怕我。以后谁敢欺负你，哥就跟他拼命。20 年了，不都是哥在保护你么，我当然是完全意义上地爱你。”

“我说的完全意义不是你说的那个意思。”

“那又是什么意思？我不明白。”

杨彩云丢下从杨向荣手上抢过来的书，猛扑到杨向荣的怀里，柔情似水地说：“我要你娶我。”

杨向荣伸手摸了摸杨彩云的额头说：“你是发烧说胡话吧？”

“哥，我说的不是胡话，是真心话，我和你没有血缘关系，完全可以结婚的。”

“我说你真是个傻孩子，你做了我 20 年的妹妹，怎么一下子就不是我的妹妹了呢？”

“你还不知道我的身世吧？告诉你，我不姓杨，也不叫彩云，我叫阎霞飞。我妈和你妈同时在医院生小孩，又都是女孩，结果医生护士抱反了，就这样我就成了你的妹妹啦。”

“你听谁说的？”

“你妈说的。”

“傻妹妹，那是妈逗你玩的，你也信？”

“不是逗我的，是真的。爸妈接到一位律师送来的医院亲子鉴定书，背着你我去了医院做了亲子鉴定，你真正的妹妹杨彩云不是我。爸妈问我怎么办？我说那我就嫁给你，他们高兴极了，不信你去问。”

杨向荣做梦也没有想过，相伴自己 20 年的妹妹竟然不是他的亲妹妹。因为杨彩云聪明漂亮，杨向荣还在朋友同学们面前炫耀，有些人要让他动员妹妹嫁给他们，他还打消他们的积极性说：“就你们现在这德行，要想得到我妹妹，没那么容易。”

杨向荣突然知道自己的妹妹不是亲妹妹，还亲口说要嫁给他，这样的好事上哪去找啊，杨向荣打心眼里喜欢她，激动地抱着杨彩云说：“好妹妹，你说的是真心话？”

“好哥哥，你妹妹是拿爱情开玩笑的人吗？”

“好，只要这一切是真的，我一定娶你。”

两家经过商量，杨彩云、阎霞飞的名字都是符号而已，就不用改了，一来叫着习惯亲切，二来也省去了许多麻烦，既是女儿又是儿媳，反正是他杨家的人，就继续叫杨彩云吧。就这样杨彩云与杨向荣结了婚，十多年了，两人感情一直很好，真可谓模范夫妻。只可惜杨彩云撒手西去，让杨向荣痛苦不已。

此时，杨向荣又想起在边城上任期间，有一个在背后给他提供信息，默默帮助他的人“多一口”。这个人究竟是谁？为什么要全心全意地帮助他杨向荣呢？杨向荣始终没有对上号。凭感觉好像很熟悉，一切都在其眼皮底下，可惜不见其人。问他是谁，回答说就是“多一口”。杨向荣反复在心里念道：“多一口……一口多一。”

杨向荣恍然大悟，一口多一乃是日字，一日为日，二日为双，双日为昌，三日为多，多日为晶，岂不是余晶吗？肯定是她，只有她才会有心关注、帮助他，可惜自己没有早日悟出，真是事到成时方为解，离去才知有真意，事后才见诸葛亮。

小车离开边城陶侃路远去，杨向荣又想起西国安爱人的事来，就问：“西国安，你爱人的玉兰片加工厂情况怎么样了？”

西国安回答说：“对了，这事本来早就要向你汇报的，我老婆她不让我说，她说找个机会她亲自向杨县长汇报，没想到你走得突然，还是我来说吧。她这个小厂开办不到两年，由刚开始的3个人发展到10个人，全部都是下岗女工，其中还有一个你认识的特殊下岗女工。”

“谁？”

“何双桂。”

“就是那个号称‘活神仙’的小巫婆？”

“对，就是她。她的骗术被你揭穿后，边城人再也不去她那里罡仙了，从某种意义上说，这叫第二次下岗失业。我老婆是她的同学，主动请她到小厂来做工，她高兴地来了。她说干骗人的把戏总是担惊受怕的，还是做点具体事心里踏实。现在她是小厂的主力，我老婆的得力助手。”

“说明她本质还是好的，只是一时受了邓明宽的诱惑蒙骗，才干出骗人的傻事来。”

“要不是您给邓明宽施加压力，戳穿他们的骗人勾当，还不知要骗多少人呢。”

“正义总是要战胜邪恶的。”

“你帮她们办理的银行贷款也还清了，明年她们还准备扩大加工生产，省城几家超市跟她们签订了供销合同，可以说是供不应求。可把我那老婆乐坏了，现在她再也不数落我西国安狗腿子狗熊了，仿佛变了个人似的，每天回来老公长老公短的，比当了皇帝还开心。前几天还买了台电脑，准备用电脑做账。只是还不懂电脑操作，正在练习打字，比捉虫还慢，可劲头十足。再说她们的产品质量，别看她们是新手，做出来的东西不比给皇帝的贡品差，为了显示她们产品的一流品质，特意叫我给您带来了两包，她说只要杨市长喜欢吃，她们免费提供。”

“哈哈，你爱人还真不简单呐，说给她一个支点，能把地球撬起来，看来还真不是吹牛咧。”

“至少说明她还是一个能干事情的人。”

“看来你西国安还得重新认识你爱人。”

“是得重新认识。”

杨向荣、西国安一路说着话，前面交警拦车指示绕道前进。西国安停车一看，是货车翻车事故，没有人员伤亡，救援车正在起吊，就对杨向荣说：“有交警在处理，我们就绕道吧。前面有条古道，你没有去过的，也算是你最后真正走完边城的山水吧。这个地方叫文武渡，自古乃交通要道，后来大路修通后，此渡就基本废了，只有当地村民自己通行，外村人却几乎遗忘了那个角落。只有在大路出交通事故时才成为临时绕行通道，今天正好赶上了，也算是您与边城的最后缘分吧。”

“也许是吧，只要有缘绕都会绕到那里。我这一绕过去，可就真正离开边城了。我很喜欢听你讲边城故事，在这最末端的边角地还有故事吗？”

“还别说，这里还真有个故事，也算是我在边城给您讲的最后一个故事吧。

“话说这里是古时候进入边城的一个驿站，又在河岸边，来往官差无论是骑马还是坐船都要从此经过，这渡口驿站前立了一块石碑，上面写着：官员人等到此下马。有一次，恰好有文武两官员同时到此下马过渡。文官说：‘自古万般皆下品，唯有读书高。我乃皇榜状元，是治理社稷之谋臣，理当先行过渡。’武官却不服气，也摆出理由说：‘我乃开国之功臣，江山社稷之卫士，没有我武将定乾坤在前，岂有文臣治理社稷在后？理当我武将先行过渡。’渡船老艄公见文武二官相持不下，就出了个主意说：‘二位文官武将，依老夫愚见，各即兴赋吟一对子，胜对者先上船过渡如何？’文武二官都说：‘好，对就对。’武官指着渡口小船脱口而出：

二舟同行，橹速哪有帆快。

“文官一听武官出典的是三国鲁肃和西汉樊哙两员大将。身为文官，心中自有文官谋士千千万，张口就对：

八音齐奏，笛响怎如箫和。

“武官一听文官出典的是大唐狄相狄仁杰和西汉相国萧何。心里极为佩服，不愧是舞文弄墨之人。

“文武二官比个平手，于是两人击掌言和，牵手同船过渡。文武二官过渡后，人们就把这个渡口叫文武渡，驿站就叫文武渡驿站。如今这个驿站早就没有官员人等到此下马了。”

“可我们今天到此下了车啊。”

“也许是历史的巧合吧。过了这个渡口就可绕上国道，可以一路顺畅地直奔市府大院。”

杨向荣的小车还未进市府大院大门，市委市政府几大家的领导、两办人员、机关干部早就在市府门前等候了。杨向荣刚下车，省长刘长远、省委组织部部长文宏盛的小车也恰好此时赶到，寒暄握手后，众人直奔市府会议室，机关干部早已坐在会议室，等待省长刘长远宣布新到任的代市长……

26

杨向荣在边城竞选县长失败，可败在什么地方，他苦思不得其解。不论他的能力、为人、功绩，还是上层关系，他都占绝对优势，可以说在当今边城乃舍我其谁。本来他还想大刀阔斧轰轰烈烈地在边城再干一届的，没想到虎落平阳，想发威也发不起来，难道这就叫不以人的意志为转移？杨向荣越想越觉得事有蹊跷，有必要去揭开这层神秘的面纱，不能让边城阴云密布，必须还边城一个晴朗的天空。杨向荣虽然身居市长要职，但边城仍在他心中。

在上任途中，杨向荣对西国安说："我竞选县长失败的时候，边城一个叫'多一口'的网民给我发了信息，说知道我竞选县长失败的原因是什么，有机会就会告诉我答案。也就是说这个'多一口'知道一些情况，你可以向她请教。"

西国安不解地问杨向荣："那我怎么找到她呢？"

杨向荣回答说："我猜想'多一口'就是余晶，你想想看，一口多一为日，二日为双，双日为昌，三日为多，多日为晶，岂不是余晶吗？召开人大会议，大多数代表安排住在彼得堡宾馆，余晶在宾馆总台工作，可能会发现掌握一些情况。你回边城不妨去问一下，也许她能提供线索。"

西国安将杨向荣送到市政府后，回到边城，在彼得堡宾馆总台找到余晶。西国安要了一个茶座，两人坐下。西国安首先说："余晶女士，杨市长托我问你一件事，他说你在他竞选县长失败的那天，通过县长信箱告诉他，说你知道他竞选失败的原因。"

余晶惊喜地问："这么说杨县长，不，杨市长他早就知道'多一口'就是我余晶？"

西国安笑着回答说："不，杨县长在去市府上任的路上才悟出'多一口’就是你余晶，这叫事后才见诸葛亮嘛。因此要我问你，他竞选失败的原因到底是什么。”

余晶叹了口气说：“是这样啊，不过，你西国安不用问就知道答案。”

西国安不解：“我？知道答案？开什么玩笑。”

“你这么聪明的人，难道真的看不出来吗？”

“这叫当局者迷，旁观者清，还请多多赐教，指点迷津。”

“西主任非要我点破的话，那我就直说了。人大召开会议，大多数代表住在彼得堡宾馆，我看见邓明宽、陆六顺等人从车上提着一个密码箱下来，然后一个一个房间敲门送红包，当选的当然就是送红包的人嘛。杨向荣不送红包，所以不能当选，这就是杨向荣竞选失败的根本原因。”

“原来如此。”

“不过，你不能听我一面之词，你得亲自去问问收了红包的代表。我建议你先去找找汽车站站长毛开发，因为我看到毛开发开始死活不肯收红包，其中必有奥秘。”

“谢谢你指点迷津。”

西国安告别余晶，按照杨向荣的指示，开始侧面调查了解贿选县长一事，如果事实清楚，证据确凿充分，再立案查办。西国安首先找到边城汽车站站长毛开发。此人性格跟他爷爷毛石高一样，属于墙上芦苇头重脚轻根底浅，风吹两边倒的一类。他的爷爷毛石高在边城红色革命高涨时，曾是共产党在边城的地下党领导人之一。红色革命处于低潮时，国民党要抓捕革命者，被抓捕的同志牺牲在省城南门口。毛石高动摇犹豫了，选择了放弃革命，逃避国民党的抓捕，从此隐姓埋名，以江湖郎中的身份行医为生，后在一家县城医院当了一名中医。自从他逃出边城的那一天，就再也没有在边城露过面，也不敢与家人联系。他的一生都是在担惊受怕中度过的，他既怕国民党，又怕共产党。革命时期他怕被国民党抓去杀头，共产党取得胜利后，他又怕共产党定他为叛徒、脱党分子，抓去坐牢。特别是“文革”时期，他如惊弓之鸟，惶惶不可终日，怕有人查他的历史，揭开他脱党逃离之密，成为一代罪人。直到改革开放，他才托人秘密与家人联系，说他还活在人间，等待落叶归根，而这个秘密也只有毛石高的孙子毛开发知道。毛开发得知爷爷毛石高的消息后，立即北上与爷爷见了面，并告诉爷爷再也不要与家人联系，以免引起不必要的麻烦，影响他的前途，就这样平静了下来。毛开发大学毕业分配到边城汽车站工作，从他公开的社会关系中，大家历来都知道他有个爷爷毛石高曾经是国民党通缉的要犯，共产党地下组织的重要人物，有红色的光辉历史。只是人民政府找不到这位曾经的革命功臣，都认为他是千千万万的无名烈士之一，牺牲他乡了。毛开发一生就借了爷爷的这点红色之光，只是爷爷由于后来那段不堪回首的经历，再也不敢露面于世。也正因为如此，毛开发处事小心谨慎，干什么都谨小慎微，养成了胆小怕事的行为习惯。前段时间在汽车站是原地扩建还是整体搬迁的问题上，可让他犯了难。县委顾书记的意见是整体搬迁，但是投资大，还涉及许多棘手的问题。而杨县长的意见是原地扩建，只花整体搬迁三分之一的投资，就可达到设计规模要求，节省三分之二的投资可以多开发新的建设项目。好不容易，顾书记与杨县长统一了意见，决定汽车站在原地扩建。可是在向前扩建还是向后扩建的问题上又出现了意见分歧。顾武生主张向前扩建，可是受到地形局限，笔直的东向大街被拦腰切断，直街变成弯道，投资加大，且安全美观方面都存在问题。杨向荣则主张向后扩建，只需少量的投资，但要搬迁解放边城时牺牲的烈士陵墓。是向前扩还是向后扩，针对两种不同意见，要毛开发表态，可他始终没说出一个字来，都是顾武生和杨向荣在反复辩论。顾武生的意见说："革命烈士，是为人民打天下而牺牲的，不能惊动他们的陵墓，让他们的忠魂永远安息在那片宁静的土地上。我相信，烈士在天之灵，也不会同意我们这些后来人去动他们的安息之地。我们就是多绕十道弯，也不能去动烈士陵墓。"

杨向荣则动情地说："关于烈士陵墓的问题，我倒有个想法。据我所知，边城有十几处烈士陵墓，都是当时烈士牺牲时就地埋葬的，我想选一个地方，集中建一座烈士公墓，建一座烈士英雄纪念碑，刻上烈士的名字和他们的英雄事迹。再以烈士公墓和英雄纪念碑为中心，向四周扩展为公园，作为边城修建的第一座公园，取名烈士公园。既是边城人休闲游玩的场所，又是革命传统教育基地，号召大家学习烈士们为解放事业不怕牺牲的革命精神。我相信，烈士们的在天之灵，也会同意这种做法。当然我还要说明一点的是，除车站烈士墓搬迁外，其他的烈士墓如无必要，可以原地不动，只是在烈士公墓和英雄纪念碑上刻上他们的名字，记载他们的英雄事迹就可以了，也可以特别说明其原墓地所在地点，这样不就什么问题都解决了吗？”

顾武生与杨向荣讲完后，毛开发还是不敢表硬态，最后表了个模棱两可的态，说顾书记讲的有道理，向前扩建，能让烈士安息，直街就是多拐十道弯，也未尝不可。又说杨县长讲的也有道理，搬迁几座烈士墓，则再建烈士大公墓，一份投资解决了车站扩建和修建烈士公园两个项目，又让直道不拐弯，一举三得。

杨向荣没办法，只好报请省府批准。省府不但批准了这个方案，边城还被认定为革命老区。毛开发按照批准方案，搬迁了烈士墓，扩建了汽车站。但他心里总觉得对不起顾书记，因为没有按顾书记的意见去办，担心顾书记有一天会给他“小鞋”穿，甚至有可能会取下他的站长乌纱帽。当顾书记和邓明宽找他投票选新的县长时，他认为这是补过的机会，不用顾书记明说，他也要按顾书记的意思去办，更何况邓明宽还给了他一大笔投票费，当然就更加义不容辞了。

西国安知道毛开发胆小怕事，先找他了解情况最为合适。一提到竞选县长一事，毛开发心里为之一惊，这样的事一说出去，他毛开发就会有麻烦了。当然不能说，至少不能先说，就答非所问地说了句：“我乃一个普通代表，向来都是随大流，人大代表本就是举手，我手一举就完事了。”

西国安机智地说：“我又不是纪委公安找你调查什么案子，你没有必要那么紧张，我只是找你当朋友聊天，朋友还有什么秘密可言呢？说句实在话，你爷爷那点事儿对于我来说，早就不是什么秘密了。”

毛开发一听到“爷爷”两个字，心里就乱了方寸。其实西国安并不完全清楚毛开发爷爷毛石高的情况，只是在写县长讲话稿时曾经涉及边城地下党的事迹，对毛石高活不见人、死不见尸的情况提出过疑问，曾作为朋友问过毛开发，毛开发虽然没有正面回答，但西国安已猜到了毛石高还活在人世，为什么不敢公开露面，其中必有隐情，只是他不愿意去捅破那层纸罢了。他今天也只是侧面点一下，目的是引起毛开发的重视，他也没兴趣真去揭开毛开发心中的秘密。可毛开发心里慌了，想赶紧岔开话题，千万别在爷爷的话题上转，他西国安不是想了解邓明宽贿选县长的情况吗，说就是了。于是毛开发一股脑儿说出了实情，一万块钱一张的贿选票，那一万块钱他单独存起来了，没敢动一分。

西国安从毛开发那里了解到邓明宽贿选县长的情况，又找了几位关系比较好的代表作了核实，情况大体差不多。西国安写了一份较详细的报告，送交到宝都市代市长杨向荣手里。杨向荣将这份报告转交了宝都市纪委及有关部门后，开始立案查处。案情并不复杂，纸里包不住火，终于一点就破。宝都市委、市纪委发布通知宣布邓明宽贿选县长非法，所选县长无效。

顾武生、邓明宽等人贿选县长事件败露后，边城领导班子就基本瘫痪了。班子成员由谁来出任的问题，宝都市委一时还不好确定，在未开会前，杨向荣找到市委组织部部长向进中，两人一起又去找市委书记肖庆昂，三人准备确定个初步意见，再交常委会讨论决定。肖庆昂书记想了想说："关于边城新领导班子问题，我想先听听杨市长的意见，你在边城干过县长，了解那里的情况，你的意见最直接、最权威。"

杨向荣接着肖书记的话茬说："今天我们三人是交换个人意见，心里想着什么就说什么，我认为边城领导班子是到彻底改组的时候了。首先说顾武生同志，他在边城工作了几十年，在领导岗位上也是干了一届又一届，他是保守观念的代表，边城这些年之所以落后，迈不出发展的大步伐，很大程度上是他的保守观念占着统治地位的缘故。这次他挑选了一个同样保守观念的人贿选上县长，又犯有操作选举的严重错误。顾武生本来也快到退休的年岁了，我看借这个机会，让他退居二线，冷静思考一下，再正式办理退休手续。目前只办正常的离职手续，不作任何组织和纪律上的处分，你们二位看这样冷处理是否妥当？"

肖书记赞同地说："顾武生退离领导岗位是时候了，我也有同样的想法。只是谁去接任他的位置合适呢？"

杨向荣接着说："那就是组织部门的事了，向进中部长是考察干部的，组织部是否有人选？"

向进中也有自己的想法，杨市长点他的名，就直奔主题说了："符合条件的当然有，组织部随时都可以推荐，但是具体落实到谁尚未确定。杨市长了解边城情况，你认为边城副职中有谁能够胜任？"

杨向荣停了一下说："这个'一把手'的位置很关键，据我了解，边城副职中暂时还没有人能够担此重担。我说说个人不成熟的看法，还是在市委机关干部中选人下去为好。"

肖书记接过杨市长的话茬说："你这个想法两年前我就考虑过，当时要不是省委派你下去挂职锻炼，说不定就办成了。今天看来，还得重新考虑这个问题。"

向进中部长心中有数，听到书记、市长说要在市委机关挑选，立即说出了自己的意见："既然书记市长都有这个想法，我倒想起一个人来。"

"谁？"肖庆昂、杨向荣异口同声地问。

"市委宣传部部长伍高明。"向进中点将回答。

杨向荣沉吟着说："伍部长去边城任'一把手'，倒是个好人选，只是他是市委常委，往下走不太合适。"

向进中解释说："省长刘长远不是有个观点，叫做能当好县长的人就能当好市长、省长吗？当年你去边城时，省长不也是这样说的吗？这不，你已经干上市长啦。"

杨向荣笑了笑说："说是这么说，可实际办起来还得考虑实际情况，万一他心里不平衡，岂不事与愿违，达不到预期目的，反倒坏了大事。"

向进中接着补充说："按理不会，他虽然人往下走，市委常委还给他挂着，也就是说在他的常委头衔上再给他加一顶下级机关'一把手'的帽子，伍部长还没有干'一把手'的经历，这次给他一个机会，对他以后的前途只有好处，没有坏处，是不是这个道理？"

肖庆昂书记表示赞成，接着说："有道理，我也赞成。杨市长不是说边城政府观念保守，缺的就是新观念吗？伍高明是宣传部部长，天天向人家宣传改革开放的新观念，自己不会再守旧吧？"

杨向荣高兴地说："这么说我们三人都赞同，那就提交市常委会讨论吧。"

向进中忙说："'一把手'确定了人选，那县长由谁出任合适？两位领导说个意见，我们组织部门再去考察。"

肖庆昂书记用探求的口气问杨向荣："杨市长，你认为边城政府有谁可以胜任县太爷的工作，不会也从市委机关选人下去吧？"

杨向荣想了想说：“选县长嘛，我想应该选一个干实事的人，我心中倒是有个人选，不知二位是否信得过？”

肖庆昂书记追问说：“你说说看，我猜想一定是边城政府的。”

向进中插言说：“书记猜中了，我也猜中了，一定是那个新任常委兼两办主任西国安，对吗？”

杨向荣感到很惊讶，兴奋地说：“这么说二位领导对西国安同志有深刻的印象？”

向进中笑着说：“前些日子你为西国安进边城常委之事，游说过我们组织部门和市委领导们，我一想准是西国安，肖书记你说这还用猜吗？”

杨向荣点了点头说：“算你们猜对了。”

肖庆昂书记接过话茬说：“什么叫算猜对了，就是他嘛。看得出杨市长对西国安寄予了很大的希望。你说说他出任边城县长的理由，我和向部长再给你参考参考嘛。”

“好吧，我就实话实说了。我认为边城必须有一个了解边城情况而又肯干实事的人出任县长。首先西国安对边城古今上下的情况了如指掌，每到一处，他都能说出子午卯酉，来龙去脉。既干实事，又不守旧，既有基层工作经验，又有开拓创新精神。他做县长，一定会成为百姓爱戴的好父母官。他的为人为官之道，想必二位领导也有所耳闻，不是我杨向荣偏信偏爱，向部长可带人下去重点考察。”杨向荣说出了自己想法。

“考察这一步我们已走在你的前面了，前些日子你主张西国安出任边城常委时，组织部就作了全面的考察，就算杨市长不提议，我们组织部也会向市委提出建议，推荐西国安同志出任边城县长。组织部内部已统一了意见，就看市委常委会的讨论结果了。”向进中说出了他的意见。

杨向荣高兴地说：“闹了半天，你们比我还积极。好，就一并交市常委会讨论，再通知边城人大常委会，重新组织召开选举会议。”

宝都市委常委会召开了会议，讨论通过了边城政府领导班子的人选。会后，肖庆昂书记、杨向荣代市长、向进中部长一行去了边城。在边城机关干部大会上，肖庆昂书记正式宣布：“边城县委书记顾武生同志、组织部长黎云山同志，对边城贿选县长事件，负有直接的重要责任，介于他们反省态度较好，又年近退休，经市委常委会研究决定，免去顾武生同志县委书记职务，免去黎云山同志县委常委、组织部部长职务。”

会场一片沉静。肖庆昂书记接着宣布：“边城县委常委、县委办主任邓明宽同志是边城贿选县长的主要责任人，他为了竞选县长，指使边城旅游局局长、第三产业集团公司董事长陆六顺，动用公款108万元，贿赂人大代表，性质恶劣，影响极坏。为了严肃纪律，市委研究决定，邓明宽当选县长的选举结果无效，并免去邓明宽的县委常委职务，听候处理。”

稍稍停顿片刻，肖庆昂书记继续宣布：“边城旅游局局长兼第三产业集团公司董事长陆六顺，直接操纵贿选县长事件，非法动用公款行贿，该案由司法机关立案查处，追缴行贿公款。免除陆六顺一切职务。”

“宝都市委常委、宣传部部长伍高明同志调任边城县委书记，朱大年同志任边城县委常委、组织部部长。”

会场响起热烈的掌声。肖庆昂书记摆了摆手，示意大家安静下来，继续宣布：“市委推荐边城县委常委、两办主任西国安同志为新的县长候选人，请边城人大重新召开会议，选举决定。”

肖庆昂书记宣布完毕后，杨向荣发表了热情洋溢的讲话。第二天，边城人大召开了竞选县长大会，西国安以百分之百的信任票，当选为边城新一届县长。

西国安第一天坐到边城县太爷的转椅上，他也像杨向荣一样浮想联翩，首先想到的是廉洁奉公，勤政为民。因为他是借廉政的鸿运坐到县长这把转椅上的，如果不是顾武生、邓明宽等人因违法乱纪而失蹄落马，他西国安此时是绝对坐不到县长这把转椅上的，既然坐上去了，就要引以为戒，不在廉政问题上栽跟头。此时，一个神话传说浮现在他脑海中：

边城古代有个廉洁奉公、为民做主的县太爷，以屈原“朕幼德以廉洁兮”为座右铭，奉行“治官事则不营私家，在公门则不言货利，当公法则不阿亲戚，举贤能则不避仇雠”之官道，因在位时为边城百姓做了很多好事而功德圆满，得道成仙。成仙升天的那一天，他走出边城衙门，来到边城晏田乡距天最近的高山上，用右手攀上一块巨石升天去了，石头上留下一个大手掌印，人们传说是这位县太爷留下的“官印”。后人为了纪念这位廉洁奉公而成仙升天的县太爷，就将他攀石升天留下手掌官印的巨石取名——大手掌。

西国安知道，传说也是历史的反映，神话是人们理性观念的神格化。大手掌巨石是那位父母官廉政功德的见证。我这位边城人民当今的父母官，虽不能成仙，但也绝不能成为荒淫无度的朱王爷，留下千古骂名，更不能像赵糊涂县官那样，把边城光辉灿烂的历史文化遗产炸毁，留下千古遗憾，让边城人民痛心不已。他要像晋朝陶侃那样，为边城百姓办事，不愧对边城百姓，要像杨向荣那样，恢复发扬边城历史文化，为边城的振兴发展呕心沥血，发奋图谋。

边城发展强盛的蓝图，在西国安心中闪现着，他描绘着与时俱进的春天故事……

杨向荣没有和市委肖书记一起回市府，而是去了余晶家，这次他没有再徘徊，终于鼓起勇气敲开了余晶的大门。余晶打开门一见是杨向荣，一时不相信自己的眼睛，因为那天在陶侃路默默为杨向荣送行的时候，她就认定杨向荣不可能再回头了，她的那份情只能永远埋藏在心底了，她做梦也没有想到杨向荣还会回来。她有点迷惑地问："我不是在做梦吧？"

杨向荣回答："不是梦，是梦成了现实。我杨向荣上任的第一天就说了梦话，可我的梦话都成了现实。"

余晶还是有点疑问地说："你今天来是……"

"我今天来不是从前的杨县长调查情况，也不是今天的杨市长来家访，而是一个男人，一个性情中的男人真心来见你这个女人，你还不相信吗？"

杨向荣话音一落，余晶就扑在杨向荣的怀里，流下了激动的眼泪。杨向荣紧紧地拥抱着余晶。余晶5岁的女儿傻傻地望着杨向荣这个陌生的男人，不解地撅着小嘴，很不高兴。余晶松开杨向荣的双手，拉着小女孩说："好孩子，你不是常问你爸是谁吗？他就是你爸，快叫爸爸。"

小女孩还是傻傻地望着杨向荣不说话，杨向荣伸手将小女孩抱起，亲切地说："好孩子，叫爸爸。"

小女孩小声地叫了声："爸爸。"

"好孩子，真乖，爸爸爱你。"

杨向荣放下小女孩，对余晶说："你带着孩子跟我去市里吧。"

余晶觉得一切似乎来得太快，没有领结婚证，还有工作调动的问题，还有……杨向荣看出了余晶的心思，笑着说："你的工作调动市委组织部部长向进中和边城新任县长西国安可以马上办理，结婚证呢边城民政局的大门随时都向你敞开，其他事情就交给西国安去办吧。市里肖书记给我准备了一套房子，我们都是过来人，不需要搞那些场面上的事，孩子的幼儿园我这就联系，你就跟我走吧。”

“好吧，那我就带着孩子跟你走。”

杨向荣抱着小女孩，余晶带着随身衣服行李下了楼。西国安早在楼下等候，见杨向荣和余晶带着孩子下来，迎上前去祝贺。杨向荣风趣地说：“这祝贺来得早了点吧，我们还没有领证呢。”

西国安手一挥，民政局的同志上前请杨向荣和余晶签字。杨向荣笑着说：“你们这叫现场办公啊，不过我希望你们为边城百姓办事，也像对待我杨向荣一样，深入百姓中，多为百姓办好事。”

西国安接过话茬说：“杨市长，您就放心吧，如果我西国安不为边城百姓办事，您就撤了我这个县长，让我回家卖红薯。”

杨向荣拍着西国安的肩膀说：“好，那我就放心了。”

西国安真诚地说：“杨市长，还是我开车送您回市里吧。”

杨向荣摆了摆手说：“不行，你现在是县长，不能因为送我而丢下边城的工作不管，有司机送就可以了，你的心意我领了。”

杨向荣一家坐着小车离开了边城。

路上，杨向荣想要当面证实自己的分析，问余晶：“经常给县长信箱写信提供帮助的‘多一口’网民是不是你，余晶？”

余晶笑着反问：“你说呢？”

“这么说你承认了？”

“现在可不是多一口了，而是多两口了。”

“怎么，你又改网名啦？”

“你怎么说胡话呢，明明多了我和小孩两口嘛。”

杨向荣这才明白过来，拉着余晶和小孩的手说：“还真是多了你们两口。”

这次杨向荣离开边城没有了上次的伤痛感受，更多的是开心喜悦。老天曾对他不公，本来完好的家被无情地摧残了半边，叫他好不伤心痛苦。可是边城又给了他一个完整的家，让他重新扬起生活的风帆，享受天伦之乐，岂不开心乎？

余晶的心情倒是另有一番感叹，她做梦也没有想到这辈子会离开边城，更没有想到会成为市长的夫人。她在父母车祸身亡、下岗失业、被男人始乱终弃的多重打击下，精神几乎崩溃，只有叹息红颜薄命之苦，丝毫也不敢去奢谈那美好的希望。说句实在话，要不是担心孩子，说不定她早就离开了人世，到极乐世界去享受太平天福了。如果不是杨向荣在危难中拯救了她，她岂能熬到今天？这回她总算找到了人生的另一半，找到了爱的港湾，她要勇敢地面对生活，重新树立自我，用全心全意的爱心去营造新的家园。她相信杨向荣是世界上最好的男人，一辈子跟着他绝不后悔。对孩子的担心也放下了，她相信杨向荣会是一个合格的父亲，他会给孩子宽厚的父爱，让孩子健康成长。余晶在心里想，真是有意栽花花不发，无心插柳柳成荫吗？也许这就是天意，就是缘分。

余晶对养育过她的边城山水有着深厚的感情，虽然她在边城有段不堪回首的经历，但边城永远是她的故乡，永远是她的牵挂，余晶在心里默默地祝福，可爱的边城再见了，边城永远在我心中……